전문가를 위한
한국형 심리부검

Psychological Autopsy Manual-User Guide

서종한 · 육성필
조윤정 · 홍현기 · 김경일

박영story

생존자의 마음속 벽장에는 자살 사망자의 심리적 유해가 놓여 있다.

　　심리부검은 생존자의 마음에 들어가 사망자가 생전에 남겨 놓은 다양한 심리적 유해를 탐색하게 한다. 그 심리적 유해는 결국 위험에 처한 다른 소중한 생명, 살아 있는 사람을 살리는 데 본연의 기능을 한다. 세상에 홀로 남겨진 유가족은 심리부검을 통해 심리적 안정감을 찾고 외부로 절실한 도움의 손길을 뻗을 수 있다. 깊은 수렁 속에서 홀로 헤어날 수 있게, 심리적 고통과 절망에서 조망력을 찾게 하고 심신의 안식을 찾게 한다.

　　심리부검은 죽은 자에게서 죽음과 관련성이 높은 위험요인을 찾게 하고 어떻게 그 요인이 죽음과 연관되어 있는지, 더 나아가 이를 미연에 방지할 수 있을지 의미 있는 대안을 제시한다. 또한 자살 사망자가 죽기 전 주변 사람에게 어떤 경고신호를 남겼는지 가르쳐 줌으로써 자살에 대한 주변 사람의 반응성에 민감도를 높일 수 있게 한다. 소위 근거를 기반으로 한 개입과 치료를 가능하게 하는 것이다.

　　미국 자살학자였던 슈나이드먼과 리트먼, 동료들이 미결정된 변사사건의 사망 유형을 밝혀내기 위해 시작한 이 방법론은 이제 유럽을 거쳐 일본, 홍콩, 중국 등 아시아에서 점차 활용되고 있는 추세이다. 특히 자살률이 높았던 핀란드와 중국, 헝가리 등이 심리부검을 통해 자살을 낮출 수 있는 중요한 계기를 마련하였다. 대표적으로 중국에서 대단위 심리부검을 실시했던 Michael Phillips는 심리부검 자체로 인한 결과뿐만 아니라 이를 계기로 자살에 대한 국민적 인식을 개선하고 예방에 대한 관심이 생겼기 때문이라고 지적하였다.

　　한국은 지난 IMF를 기점으로 자살률이 급증했으며 현재는 세계에서 가장 높은 자살률을 기록하고 있다. 2017년 기준으로 인구 10만 명당 24.3명이 자살하고 있다. 높은 자살률, 낮은 출산률과 자기파괴적 행동으로 인해 한국 사회는 더 이상 재생 가능성이 없다는 말이 나돌 정도다. 전 세계에서 가장 높은 자살률을 보이고 있는 우리 국가에서도 이제 심리부검을 통해 사망유형과 자살에 영향을 미친 핵심적인 원인을 찾아야 한다. 늦은 감은 있지만 작년부터 자살을 전 국가적 재난으로 선포하며 그 대책을 마련하는 데 부심하고 있다. 그 중심에 선 대안책이 바로 '심리부검'이다.

하지만 안타깝게도 현장에서 연구자와 실무자가 폭넓게 활용할 수 있는 잘 검증된 매뉴얼과 프로토콜은 아직까지 존재하지 않고 있다. 각 기관과 현장에서 실무자가 제각각의 방식으로 심리부검을 실시하다 보면 일관성을 잃게 된다. 결국 심리부검을 통해 도출된 자료의 정확성은 떨어지는 셈이다.

본 저자들은 한결같이 표준화된 한국형 심리부검의 절실함을 공감했다. 전문가들이 현장에서 심리부검을 이해하고 어떻게 적용할 수 있을지를 고민했다. 현재 국내외에서 사용하고 있는 다양한 심리부검 형식과 내용을 포함하면서도 한국만의 문화적 특성을 반영한 프로토콜을 만드는 데 주안점을 두었다. 또한 다양한 장면에서 일정 교육을 받은 전문가가 쉽고 빠르게 사용할 수 있는 프로토콜을 제작하는 데 의도를 두었다.

따라서 본 매뉴얼은 크게 다섯 파트로 나누어져 있다. 첫째, 심리부검의 기원과 역사, 두 번째, 심리부검 프로토콜, 세 번째, 심리부검 윤리와 법적 쟁점, 네 번째, 심리부검 시행절차, 마지막으로 자살 관련 위험요인과 코딩 지침이다.

본 매뉴얼은 심리부검의 시작점에서 마지막으로 평가에 이르기까지 포괄적으로 모든 쟁점을 심도 있게 다루고 있다. 따라서 일정 수준의 교육과 실습을 받은 전문가라면 누구나가 이 매뉴얼을 기반으로 심리부검을 실시할 수 있다. 기본적으로 이 매뉴얼은 소위 군집분석으로 특정 집단의 자살 패턴은 물론 개별사례적 수준에서 특정 사례의 사망유형을 판단해내는 데 유용하게 활용할 수 있다. 추가적으로 자살 사망자에게 이루어졌던 개입과 위기관리 사정을 통해 향후 대책 마련에 중요한 시사점을 제시할 수도 있을 것이다. 향후에는 본 전문가 매뉴얼의 신뢰도와 타당도를 검증하여 그 효과성을 공식화 하는 데 노력을 다할 것이다.

본 매뉴얼 제작과정에서 귀한 도움을 주신 경찰대학교 치안정책연구소 윤상연 연구관, 서울지방경찰청 과학수사계 김성혜 분석관, 제주지방경찰청 과학수사계 임형수 검시조사관, 대전지방경찰청 과학수사계 김혜숙 검시조사관에게 감사의 말을 전한다.

　마지막으로 본 매뉴얼의 감수를 맡아 주신 권일용, 임형수, 하지현, 황순찬 님께도 감사를 전하고 싶다.

2018 가을, 저자 일동

CHAPTER

01

심리부검 기원과 연구

서론 ·· 11
심리부검 활용과 목적 ··· 13
사후조사 과정 ·· 15
　　말 없는 죽음의 전모를 밝히는 법적 도구 ·········· 15
　　왜 그렇게 자살했는가? ···································· 15
　　"왜"라는 끝없는 질문에 답을 찾아 ················· 16
　　자살생존자, 2차 피해를 방지하는 심리부검 ······ 17
비전형적 죽음(atypical death) ································· 19
　　의문사의 전형적 형태 ···································· 21
　　총기손상 ·· 21
　　군의문사 ·· 22
　　자기색정사 ··· 25
　　청소년 질식게임 ·· 26
　　타살처럼 보이는 자살, 자살처럼 보이는 타살 ··· 27
사망 유형 판단 준거 항목 ·· 30
　　Ebert 심리부검 가이드라인 항목 ····················· 34
　　Michael Phillips 심리적 부검 조사 항목 ············ 35
　　심리부검 전문가 사례 토론의 예 ····················· 35

CHAPTER

02

심리부검 프로토콜

일반적인 심리부검 순차도 ······································ 39
분석사례의 정의 ·· 41
잠재적 정보제공자 ··· 41
정보제공자 식별 ·· 42
정보제공자 접촉과 방법 ··· 45
정보제공자 편향 ·· 46
조사원 전문성과 오류 ·· 47
면담 시기와 장소 ··· 48
문화적 특성 고려 ··· 49

심리부검 면담 구조화 ·· 50
면담 들어가기 ·· 53
　반구조화 임상면담 ·· 53
　면담내용 기록 ·· 56
　면담 종결하기: 애도서비스 제공하고 면담 영향 평가 ········· 57
자살 사망자 기록 자료와 인터뷰 내용 간 통합 ················· 57
　기록 자료 ·· 58
　기록 자료 구하기: 개인정보보호와 관련된 이슈 ·············· 59
기록 자료 종류 ·· 60
　변사사건기록과 수사기록 ···································· 60
　변사현장 ·· 60
　개인물품 ·· 60
　부검 · 검시 결과 ··· 61
　수용시설기록 ·· 61
　건강기록 ·· 61
　자료 추출 및 관리 ··· 62
사례개념화 및 자살동기분석 ···································· 63
최종 보고서 ··· 64
심리부검 관련 서류 파기 ·· 65
사례-대조집단 이슈 ··· 65

CHAPTER

심리부검 윤리와 법적 쟁점

03

정보제공자의 확인과 과정 ······································ 70
사생활보호 및 익명성 ··· 70
개인정보 서면동의 과정 ·· 70
면담과정 구조화 ·· 71
참여자에 대한 사후관리 ·· 71
조사원 고려사항 ·· 72
연구자 윤리 ··· 73
　조사원 트라우마 ·· 73
　정보제공자 피드백 ·· 73
법적 이슈 ··· 74
국내 심리부검 증거 허용성 ····································· 77
　업무상 재해와 관련된 민사 소송 ···························· 77
　판결 요지 ··· 78
　관련 법령 ··· 79

민사상 쟁점 ···································· 79
심리부검의 증거 한계와 시사점 ·············· 80

CHAPTER

04

심리부검 시행절차

사용맥락과 대상자 ······························ 85
  대상자(사망자) ······························ 85
  정보제공자 ·································· 85
  정보제공자 선정과 면담 가능성 ·············· 85
사용상황과 적용 ································ 86
  배제상황 ···································· 87
조사원 자격조건과 역할 ·························· 87
  조사원 역할 ································ 87
  조사원 자격조건 ···························· 87
  조사 그리고 법 의사 결정을 위한 사용 ········ 88
  연구 목적을 위한 사용 ······················ 89
  조사원 훈련 ································ 89
시행 절차: 개관 ································ 90
1단계: 관련 정보수집 ···························· 91
  정보 수집 ·································· 91
  정보 기록 ·································· 93
  팀 대 개인 평가 ···························· 93
  면담 진행 과정 ······························ 93
    면담 전 ·································· 93
    면담 ···································· 94
    면담 후 ·································· 94
    속기 혹은 기록 ···························· 94
    자유기술 ·································· 95
    위험요인 코딩 문항 ························ 95
2단계: 위험요인 존재 유무 평가 ·················· 96
  생략 ······································ 97
  전생애 문제: (H) 만성적 요인(Historic 혹은 Chronic) 코딩 ·················· 98
  만성요인 최신화 ···························· 99
  최근문제: (C) 임상 요인(clinical)과 (E) 촉진/촉발 요인(triggering/precipitating) 코딩 ············ 99
    추가 고려사항 ···························· 101
  최근 자살행동과 관련된 문제: (A) 급성요인(acute) 코딩 ············ 101

평가간격 ·· 102
자살행동과 직접적 관련성이 있는 급성요인에 따른 자살 제안점과 시사점 ·· 102
하위 문항이 있는 위험요인의 코딩 ··· 102
지표 코딩 ··· 102
지표와 위험요인 평가 간의 연관성 ··· 103
3단계: 위험요인의 자살 위험 '관련성' ··· 103
위험요인 간 관련성 ·· 103
4단계: 최근 생활사건과 스트레스 영향 평가 ·· 107
5단계: 사망유형 구조화와 사례개념화 ··· 108
6단계: 최종 전문가 소견 ··· 111
자살의도와 치명성 수준 ·· 112
자살과 관련된 결정적 선행사건 ··· 113
자해/자살로 인한 사망 가능성 ·· 113
대안적으로 설명할 수 있는 다른 사망유형 ·· 113
향후 자살 관리전략 문제점과 시사점(선택사항) ································· 114
① 자살위험성에 따른 사례 우선화와 개입의 적절성 ·························· 114
② 심각한 자기파괴행동(비자살적자기손상행위; 자해) 위험성 평가와
    개입의 적절성 ··· 115
③ 임박한 자살가능성에 따른 조치의 적절성 ································· 115
④ 자살사례 재검토 설정과 검토 기간의 적절성 ····························· 116
자살예방 관리전략 제안점 ·· 117
관리 전략 채택 ··· 117
보호요인 탐색 ··· 120
정보제공자(유가족) 지원 서비스와 자살관련 기관 연계 ························· 121
지원 및 서비스 연계 ··· 121
면담 후 소회 ·· 121

CHAPTER

자살 관련 위험요인과 코딩 지침

05

H1. 자해 및 자살 시도와 관련된 만성이력 ·· 125
H2. 고용상태와 적응과 관련된 만성이력 ·· 127
H3. 자살 관련 가족력과 관련된 만성이력 ··· 129
H4. 대인관계와 관련된 만성이력 ··· 131
H5. 약물과 알코올 사용으로 인한 기능손상과 관련된 만성이력 ···················· 133
H6. 주요 정신병력과 관련된 만성이력 ··· 135
H7. 충동적 태도와 공격적 행동과 관련된 만성이력 ································· 139
H8. 외상경험과 관련된 만성이력 ··· 142

H9. 유명인 및 사회적 이슈와 관련된 만성이력 ················· 145

H10. 치료 또는 관리 반응과 관련된 만성이력 ················· 146

E1. 최근 중요한 상실 ································· 148

C1. 최근 정신증과 이로 인한 사고장애 ················· 150

C2. 최근 우울증 증상과 수면장애 ···················· 152

A1. 개인적 지지 ···································· 154

A2. 최근 불안정성 ·································· 156

A3. 스트레스와 대처 ································ 159

A4. 자살 사고 및 의도 ······························ 161

A5. 자살 계획 ····································· 164

A6. 자살시도와 처치 ································ 166

부록 1-심리부검 자살전문가 토론 사례 ················· 169

부록 2-심리부검 워크시트 ·························· 183

부록 3-알코올 의존평가(AUDIT) ···················· 201

부록 4-심리부검 결과보고서 ························ 204

부록 5-심리부검 면담 개인정보 수집·이용·제공에 대한 동의서 ·········· 219

부록 6-심리부검 조사원 개인정보 보안 서약서 ·············· 222

참고문헌 ··· 223

찾아보기 ··· 224

부 록

1장 ——————

심리부검
기원과 연구

심리부검
기원과 연구

서론

　1934년에서 1940년 사이에 뉴욕 경찰 93명이 연속적으로 자살하는 수수께끼 같은 현상이 벌어졌다. 이 수치는 이전 6년 동안의 자료와 비교했을 때 2배나 높은 수치였다. 그 원인을 규명하기 위해 다양한 분야의 전문가인 인류학자, 사회학자, 심리학자, 정신의학자들이 조사를 했는데 이것을 최초의 '심리부검'으로 보고 있다. 당시 Zilboorg가 경찰관 자살사건에 대한 심층 분석을 실시하는 과정에서 배우자나 동료 등 유족과 주변인들을 만나 포괄적인 면담을 실시했다. 이 조사에 대한 결과는 구체적으로 알려진 바는 없지만 화기의 접근성, 공격성과 충동조절 간의 문제, 마지막으로 조직 내 스트레스 등과 연결될 수 있음을 보고하였다. 하지만 이 연구는 중간에 중단되어 자세한 결과와 이후의 조치가 적절하게 이루어지지 않았다(Clark, Horton−Deutsch, 1992). 다만 Clark와 Horton−Deutsch(1992)의 연구에 따르면 당시 뉴욕 시장이었던 LaGuardia가 정치권의 비리와 사법, 행정 부패를 근절하기 위해 이루어졌던 반부패 근절 개혁 운동 과정에서 조직폭력 범죄에 연루되었던 다수의 비리 경찰관들이 스스로 목숨을 끊은 것으로 보고 있다.

　하지만 이때까지도 심리부검이라는 용어가 등장하지 않았을 때이다. 1956년에서 1957년까지 미국 워싱턴 대학 심리학과 Eli Robinson 교수와 그의 동료들이 2년 동안 134건의 자살 사건에 대해 체계적으로 조사하면서 현대적 의미의 심리부검 연구가 본격적으로 시작되었다(Robinson et al., 1959). 이들의 연구는 세인트루이스 지역에서 발생한 모든 자살 사건을 조사하였고, 정신 질환에 대한 기준을 만들었으며, 자살 사망자의 가족에 대한 표준화된 면담 방법을 사용했다는 점에서 매우 혁신적인 연구였다. 이때 친족을 포함하여 친구, 의료 기관 담당자, 상담 전문가 등 평균 2.3명의 보조 정보 제공자들과 면담이 이루어졌고 수사 기록, 변사 현장 기록, 의료 기록, 상담 기록 등 다양한 정보들을 참고하였다. 그 결과 성별비율이 2:1 정도로 남자가 2배 가량 많았고, 자살자의 94% 가량이 사망 전에 정신병리적 문제가 있었고 특히 이 중 57~86% 가량이 기분장애나 알코올 장애 혹은 이 두 장애의 공존이환 증세가 있었음을 제시하였다. 이런 결과는 자살 위험성이 높은 집단의 선별과 이들에 대한 체계적인 정보를 근거로 향후 자살예방과 정책 설정에 중요한 방향을 설정해 주었다(Robins, et al., 1959; Dorpat & Ripley, 1960; Barraclough et al., 1974).

1958년 부둣가 추락 사건은 '심리부검'이라는 용어가 최초로 사용되었다는 점에서 역사적인 사건이다. 조사원은 LA 자살예방센터(LASPC)에서 근무하던 [당시 센터장의 직위를 맡고 있던] Litman이지만 심리부검 절차를 명확하게 요청한 사람은 LA 카운티 법의관실 부검의였던 Theodore Curphey 박사였다(Shneidman, 1981; 당시 부둣가 추락사건에 대한 자세한 내용은 다음 책을 참고; 서종한, 2015).

Curphey는 병리학을 전공하고 로스앤젤레스로 카운티에 부임하여 검시의로 근무하고 있었다. 그는 부검을 맡은 많은 변사 사건들이 사망 종류가 판별되지 못한 채 의문사(equivocal death)로 남는 경우를 많이 보고 고민하게 되었다. 변사 사건에서 사망자의 사인을 알 수는 있었지만 그 죽음이 자살, 사고사, 자연사, 타살인지를 알아낼 방법은 없었던 것이다. 물론 사망의 종류를 알아내는 데 가장 중요한 부분은 사망자의 의지 혹은 의도(Intention)였다. 그는 방법을 찾던 중 Litman, Farberow, Shneidman을 알게 되었고 이들 3명에게 도움을 구하게 되었다. 이들은 부(副)부검의의 자격으로 사망 현장에 가서 자연스럽게 관련 유가족들을 만나 면담하게 되었다. 그리고 그 면담 결과를 분석하여 부검의인 Curphey에게 제공하여 종합적으로 사건을 판단케 하였다. Shneidman은 이 임상-과학적 조사 과정(clinical-scientific investigation procedure)을 짧게 "심리부검(Psychological Autopsy)"이라고 불렀다. Shneidman은 심리부검이 '의도(意志, Intention)'에 대한 것이라고 분명하게 말한다. 많은 종류의 유사 심리부검 과정들이 존재하지만, 단순히 총격 실험, 현장 감식, 지문

채취, 부검, 혈흔 분석, 정신과적 분석 같은 것은 사망자의 의지와 직접적인 상관이 없는 과정이기 때문에 심리부검이라 할 수 없다. 이들에게 적절한 명칭은 법부검 혹은 임상 부검의 일종이라 말할 수 있다. 다시 말해, 심리부검이란 죽음에 관련하여 사망자의 의지에 관련한 것이어야만 한다. 하지만 법부검 혹은 임상 부검이 사망자의 의지를 확인하는 데 간접적인 증거를 제시하는 경우도 분명 있다.

이후 1959년 미국병리학위원회에서 법의병리학을 승인하고 자살 여부를 판별하는 과정에서 심리부검을 활용하기 시작했다. 이후 LA 법의관실과 LA 자살예방센터는 협력 관계를 구축하여 매년 60건의 의문사 사건을 사망의 유형과 원인을 밝혀내기 위해, 30년 이상 동안 심리부검을 실시하고 있다.

심리부검 활용과 목적

현대 자살예방의 선구자 Shneidman은 심리부검을 '고인의 사망 전 생활모습과 환경, 고인을 죽음에 이르게 한 사건과 행동을 재구성하기 위한 사후조사 과정'이라 정의한 바 있다. 즉, 사망자가 스스로 자신을 죽음에 이르게 한 과정을 재구성하여 사망자의 자살 동기를 밝혀내기도 하고, 다양한 사례를 대조함으로써 사람이 자살에 진입하는 지점을 확인하여 자살 예방의 기준을 마련할 수 있는 것이다.

심리부검으로부터 알게 된 정보를 조사하는 것은 추후 행동에서 자살하려는 사람과 행동에서 나타나는 동향에 대한 특징을 밝혀내는 데 도움을 주기도 한다. 이런 특징들은 추후 자살 위험성이 높은 시도자들의 위험성을 평가하고 사전에 개입하며 치료하는 데 사용될 수 있다. 물론 유가족에게도 치료적인 효과를 제공할 수 있는 도구이기도 하다. 많은 연구에 의해서 유가족들이 면담 과정에서 심리적인 해소감을 얻을 수 있고 애도하는 과정을 돕는 것으로 드러났다. 그리고 심리부검은 사망자가 왜 죽었는지 그 이유를 밝혀내는 데도 크게 기여할 수 있다.

실제 심리부검은 다양한 현장에서 다양한 목적으로 활용된다. 이를테면 심리부검은 사망 유형 규명을 과학적으로 검증하여 그 유형을 명확하게 밝혀내는데 정신건강전문가, 부검의, 법의조사관, 형사, 법의인류학자, 법심리학자, 과학수사요원 등 다양한 전문가들을 지원할 수 있다.

자살개입 방안을 개발하기 위해 일련의 자살 사례에 대한 심도 있는 이해를 위해 자살 위험요인과 관련된 사례-통제 연구(case-control study)를 진행함으로써 자살 위험군에게 차별적으로 나타나는 위험성의 동기와 원인을 살펴볼 수 있다. 이런 과정을 통해 위험요인을 확인할 수 있고 이 위험요인을 기반으로 유형을 분류하거나 자살예방 정책 수립을 목적으로 활용할 수 있다.

또한 민사소송 과정에서 생명보험 청구에 이의를 제기하기 위해, 자살 사망자가 타인의 위계와 위협에 의해 타살적 자살을 맞은 경우 가해자에게는 직·간접적인 책임이 존재하며, 보험사는 자살 사망자의 유가족에게 보험금을 지급하고 가해자는 이에 대한 형사상 책임을 물어야만 한다. 업주의 과실과 태만에 의해 발생된 근로자 자살의 경우, 노동법에 근거하여 노동자가 산업 재해로 인해 신체적·정신적 손상을 일정 기간 받아 그 상태가 악화되어 사망에 이르게 되면 업무상 스트레스로 인한 자살과 재해보상으로 규정하여 그 기업은 사망자의 유가족에게 배상을 해야 할 것이다. 이때 심리부검을 통해 책임의 소재와 그 메커니즘을 찾을 수 있게 된다. 국내에서는 2013년 고등법원(2013. 12. 19 2012누27505 판결)이 심리부검을 처음으로 증거로 인정해 업무상 스트레스와 우울장애 등에 따른 근로자의 자살을 공무상 질병(업무상 재해)으로 인정하였다(황태윤, 2016).

기타 심리부검은 형사/범죄사건에서 자살, 학교나 직장 내에서 받은 따돌림, 구타, 성희롱, 폭력, 억울한 누명, 사기 등에 의해 괴롭힘을 받아 온 사람이 자살 행동으로 자신의 어려움에 대해 항변할 경우 그 대상자들은 일정 부분 자살 사망자의 죽음에 원인을 제공한 것으로 보고 형사상 책임을 지울 수 있다.

특히 형사 소송에서 심리부검은 사망과 관련된 원인, 해당 사건에 뚜렷한 단서를 제공해 줄 수 있는 증거가 없는 경우, 법의관, 검시관(법의조사관), 프로파일러, 형사요원 등에게 객관성을 담보할 수 있는 법적기법(forensic tool)으로 사용될 수 있다(Knoll, 2008). 한편 심리부검의 형사소송에 있어서의 활용 사례를 살펴보면, 남편을 살해한 구타당한 아내의 심리상태를 판단하는 경우에 피고 측 변호인에 의하여 심리부검이 활용되어 왔다(Debra Cassens Moss, 1998: p. 34). 기타 정부 차원의 조사(governmental inquiries)로 행정적 조사를 목적으로 필요할 경우 시행할 수도 있다.

사후조사 과정

앞서 심리부검을 고인의 생전 모습을 사후에 재현하는 일종의 사후조사 과정이라고 정의한 바 있다. 완결된 자살 사례의 수에 따라 심리부검의 목적을 여러 가지로 나눌 수 있다. 단일 혹은 하나의 자살 사례에 대한 목적은 사망자 스스로가 자신을 죽음에 이르게 한 역할을 재구성하는 것이 일차적 목적이다. 이때는 자살 사망자에게 자살의도가 있는지 여부가 가장 중요한 탐색요인 중 하나가 된다. 만일 두 건 이상의 완결된 자살 사례를 대상으로 하는 경우는 자살 예방에 대한 진입점을 확인하기 위해 집단으로 발생하거나 연속적으로 발생하는 자살 혹은 사례 – 대조 연구에서 사망에 대해 재구성 할 수 있다. 이들 사례에서 나타나는 공통된 자살 원인을 찾아내고 향후 자살 예방에 필요한 전략과 계획을 마련할 수 있다.

말 없는 죽음의 전모를 밝히는 법적 도구

자살하는 사람은 가급적 빨리 죽을 수 있는 방법을 찾으려 하고 그 과정에서 고통이 따르지 않길 바란다(문국진, 1991). 그래서 자살시도자가 가장 많이 고려하는 방식으로는 목 매기, 투신, 약물 음독 순으로 가장 많이 나타난다. 이런 방식들 중 대부분은 자살 사망자가 직접 한 행동임을 현장에서 어느 정도 알 수 있다. 하지만 경우에 따라서는 특수한 방식으로 자살이 시도되기도 한다. 때로는 사인 자체가 모호한 경우가 있어 자살과 타살을 구별하는 데 혼동을 줄 수가 있다. 따라서 이러한 구별을 위해 심리부검이 이루어질 경우 다음과 같은 질문에 대한 해답을 찾으려고 노력해야 한다.

왜 그렇게 자살했는가?

죽음의 종류가 각종 증거물에 의해 명백한 경우 예를 들면, 자살의 경우라면 심리부검으로 행위의 이유를 설명하고 무엇이 그 행위의 원인이 되었는가를 밝히는 데 유효하다. 다시 말해, 죽음의 종류는 확실한데 그 이유가 불명확하거나 상식적으로 의문의 여지가 있는 경우 심리부검으로 고인의 인생관과 가치관, 최근 심적 변화, 동기, 실질적 위험 유무를 밝힐 수 있다.

어떻게 해서 사망했는가? 또는 그 때 그 장소 그 시간에 사망하게 된 것은 무슨 이유 때문인가? 등의 사회심리적 이유를 설명할 수 있다. 사인은 확실하나 사망의 종류가 확실하지 않은 경우 심리부검만이 이 문제를 해결할 수 있는 경우가 허다하다.

"왜"라는 끝없는 질문에 답을 찾아

지난 2013년 법원에서 심리부검을 실시하여 이를 근거로 공무상 재해를 처음으로 인정하는 판결을 받은 사건이 있었다. 아마도 한국에서는 심리부검을 증거로 인정받았던 의미 있는 최초의 사례[1]가 아닌가 생각된다. 어느 젊은 세무 공무원이 아파트에서 투신하여 사망했다. 유서에는 "내가 죽는 이유는 사무실의 업무 과다로 인한 스트레스 때문입니다."라고 적혀 있었다. 하지만 공무원 연금공단은 자살과 업무과다의 관련성을 입증할 수 없다며 보상 지급을 거절했고 유가족은 이에 대해 소송을 제기했다.

법원에서는 심리부검 전문가로 정신건강의학과 전문의를 감정인으로 선정하여 심리부검을 실시했다. 사망자를 잘 알고 지내왔던, 직장동료, 선·후배, 가족 등을 상대로 장시간 면담이 이어졌다. 그 결과 사망자가 기존의 업무 이외에 추가 업무를 맡게 되었지만 약속한 인원 충원 없이 과중한 업무 스트레스가 3달 가량 누적되어 있었음이 밝혀졌다. 그러던 와중에 특별 승진 대상자에서 제외되는 등 좌절감과 상실감을 경험했고, 사망자는 이후 우울증, 불면증, 체중 감소 등 정신건강이상 증상을 보였다. 고등법원에서는 "중증의 우울증으로 정신적 억제 능력이 현저히 떨어진 상태에서 공무상 스트레스와 절망감이 함께 작용해 김씨가 자살했기 때문에 업무와 사망 사이에 인과관계가 있다."며 유가족의 손을 들어주었다.

위의 사례와 같이 심리부검은 자살희생자가 외부 요인으로 인해 자살에 몰렸을 경우 그 책임을 밝히는 데도 중요한 역할을 하기도 한다. 학교나 직장 내에서 받은 따돌림, 구타, 성희롱, 폭력, 억울한 누명, 사기 등으로 인해 괴롭힘을 받아 온 사람이 자살 행동으로 항변할 경우에도 그 대상자들은 일정 부분 자살 사망자의 죽음에 원인을 제공한 것으로 보고 형사상 책임을 지울 수 있다. 결국 이를 증명하는 것도 심리부검의 몫이다. 그러나 심리부검의 가장 큰 목적이자 효과는 우리에게 자살을 이해할 수 있는 길잡이 역할을 한다는 것이다. 일련의 자살 사례에 대한 심도 있는

---

1) 고법판결, 2013; 서울고법 행정 9부 부장판사 박형남을 참조.

이해, 자살 위험요인과 관련된 케이스컨트롤 연구를 통해 우리는 자살 위험군에게 차별적으로 나타나는 특징들을 살펴볼 수 있다.

자살생존자, 2차 피해를 방지하는 심리부검

심리부검은 자살에 직간접적으로 노출되어 힘들어하는 사람들이 자살에 대처할 수 있도록 도움을 주는 치료도구가 된다는 점에서 그 필요성이 입증된다. 심리부검이 끝난 후에 모은 각종 자료와 지표는 유가족의 과중한 죄책감과 집요한 자기처벌 심리를 풀어주고 추가 자살을 막게끔 도움을 준다. 나아가 유사한 사례에서 발생할 수도 있는 추가 자살자에 대한 상담을 통해 자살을 예방하기까지 하는 유용한 도구가 될 수 있다.

Henry와 Greenfield는 2009년 자살 유가족을 대상으로 실시한 35건의 심리부검 인터뷰를 통해 얻게 된 효과에 대해 연구했다. 이들의 연구에 따르면, 5분의 1 가량의 유가족들이 죽음에 대한 의미를 찾게 되었다. 통상 유가족들은 그들 자신이 자살의 유일한 원인일지 모른다고 믿기 때문에 죄책감이 특히 심하다. 심리부검은 자살 이전에 있었던 사망자와 관련된 모든 중요한 사건, 이를테면, 정신질환, 가족, 학교, 직장, 여가 등을 고려해 보게끔 기회를 제공해 준다. 이 때문에 심리부검은 그들 자신만의 제한된 원인규정에서 벗어나 유가족으로 하여금 고인을 자살에 이르게 한 스트레스 원인에 대해 더 현실적인 조망을 하도록 이끈다.

한 예를 들어, 아들의 죽음으로 인해 자신을 비난했던 모친의 경우 아들의 자살 이유로 작용했을 것 같은 '아들과의 심한 다툼'에 대해 협소하게 초점을 맞추고 있었다. 모든 것이 그녀 탓이라는 생각에 빠져 있었던 것이다. 그러나 심리부검은 그녀의 아들이 겪은 고통과 역기능이 모친에게만 한정되어 있는 것이 아니라 좀 더 오랜 기간 포괄적으로 만들어진 것이어서 전적으로 모친의 잘못이 아님을 깨우치게 해주었다. 이런 새로운 분석과 조망을 통해 유가족들이 지나친 죄책감의 멍에에서 조금씩 벗어날 수 있는 것이다.

두 번째, 심리부검은 유가족의 참여를 통해 이타적 결과를 얻어낼 수 있다. 다시 말해 심리부검을 통해 얻게 된 과학적 지식을 통해 향후 일어날 수 있는 또 다른 자살을 미연에 방지할 수 있다는 것이다. 그들 자신의 아픈 경험을 다른 사람에게 유용한 정보로 활용하도록 도와줄 수 있다. 이를테면 자신들이 힘들게 제공한 정보가 앞으로 효과적인 자살예방정책에 기여할 수 있다는 연구 결과를 두고 희망을 갖게 된다는 점이다. 결국 이런 긍정적인 마음으로 유가족들이 사회에 긍정적인 기여를 할 수 있다는 이타적 감정으로 자리 잡게 되는 것이다. Hanus(2001)가 주장한 것처럼 그들의 참여가 갖는 의미가 유가족 스스로에게 건설적으로 상실을 경험하게 할 수 있게끔 길을 열어 줄 수 있게 된다.

세 번째, 심리부검은 지원을 이끌어내고 고립을 완화하는 데 도움을 준다. 자살은 모든 부정적 감정, 금기와 낙인(stigma) 등 이런 부정적 단어와 주제로 받아들여진다고 해도 과언이 아니다. 생존자들은 사회적 고립에 빠지기 쉽고, 아픈 경험을 하는 과정에서 가장 중요한 보호요인이라고 하는 사회적 연대에서 끊어지기 십상이다. 옥스퍼드 대학교 Hawton 등에 따르면 심리부검이라는 기회를 가진 것만으로도 자살 생존자들에게는 그들의 상실에 대해 마음을 열고 함께 이야기해 볼 수 있는 환경을 제공받는다고 하였다. 이는 결국 고립을 완화하는데 심리부검이 일조할 수 있다. 조사원과 함께 하는 맥락에서 보자면, 설령 주변 친척이나 가족들과 이야기하고 싶지 않을지라도 유가족은 자살자의 죽음과 분노에 대해 이야기하고 싶은 자신의 욕구를 새롭게 인식할 수 있을 것이다.

심리부검은 다른 사람과 자애로운 연결을 다시 확립할 수 있다는 점에서 고무적이다. 유가족이 경험하는 심한 죄책감은 상실감을 타인으로부터 갖는 비난으로 잘못 이해하거나 받아들이게끔 할 수 있다. 이런 과정이 오히려 고립, 포기, 주변 세상을 가해적이거나 불안정한 곳이라고 인식할 수 있다. 거부에서 벗어나 비판단적 상태, 중립적인 조건을 견지하는 심리부검은 유가족 죄책감 뿐 아니라 거부된 모든 슬픔들을 재통합할 수 있게 기회를 제공할 수 있다. 구체적인 예를 들면, 어떤 유가족은 딸의 죽음에 대해 조사원이 자신을 비난할 것 같은 두려움을 느끼고 있었다. 하지만 면담 중에 그렇지 않다는 것을 깨닫고 자살에 대해 이야기하는 것을 꺼리는 자신이 아마도 자신의 죄책감과 관련되어 있을지 모른다고 생각하게 되었고 이후 진실하고 솔직하게 이 문제를 직면할 수 있었다.

네 번째, 유가족들의 애도과정에서 가장 중요한 것 중 하나는 상실을 현실적이고 영구적으로 받아들이는 것이다. 그렇지 않으면 상실이 거부될 수도 있다. 죽음은 단순히 시간이 지남에 따라 통합되지 않은 채 남아 있을 수 있다. 심리부검을 통해 몇 시간을 보낸 후, 어떤 유가족은 누군가의 죽음 자체에 대한 거부나 저항을 포기하고 애도를 지속하는 것을 알 수 있었다. 심리부검이 깊은 상실을 치료하는 해결책이 되고 있음을 보여주는 반증이다.

마지막으로, 심리부검을 통해 부차적으로 애도 반응과 과정을 이해하도록 함으로써 심리적 지원을 줄 수 있다. 이런 과정을 통해 얻어진 자기 이해는 유가족 스스로가 가질 수 있는 잘못된 대처 반응으로부터 보호해 줄 수 있다. 어떤 아버지가 아들의 죽음에 대해 생각하자마자 비탄에 잠겼고 슬프게도 그 자신은 자해행동을 반복하는 상태라고 이야기했다. 심리부검을 진행하면서 3시간의 면담 이후 조사원은 이런 자해 생각이 아들의 죽음 이후에 나타났다는 사실을 알게 되었고 자기 아들의 삶을 함께 공유하고 싶은 마음과 자신을 아들로 대신하기 위해 그런 행동을 하는 것을 알게 되었다. 조사원과의 대화를 통해 아버지는 아들을 구하고 싶은 마음에 이런 행동을 하거나 생각하게 되었을 수도 있다는 의문을 제기했다. 이런 방식의 통찰은 결국 아들과 맺은 끈끈한 애착과 무기력감, 무기력 등이 자해를 통해 행동화되었다는 것을 구체적으로 이야기할 수 있게 하였다. 결국 인터뷰 과정에서 자해를 하고자 하는 마음에서 벗어나 더 이상 자살 의향을 보이지 않았고 조사원의 이해적인 태도에 확신을 느껴 이후 심리학자와 상담을 받아 보기로 동의했다.

비전형적 죽음(atypical death)

심리부검의 가장 큰 목적 중 하나는 바로 '즉각적으로 기술할 수 없는 사망유형'을 밝혀내는 데 있다.

모호한 죽음(equivocal death), 다른 말로 의문사는 즉시 사망의 방식을 기술할 수 없는 죽음(deaths that are not immediately descriptive of the manner of death)을 의미한다. 즉, 미결된 죽음이라 할 수 있다. 미국의 경우 2007년을 기준으로 볼 때 5,381명이 미결정된 죽음으로 판결났고 이는 자살 사망자(34,598)의 15.6%를 차지한다. 영국의 경우 2001년을 기준으로 2,100명이 사인불명판정을 받았으며 이는 자살 사망자의 15.4%나 된다. 한국의 경우 10%정도가 정확하게 사망의 유형을 구분할 수 없다고 한다. 한 해 2만 5천 명 가량의 사람이 사인불명이고 전체 자살의 2배에 이른다. 외국에 비해 이 수치가 월등히 높은 이유는 대체로 국내에 사인을 규명할 수 있는 법의학자가 부족할 뿐 아니라 시체 해부 및 보존에 관한 법률 혹은 검역법 등 행정검시제도의 활용이 미비하기 때문이다.

미결정된 죽음의 이유는 대부분 현장을 목격한 목격자가 부족하거나 설령 있더라도, 상반되는 목격자의 증언이 있기 때문이다. 자료 간에 모순된 정보가 나타나거나, 죽음에 대한 의도가 불분명하기 때문이다. 모호한 죽음을 밝혀내는 과정에서는 광범위하면서도 철저하고 통합적인 자료 분석이 필요하다. 이 과정에는 사체가 발견된 장소, 부검자료, 법적 증거자료, 실험적 검증, 사망자의 행동과 피해 경험에 대한 조사가 뒤따른다. 이 과정은 조사관이 기존의 존재했던 행동 및 심리적 이력, 법적 증거 등을 조사하여 최종적으로는 사망의 유형을 판단해 내는 조사 과정이라고 요약할 수 있다. 조사 과정이 효과적인 분석 방식으로 여겨져 왔지만, 다른 한편에서는 그 효율성과 객관성에 대해 의문을 제기하며 연구를 진행해 오고 있다. 조사 과정이 몇십 년 동안 사용되어져 왔지만 일각에서는 그 신뢰성과 타당성에 대한 심각한 의구심을 제기하기도 한다. 이런 조사 과정에 대한 정확성에 대해서는 아직 국내에서는 경험적으로 연구되거나 검증되지 못한 실정이다. 아래 사례는 미국에서 실제 발생한 사건이다.

1989년에 발생한 USS Iowa 전투함이 함포사격 도중 폭발 사고를 일으켜 총 군인 47명이 사망했다. 처음에는 모호한 사건으로 분류되어 해군 자체 조사단이 꾸려졌다. 조사 결과, 폭발로 죽었던 한 군인(하트윅 병장)에 의해 저질러진 사건으로 조사 판결이 났다.[2] 하지만 해군 수사단의 조사결과는 증거가 불충분했고 석연치 않은 곳이 한두 곳이 아니었다. 이후 U.S. 하우스대표 군서비스위원회는 수사단의 자체 결과문에 심각한 의문을 제기했다. 위원회는 당시 심리부검과 유사한 방식을 적용했던 미연방수사국 FBI 행동분석팀 프로파일러와 범죄심리학자들이 내린 자살 판단이 명백한 증거에 근거하기보다는 오히려 자살충동을 갖고 있던 동성애자 하트윅이 의도적으로 자폭한 것이라는 '가설적 가정'에 근거해 판단이 내려졌다고 보았다.

따라서 1990년 6월 재조사를 시작했고 이듬해인 1991년 10월경에 결국 사건이 자살로 인한 것이 아니라 가연성 에텔 가스에 불꽃이 튀며 폭발이 일어났다는 사실이 밝혀졌다. 사실, 최초 판결, 즉 자살이라는 판결은 유가족에게 지급된 배상

---

2) 자세한 내용은 미상원군사위원회 청문회(1989. 1990); 리처드 슈어벨, 2001; 찰스 톰슨, 2003 등을 참고.

금에 큰 영향을 주었다. 하지만 추후 사고로 최종 판결이 나자 유가족들이 해군을 대상으로 과실에 대한 귀책을 물을 수 있는 기회가 되었고, 국가를 대상으로 소송을 제기할 수 있게 되었다.

따라서 이러한 문제제기에 의해 심리부검은 상당한 수준의 절차상 엄격성과 과학적 기준을 요구할 뿐 아니라 판단자의 왜곡과 판단을 배척해야만 한다. 그럴듯한 가정이 아니라 종합적 사실에 근거하여 판단해야 하며 객관적인 사실로 받아들여질 수 없는 출처는 심리부검 조사 과정에서 분명 통제해야 한다. 만일 정보의 제한이 따를 수밖에 없는 경우 결과의 한계성에 대해 분명히 언급해야 하며 다른 법률적 판단자가 이를 인지할 수 있도록 고지해야만 한다. 과도하게 그 결과를 해석하고 적용하는 데 경계심을 주어야만 한다(Poythress et al., 1993). 위의 사례와 같이 아래에서 제시하는 사례 또한 모호한 사건들이다. 심리부검 조사 과정을 통해 마지막에는 긍정적인 결과를 얻게 된 사례들이다.

의문사의 전형적 형태

약물 과다복용으로 죽음에 이른 경우, 자살을 위한 과다복용인지 실수로 인한 과다복용인지 알 수 없기 때문에 가장 어려운 사건이라 할 수 있다. 우리의 경우도 심리부검을 하는 과정에서 사건이 자살인 것으로만 이해하고 면담을 하던 중에 자살이 아닌 사고사의 가능성도 있음을 알게 된 경우가 여러 번 있었다. 자살 판정이 명확하게 내려지지 않은 케이스의 경우 단정적으로 사건의 유형을 구분하는 것은 위험한 일이다.

총기손상

비전형적 총기 상흔을 보고 자살인지 사고사인지 명확하게 판단할 수 없는 경우가 발생한다. 목격자가 없는 익사인 경우 실족으로 인한 것인지 분명한 자살 의지 혹은 의도를 갖고 이루어진 자살인지 판단하기는 너무나도 어렵다.

다음은 총기를 이용한 사람들의 타살 특징이다. 한 곳 이상의 총기 상흔, 접촉 혹은 근접촉(near contact)이 없는 상흔(접촉이 없어야 한다), 이례적인 총기 출구 부분(목 뒤 부분, 머리, 눈), 이례적인 탄의 경로(아래 방향, 등에서 앞 방향)이다. 총기를 이용한 자살과 타살과 관련된 2001년 연구 논문에서 총으로 자살한 1700건의 사례를 검토했다(Karger et al., 2002). 이 중 68건의 사례에서는 머리 뒤편에서 총알이 들어간 상처가 발견되었다. 위의 사례와 비슷한 경우라 볼 수 있다. 머리 뒤편에서 총알이 들어간 상처가 발견되는 경우 반드시 살인일 것이라는 통념이 완전한 진술은 아니라는 점이다. 30건이 넘는 사례에서 총은 중거리 60cm 이상의 거리에서 발사되었다.

이런 사실은 총이 중거리에서 발포된 경우 살인 가능성이 유력하다는 통념에 반하는 부분이다. 1999년 발표된 한 논문에서는 살인을 확증하는 증거의 목록에 포함된 몇몇 항목이 그다지 확실하지 않다는 사실을 밝혀냈다(Lacks et al., 2008). 총으로 자살할 때, 총이 자살한 사람의 손에 남아 있는 경우는 전체 사례의 4분의 1에 지나지 않는다. 총이 손에 남아 있지 않은 경우, 총은 보통 자살한 사람의 몸 위나 몸 옆에 떨어지지만, 7%의 경우 손에서 떨어진 총이 튕겨 나오는 경우도 있는데 어떤 경우 몇십 센티미터 정도 몸에서 멀리 떨어지기도 한다. 자살한 사람과 총이 어느 정도 떨어져 있다고 해도 꼭 살인이라고 볼 수 없다는 사실이 밝혀진 것이다.

미국 법의학 및 병리학 저널에 실린 1998년 논문을 보면 자살한 사람이 머리에 총을 맞고도 죽지 않았던 세 건의 사건이 소개되었다(Prahlowm, 1998). 사람들이 죽지 않았을 뿐더러 머리에 첫 발을 맞고도 정신을 잃거나 몸을 움직이지 못하게 되지도 않았다. 첫 발로 죽지 않자 다시 총을 쏘았고, 두 번째 총상으로 사망했다. 이 세 건의 사례 중에 두 건은 애초에 살인 사건으로 조사가 진행되었지만, 나중에 가서 세 건의 사례는 모두 자살로 결론지어졌다.

군의문사

국내의 경우 군의문사의 경우는 대표적으로 김훈 중위와 허 일병 사건이 있다. 모두 당시 사건을 담당했던 군과 수사팀이 현장을 은폐하여 정확하게 사망의 유형을 알 수 없게 되어 국가가 손해배상을 지게 되었다. 1998년 2월 판문점 공동경비구역(JSA)내 벙커에서 권총상을 입고 숨진 김훈 중위의 경우 근접사라는 점, 총탄의 방향이 위에서 아래로 흐른 점, 사입구 뒤 사출구가 앞에 있었다는 점을 들어 타살 주장이 나왔지만 현장의 훼손으로 정확한 사인을 밝힐 수 없게 되었다. 이 사건은 대표적으로 군의문사 사건으로 사망 19년 만인 2017년 8월 순직으로 인

정받았다.3)

　1984년 전방 부대 내에서 숨진 채 발견된 허 일병의 경우 목격자가 전혀 없었다는 점, 사체가 옮겨졌다는 점, 탄피의 개수가 늘었다는 점을 들어 타살 가능성을 제기했으나 이 또한 현장 훼손과 군 조사단의 은폐로 사망의 유형을 규명하지 못하고 국가 유가족에게 피해를 보상해 주는 것으로 판결이 났다. 대법원이 2015년 9월 사인을 진상불능이라고 판단, 3억원 국가배상을 결정했다.4) 따라서 사인을 밝히기 위해서는 오염되지 않은 현장 정보가 필요하며 이와 연관 지을 수 있는 심리적 위험요인과 논리적 인과성을 찾아보아야만 한다.

　군 의문사와 관련된 부분에서 심리부검 방식을 활용하여 사망의 종류와 동기를 밝혀 낼 수 있을 것으로 기대된다. 국내에서는 2009년까지 운영된 대통령 소속 군의문사 진상 규명 위원회에서 심리부검을 실시하였고 심리부검의 활용 가능성에 대해서 충분히 입증된 것으로 보인다. 다만 정기적으로 심리부검 자격을 갖춘 심리학자 혹은 정신과 전문가가 심리부검을 실시할 수 있는 상시 위원회를 구성하여 체계적으로 이루어질 필요가 있다(오윤성, 2010). 오윤성(2010)은 군에서 효과적으로 사용할 수 있는 심리부검에 고려할 수 있는 요인들로 사망자 특징, 입대 전 기록, 입대 이후 기록, 제대 후의 기록으로 크게 세부화 할 것을 제시하였다. 입대 전의 기록으로는 삶에 대한 철학, 자살에 대한 개인적 관점, 죽음에 대한 언급 등이다. 입대 이후와 제대 후 정보로는 병영에서의 환경, 직/간접적 스트레스원, 직속상관 확인, 보직변경에 따른 충분한 OJT 여부, 외적 스트레스 요인, 야간경계근무 중 일, 병영 확대 혹은 구타, 정신장애와 우울증, 최근 정신상태의 변화 정도, 외로움과 절망감, 휴가 복귀 후의 행동 변화, 동료와의 관계, 복무에 대한 긍정적 혹은 부정적 태도, 자살 사망자의 행동과 현실 간 갈등, 최근의 진술과 기록, 도움추구 행동과 최근 부정적 감정의 지속성, 자살과정에 대한 면밀한 조사 등이다.

　군인은 타 직군에 비해 자살률이 다소 높은 편이나 최근 들어 감소세를 보이고 있다. 병사의 경우 2013년 45명에서 2017년 17명으로 대폭 줄어들고 있는 추세이지만 장교나 부사관 등 간부의 경우에는 그렇지 못하고 있다. 2013년 34명에서 2017

---

3) 'JSA 벙커 의문사' 김훈 중위, 19년 만에 순직 인정; 출처: http://www.yonhapnews.co.kr/bulletin/2017/09/01/0200000000AKR20170901038551014.HTML
4) 대법, '허원근 일병 의문사' 31년 만에 死因 불명 판단; 출처: http://news.chosun.com/site/data/html_dir/2015/09/10/2015091001506.html

년 34명으로 별 차이가 없다. 전체적으로 부사관의 자살률은 10만 명당 23.9명을 웃돌고 있다.

공동체 생활과 상명하복의 위계적인 분위기에서 선임 혹은 후임들과 관계를 힘들어하는 경우 계속 스트레스를 받게 된다. 특히 선임의 잦은 폭언과 폭력은 상황을 더 악화시킨다. 또 선임으로부터 성추행, 학대나 무시를 당해 왔다면 총기를 사용하여 가해자를 죽인 후 스스로 자살을 하기도 한다. 그마저 여의치 않을 때는 휴가를 나온 상태에서 복귀 직전에 주거지나 여행 중에 자살을 하기도 한다. 간부의 경우 업무 부담과 복무 부적응 등이 가장 큰 원인으로 작용했으며 특히 정신질환의 경우도 일부 있었다. 하지만 문제는 정신질환의 경우로만 그 원인을 모두 찾으려는 데 있다.

군 자살의 경우 근본적인 원인을 밝히는 데 한계가 따를 수밖에 없다. 군인의 죽음은 본질적으로 모호한 구석이 많다. 내부의 폐쇄적인 특성 때문에 사건이 발생한 이후 한참이 지나서야 보호자에게 통보되고 이 중에서 극소수가 언론에 겨우 공개된다. 그러니 유가족들 입장에선 너무나 모호한 죽음에 당황하게 되고 어디 가서 하소연할 곳도 없어 극도의 불신감만 보이는 경우가 흔하다.

군은 과학수사의 체계도 미흡한 수준이며, 현장 보존과 실체 규명이라는 수사의 가장 기본적인 규칙조차 지켜지지 않는 경우도 흔하다. 윤 일병 사건처럼 책임회피를 위해 해당 부대장이 현장을 훼손하거나 자살과 관련된 사실을 은폐, 축소하여 오히려 개인적인 문제로만 치부하려는 속셈도 엿볼 수 있다. 군에서 이루어지는 심리부검은 가능하다면 내부자를 관여시키지 말 것을 추천한다. 외부 민간 심리부검 전문가가 조사에 참여하여 외압이 전혀 없는 상태에서 독립적으로 조사가 이루어져야 한다. 이런 결과를 근거로 군내부의 확정적 편견과 작위적인 수사 방식을 교차점검 함으로써 견제 기능을 할 수 있다.

현재 미국은 2002년부터 국방부에서 개발한 군 건강증진프로그램 규정에 명시된 기준과 과정에 따라 심리부검을 진행하고 있다(Knox et al., 2010). 이 프로그램이 시행된 이후 1997~2002년에 미 공군의 자살률이 33%나 감소한 것으로 나타났다. 자살 사망자의 죽음의 종류를 규명하고 그 원인을 찾는 데 목적이 있다. 사망에 대한 후향적 분석은 보고의 정확성을 높이고, 자살에 대한 역학 연구, 자살 예방 활동에 대한 단초를 제공하는 데 유용하다. 우리 군도 심리부검을 제도화하고 전담화하는 상설기구의 설치가 절실하다. 정신건강전문가 등의 민간 전문가가 참여함으로써 '자살 상황을 전혀 모르기 때문에 군대 간 아들의 죽음에 의심을 품기 마련인 유가족'의 의구심을 해소할 수 있도록 투명성을 높여야 할 것이다.

자기색정사

Hennessee(1991)는 자기색정사를 자위질식(autoeroticism)이라고 하는데, 성적 쾌감을 위해 자기색정의 상태에서 이루어진 질식은 자살과 상당 부분 유사하기 때문에 명확하게 사망 유형을 구분하기에 어려운 점이 있을 수밖에 없다. 앤드류(Andrew, 2007)는 미국이나 일본에서 한참 유행했던 자기유도 질식 일명, 목조르기 게임도 성적 쾌감이나 스릴감을 즐기는 과정에서 혹은 약물에 버금가는 정신적 이완 효과를 얻을 수 있어 자기유도 과정에서 죽음에 이를 수 있기 때문에 자살로 잘못 판단할 가능성이 높다고 지적했다.

Hazelwood(1983) 등에 따르면 자칫 자살로 판단될 수 있는 자기색정사의 전형적인 특징은 다음과 같다. 몸이 부분적으로 바닥에 의해 지지되거나 신체 일부가 지면에 닿아 있다. 자기구조 메커니즘이 있는 끈(풀매듭)이 보인다. 신체결박이나 성적 피학 행동(마조히즘적) 증거(생식기, 젖꼭지 등) 등이 존재한다. 여성 의복을 착용하는 남성이다. 끈 결찰(매듭)과 신체 사이에 보호 패딩을 입고 있다. 성적 용품(진동기, 포르노그라피, 거울 등)을 이용한다. 분명 이전에 자기색정 경험 등이 존재한다.

현재 많이 일어나고 있는 자기색정사는 결론적으로 자기색정 과정에서 질식에 의해 발생한다. Knoll(2009)에 따르면 기절 AEA 단어는 산소결핍 상태인 성적 각성 상태를 일컫는데 사용된다. 정신질환의 진단 및 통계 편람(DSM-IV, 2001)의 성적 도착에 다루어지지 않고 있지만 '성도착, 달리 분류되지 않은(NOS)'으로 분류할 수 있다. 이런 유형의 죽음은 끈 등에 의한 교살이나 다른 자해 행위와 통상 관련이 있기 때문에 검시조사관이나 경찰관은 자기색정사를 자살이나 타살로 잘못 받아들일 가능성이 높다.

Jenkins(2000)에 따르면 AEA는 성적 쾌감을 극대화시키기 위해 자기 스스로 질식 상태를 만드는 행위라고 이야기한다. 뇌로 가는 혈류를 막음으로써 저산소증이 발생하고 이를 통해 성적 경험을 높이거나 바꿀 수 있는 것이다. 여기서 실제 이런 행위를 하는 사람의 의도는 성적 쾌감을 얻고자 하는 것이지, 자살이 아니라는 점이 아주 중요하다. AEA로 인한 대부분의 죽음은 사고사이다. 조사관들은 이런 형태의 죽음이 나타내는 병리적인 특징과 수사상의 착안점에 대해 익숙해질 필요가 있다.

결론적으로 자기색정사인지를 가리는데 무엇보다도 중요한 것은 사건현장 조사다. 우산 사망자의 신체 일부, 특히 손을 묶는 경우가 흔하고 그 결박이 죽은 사람 스스로 만들 수 있는 구조인지 아닌지의 판단도 중요하다. 경우에 따라 성적 파트너에 의해 행해졌을 수도 있다. 매듭은 복잡해도 혼자 묶을 수 있는 형태가 있고, 단순히 혼자서는 도저히 만들 수 없는 모양이 있어 면밀한 분석이 필요하다. 사고현장에서 대부분 시신이 격리되거나 고립된 자기방, 다락, 지하 등에서 발견된다. 문은 대개 안으로 잠겨 있다. 시신은 성기를 드러내거나 옷을 벗은 채로 발견된다. 남성은 여성의 옷차림을 한 경우가 많다. 대부분은 복장도착증 때문이다. 시신 앞에는 도색 잡지가 널브러져 있거나 거울이 놓여 있다. 쾌락을 극대화하기 위한 일종의 준비물이다. 10－30대 남자가 대부분이지만 간혹 여자도 있다. 특히 여자의 경우는 타살과 유사한 정황이 연출되기 때문에 초동수사에 심한 혼란을 주기도 한다.

청소년 질식게임

주로 18세 미만의 청소년과 어린이에게서 나타나는데 질식게임이라는 현상을 눈여겨 볼 필요가 있다. 질식게임이란 물론 청소년 세대에겐 낯선 것은 아니지만, 전체적인 치사율을 증가시킬 수 있다. 미국의 경우 손과 허리띠 등으로 자신이나 친구의 목을 죄어 쾌감에 이르도록 하는 질식게임을 통해 지난 1995년 이후에만 적어도 82명의 청소년이 사망한 것으로 알려졌다(Adrew, & Fallon, 2007).

추정컨대 이렇게 높은 치사율을 보이는 이유는 끈을 사용하면서 혼자서 게임을 하거나 청소년들 사이에서 극단적 스포츠나 활동을 추구하는 사회적 트렌드와 맞물렸기 때문이다. 청소년이 질식게임을 하는 이유는 일반적으로 성적 목적과는 관련성을 갖고 있지 않다. 현재 아주 제한된 연구만 이루어져 오고 있고 이들 연구는 9세에서 15세 사이 전형적으로 발생하고 남성과 여성 비율이 대략 2:1 정도로 보고 있다.

일반적으로 두 가지 유형의 질식게임이 있는데 하나는 활발하거나 운동을 좋아하는 평균 이상의 청소년들이 스릴감을 추구하기 위해 질식게임을 한다. 두 번째는 불안과 우울을 가지고 있는 청소년들이 약물과 알코올 접촉이 제한되기 때문에 대안으로 이 행동에 몰입하게 된다. 일종의 자기 파괴적 행동인 자해로 볼 수 있는데 부정적 감정을 해소하거나 이에서 벗어나기를 하는 것으로 보인다.

타살처럼 보이는 자살, 자살처럼 보이는 타살

자살처럼 보이기 위해 범행 현장을 위장한 경우, 조사관들은 자살에서 흔히 나타나는 전형적인 현상과 비전형적인 증상에 대해 익숙해져 있어야만 한다. 예를 들어, 목맴이 조작된 경우라는 의심이 가면 살인 고의가 있는 목맴과 실제 자살을 구분해 낼 수 있는 시체와 끈의 위치, 매듭 형태 등에 대해 구체적인 조사가 이루어져야만 한다. 반대의 경우로, 타살처럼 보이지만 자살로 의심이 가는 경우는 흔치 않은 일이다. 하지만 만일 그런 경우라면, 조사관들은 사망자 스스로가 치명적인 상처를 내었을 가능성을 보여주는 법적 범죄현장증거와 별도로, 사망자의 동기 이를테면 특정 지인에 대한 분노/복수 동기인지 주의 깊게 살펴보아야 한다.

심리부검 조사관들은 자살에서 흔히 발견될 수 있는 상흔의 특징을 잘 다루어주는 연구기반 법적 지식 체계로부터 도움을 받을 수 있다. 이를테면, 총기를 이용한 자살은 가장 흔하게 접촉 총기 상흔을 보이는데, 특히 오른쪽 관자놀이나 입 안쪽에서 나타난다. 그 이외에는 비전형적으로 자신이 초래한 총기 상흔이라 볼 수 있다. 비전형적으로 나타나는 총기 상흔을 고려하면서 사망자 주변에 일어났던 다양한 상황들도 함께 분석해야 한다.

예를 들어, 대부분의 자살은 단 한 번의 치명적 손상에 의해 사망하는 경우가 많다. 한발 이상의 총기 상흔을 나타내는 자살의 경우는 극히 드물지만, 여전히 예외는 존재하기 마련이다. 통설과는 달리, 망자의 옷을 관통한 총기 상흔이 반드시 자살이나 타살을 의미하지는 않는다. Kager(2002) 등의 연구에 따르면 흉부에 총기 상흔으로 인해 자살한 사람들 중 7%만이 총구를 노출된 피부에 갖다 댔다.

칼을 사용하는 경우도 모든 사람이 자살하기 전에 머뭇거리는 상처를 남기는 것은 아니다. Rouse(1994)는 주저흔(hesitation marks)도 자기 스스로 칼로 찔렀던 사람들 중 55%에서만 나타난다고 보고하였다. 이런 유형의 상처는 심각한 수준으로 결정적인 상처 주변에 얕게 일정한 패턴을 그리며 깊지 않은 절개를 볼 수 있다. 자해상처는 허리뿐만 아니라 가슴, 목, 목 주변 부분에도 나타나기도 한다. 부엌칼 등 예기에서 나타나는 아주 날카로운 상흔은 일반적으로 방어흔(defensive marks)으로 나타나는데, 모든 피해자 중에서 약 절반 정도에서 팔뚝이나 손에 나타나기도 한다.

또 하나가 외계의 저온에 의하여 체열이 방신되는 정도가 체내의 열생산에 의하여 과도하여 사망에 이르는 것을 저체온사(death due to hypothermia)라고 한다. 시체 소견을 보면, 사망 전에 이미 체온이 떨어져 있고 사후에는 급속히 하강하므로 사후경과 시간에 비하여 체온은 현저히 낮아진다. 기온이 영하가 되면 동결되며 관절은 뻣뻣해진다. 주위 온도가 낮을 때는 생전에 결합된 혈중의 산화헤모글로빈이 잘 해리되지 않으므로 시반은 선홍색을 띤다. 현장소견을 보면, 스스로 옷을 벗어 때로는 나체가 되어 여자에게서는 강간당한 것처럼 보일 수 있으므로 주의를 요한다. 이러한 이상탈의(paradoxical undressing) 현상의 기전은 확실하지 않으나 호흡 조절 기능의 마비로 인한 종말성 환각 또는 열감 때문인 것으로 보인다. 저체온사는 거의 대부분 사고사로서 음주와 관계된다. 때로는 정신질환자에서도 나타나며 등반 시 조난과도 관계된다. 타살로서는 유아의 유기로 인해 저체온으로 사망하는 경우를 볼 수 있다(윤중진, 1992).

Simon(2008)이 나체 상태 자살에 대해 흥미 있는 연구를 했는데, 나체 상태로 자살을 한 사람의 95% 가량이 정신질환과 관련이 있었다. 많은 경우 투신으로 자살하였다. 옷을 벗는 행위를 통해 시작, 정화, 부활 혹은 세상을 씻는다는 상징을 나타내기도 한다. 때론 나체 상태로 자살함으로써 남겨진 자에게 복수나 화를 표현하는 방식으로 나타나기도 한다. 심각한 우울 장애를 경험하는 사람이나 정신질환 특히 지시 환청 망상을 갖고 있는 사람들이 자기비하의 방식으로 나타내기도 한다. 대표적인 사람으로 영화배우 Marilyn Monroe를 들 수 있다.

그녀가 나체로 죽은 채 발견되었을 때 성적 함축을 가지고 있는 살인이라는 추정을 불러일으키기도 했다. 그녀의 경우 정말 나체로 자살한 것일까? 약물 과다 복용 등으로 나타나는 현실 왜곡 때문에 나타난 것은 아닐까? 복잡한 문제이기는 한데 먼로는 평소에도 옷을 벗고 잤다고 한다. 나체 상태에서 자살을 시도한 경우 아주 정교한 자해가 보통 나타나지는 않는다. 나체 자살 시도는 높은 위험성을 나타내는데 특히 정신적인 문제가 있는 경우 중요한 환상이 죽음이나 부활과 연관 될 경우는 그렇다. 나체 상태에서 이루어진 자살시도와 완결(suicide complement)은 죽음의 순간에 자살에 대한 높은 위험성을 암시하기도 하지만 성적 목적이 나타내는 현장증거물이 존재할 경우 타살은 제외되어야만 한다.

주저흔, 노출 효과, 방어흔이란 무엇인가?

주저흔은 자살 사망자에게서 일반적으로 나타나는 것으로서, 그 자체가 자살의 유력한 증거로 받아들여진다. 주저흔은 말 그대로 주저하다가 생긴 상처로서 아무리 굳게 결심한 자살자라도 마지막 순간에 망설일 수밖에 없음을 생생히 드러낸다. 그렇다면 수많은 주저흔이 결국에 결정적인 치명상으로 변화하는 것은 또 무엇 때문인가?

이것을 노출 효과 혹은 둔감화라고 설명하는데, 어떤 사람이 반복해서 고통과 두려움을 경험을 하게 되면 자연히 그 두려움에 대해 둔감해지고 어느 순간 자연스럽게 받아들이는 순간이 오게 된다. 그 순간에는 날카로운 흉기나 음독 자체에 대한 두려움을 넘어서고 상대적으로 쉽게 생명의 선을 넘어 가게 되는 것이다. 예를 들면, 나치 시절 아우슈비츠에서 오랫동안 수감된 후 굶주림과 죽음의 문턱에서 살아남은 유대인 생존자들이 풀려난 후 절벽에서 뛰어내리거나 목을 매는 등 높은 자살률을 보였고, 특히 육체적 고통이 극한에 이르는 직업인 건설 노동자, 운동선수, 군인, 경찰관 혹은 폭력이나 상해와 관련되어 있는 범죄자, 혹은 죽음을 자주 직면하고 이들의 모습을 자주 목격했던 외과 의사 등은 높은 자살률을 보이기도 한다.

죽음의 직전에 자연스럽게 신체의 보호 본능이 작동하는 것은 타살의 경우에도 다를 바 없다. 살해당한 사람의 몸에는 주저흔과는 달리 깊은 상처가 일정한 패턴 없이 나있는 것을 볼 수 있다. 상대방의 공격을 피하는 과정에서 손과 발에 입은 상처이다. 이것을 방어흔이라고 한다. 다른 측면일 수 있지만 이 방어흔도 신체가 본능적으로 자신을 방어하기 위해서 반사적으로 뻗으면서 나타나는 상처들이다. 물론 이런 경우도 신체가 갖는 생존 본능이라고 할 수 있다.

생존 본능은 자살과 타살을 판별할 때 중요한 참고 자료가 된다. 어떤 사람이 자신의 손으로 목 부분을 압박하여 질식하여 사망하는 경우가 있을까? 이런 경우 자기 스스로 목을 압박하더라도 사망하기 전에 의식이 소실되어 압박을 계속할 수 없게 된다. 그래서 자살의 방법으로는 불가능하다. 하지만 타살의 경우 많이 발생하는데, 여성일 경우 강간범이 강간을 시도하기 전 제압하는 과정에서 혹은 강간을 시도하던 중에 여성의 목을 계속해서 누르게 되어 사망하게 되는 경우이다. 요즘 많이 나타나고 있는 사건 중 하나는, 남녀가 격정적인 성관계를 시도하다가 상대의 목을 눌러 성적 쾌감을 극대화하던 중에 목을 계속 눌러 사망하는 경우가 있다.

출처: 서종한, 2015.

사망 유형 판단 준거 항목

Litman(1968)은 우리가 자살이라고 판단할 때 사용할 수 있는 결정적 준거(증거)를 제시하였다.

- 자살 사망자는 일상적인 생활에서 현격한 이탈을 보인다.
- 죽음을 준비하고 예비하는 명확한 증거가 존재한다.
- 죽음 직전에 죽고 싶다는 표현이 부쩍 많이 나타난다.
- 과거 자살 시도나 위협 이력이 존재한다. 과거 정신장애 경력이 존재한다.
- 최근 우울증상 혹은 다른 정신 장애를 보인다.
- 알코올이나 기타 물질 남용을 했고 최근 심각한 남용을 보인다. 최근 유의미한 생애 스트레스를 경험한다.
- 최근 정신건강전문가의 도움을 거절하기도 한다.
- 자살시도 중 구조로부터 벗어나기 위한 다양한 시도를 한다.

Shneidman(1976)은 심리부검에 자살을 판결하는 최소한의 기준으로 검토해야만 하는 16가지의 정보를 뒤이어 제시했다.

- 먼저 이름, 나이, 주소, 결혼상태, 종교, 직업 등의 기본배경 정보
- 자살 원인·방법 등 사망에 대한 구체적 정보
- 형제·자매, 결혼상태, 신체질병, 정신과·심리치료, 과거자살·자해시도 등 자살 이력
- 자살, 암, 기타 치명적 질병, 사망 나이 등 가족 사망 정보
- 최근 대인관계와 기술된 생활양식
- 스트레스 원인, 정서적 혼란, 불안정성에 대한 전형적 반응
- 최근(지난 며칠부터 12개월 사이) 모든 혼란, 중압감, 긴장, 어려움 등 정서적 정보
- 생활양식, 사망에 직·간접적으로 영향을 미친 알코올과 약물 사용, 대인관계 질
- 죽음사고·자살환상, 꿈, 사고, 불길한 예감, 두려움
- 습관, 취미, 식습관, 성적 패턴, 다른 일상적인 일 등의 죽기 전 변화
- 승진, 성공, 앞으로의 계획 등 삶과 관련된 정보
- 자살의도 평가, 치명도 평가, 사망자의 자살에 대한 유가족 반응, 진술, 특별한 특징 등

이후 1988년도 미국질병관리본부(Centers for Disease Control and Prevention; CDC)[5]는 Rosenberg의 자살판정에 관한 조작적 기준(Operational Criteria for the Determination of Suicide; OCDS) 총 22개의 항목을 제시했다.

- 크게 자살생각과 관련된 증거, 최근 갑작스러운 심정의 변화를 겪었다는 증거
- 심각한 우울증이나 정신장애를 겪었다는 증거
- 무기력감을 주변인에게 표현했다는 증거
- 긴장이 많은 상황과 실제·잠재적 상실에 대해 표현했다는 증거
- 가까운 가족에게 전반적인 불안정을 겪었다는 증거
- 최근 대인관계 갈등을 겪었다는 증거
- 전반적으로 취약한 신체건강을 가지고 있었다는 증거

이어서 1991년에는 경험적 기준(Empirical Criteria for the Determination of Suicide; ECDS)을 16가지로 축약하여 제시했다. 이 경험적 기준 항목에서는 Jobes 등이 자해와 의지로 크게 두 가지로 나누어 살펴보았다.

- 자해와 관련되어 있는 병리학적 증거
- 독성학적 증거, 목격자 증언
- 조사 증거
- 심리적 증거
- 사망자 발언 그리고 죽고 싶은 희망을 암시하거나 임박한 죽음에 대해 표현했다는 증거
- 사망수단의 잠재적 치명성을 인식했다는 증거

Berman(2005)은 심리부검 항목에 들어가야 하는 것들을 권고한 바 있다. 다음 표는 구체적인 내용들로, 크게 몇 가지로 구분할 수 있다.

---

5) CDC는 미국보건부 산하 기관으로 질병의 예측, 예방, 발병 시 통제를 담당하고 있다. 한국에도 이와 비슷한 역할을 하고 있는 보건복지부 산하 한국질병관리본부가 설치되어 있다.

표 1 심리부검 프로토콜 체크리스트

추천되는 서류 및 참고 자료
- 병원 상담 등을 포함한 의료 기록
- 수사 기록, 법률 기록, 범죄 기록
- 학교 생활 기록
- 경제, 금융 기록
- 자살 유서 혹은 기타 자살 표출 서류 (자살 생각, 관념 등)

자살 장소
- 장소와 자살 사망자 간 관계
- 구출 가능성 증거 대 구출 가능성 회피 계획
- 자살 계획 혹은 자살 연습 증거

사회/인구학적 특징
- 다문화 가정(불법 체류자 등)
- 최근 이사 거주
- 사회경제적 위치
- 직업 및 경제적 상태
- 나이/성별/인종
- 결혼 상태
- 교육 상태
- 종교 및 종교성
- 입양 대 생물학적 가족

최근 증상/행동
- 우울한, 슬픈, 기분 변화가 심해 보이는
- 우울증 증상이 보이는
- 자살 관념과 생각을 표현하는
- 최근 개선되는 것처럼 보이는
- 최근 불안해 하거나, 불안/공황에 대해 고통을 호소하는
- 초조해 보이는
- 충동적으로 행동하는
- 공격적인 행동 혹은 통제 불능의 화를 보이는

정신과적 경력
- 이전 자살 행동
- 불안, 우울, 정신병 치료 약물 처방 경력
- 정신과 시설 입원 경력(장소, 시기, 진단명)
- 최근 약사/정신과 의사 혹은 치료사를 만난 경력
- 사망 시 심리 치료 여부(기간, 치료 협조 정도, 진단 등)
- '미칠 것 같다' 혹은 인지 기능을 잃을 것 같다는 염려 표현

신체 건강
- 최근 외과 의사 방문(이유 등)
- 만성 고통 경험
- 최근 혹은 과거 진단: 만성, 치명, 혹은 불치병
- 최근 신체/기능적 능력 감소
- 최근 치료: 협조, 최근 약물 처방 등 변화

약물 남용
- 알코올 혹은 약물 남용 경력
- 최근 알코올 혹은 약물 남용 중단 시도; 최근 남용 패턴 증가
- 사망 시 알코올 혹은 약물 남용 정도; 음주 증거
- 복합 물질 남용 패턴
- 부수적 약물 과다 복용; 만약 그렇다면 언제, 어떤 약물

가족 경력
- 부자연스럽게 죽은 형제, 자매 혹은 부모
- 핵가족 그리고 대가족 결속력, 지원 정도
- 중요한 신체, 성적, 혹은 정서적 학대
- 물질 남용
- 자살 시도 혹은 경력
- 폭력 행동

- '제한된 사고' 혹은 '터널 비전'을 보이는
- 죄책감과 수치심을 보이는
- 당혹스러움, 혼란에 빠진 듯 혹은 정신 병을 보이는
- 무기력감, 무가치감에 대한 표현
- 정신과적 상태: 관련증거 확인
- 기억 손상
- 이해력 결핍
- 판단력 결핍
- 망상 혹은 환상
- 자기 고양감 혹은 자기 전지전능감 징후
- 지나친 위험 추구 행동

자살 촉발요인
- 최근 사망자가 경험한 혹은 사망자가 기대했던 것:
- 주요 상실 혹은 기타 상실들(관계, 직업, 경제, 명성, 자기관념, 가족 구성원, 이사, 특정 사람에게 중요한 모든 것 등)
- 중요한(혹은 중요하다고 지각했던) 주요 관계 중단
- 경찰과 관련된 법적 문제
- 외상으로 지각된 어떤 사건 경험
- 중요한 생애 스트레스 변화(부정 혹은 긍정적인 측면, 예: 결혼, 출생, 승진 등)
- 가족 구성원 혹은 사랑하는 사람의 자살 완료 혹은 자살 행동
- 중요한 사망 혹은 상실과 관련된 기일, 기념일
- 지인 혹은 매체를 통해 알게 된 자살 이야기
- 최근 자살 준비 증거(예: 보험약관 갱신 등)
- 죽은 자와 함께 하고 싶다거나 다시 태어나고 싶다는 소망 표현

- 정서장애 혹은 다른 정신 건강 장애

애착/사회적 지지
- 친밀한 인간관계 지속 혹은 형성 능력, 절친한 친구 유무
- 관계에서 필요할 때 감정을 표현할 수 있는 능력(우울, 화)
- 최근 지지부재, 방치, 관계에서 소외된 듯한 느낌 표현
- 대인관계, 직장에서 성공적인 관계
- 취미, 흥미, 종교 등에 대한 애착
- 최근 위에 열거한 애착과 관련된 관계 변화

감정적 반응
- 타인에 대한 폭력 경력
- 충동적인 행동
- 지나친 화 혹은 통제 불능, 공격적인 행동

생활형태/특징
- 전형적인 문제 해결 패턴
- 완벽주의적 성향
- 자기 파괴적인 행동(자해, 음주/운전 등)
- 피해 행동(예: 따돌림 등)

치료 접근
- 치료시도 유무
- 알려진 의료 접근 장벽(예: 보험 부족, 가능한 간병인 부재)

다른 필요 영역
- 직업 경력
- 취미/흥미
- 도박 경력
- 종교적 신념 수준

출처: Berman(2005), Forensic Psychiatry and Forensic Psychology; 서종한, 2015.

1987년도에 Ebert가 그의 논문을 통해 제시한 구체적인 조사 항목이다. 지금까지 가장 구체적이면서도 상세한 정보를 포함할 수 있는 것으로 심리부검에서 많이 활용하고 있다. Ebert는 사망 유형을 찾아내기 위해 기존의 문헌을 탐색한 후 가장 광범위한 항목을 포함할 수 있는 심리적 부검 체크리스트를 개발했다. 그의 심리부검에 포함된 항목은 가장 포괄적이면서도, 언어적 단서를 포함한 노트에서부터 사망 현장에서 발견될 수 있는 세세한 사망 정보까지 모든 내용을 담는 구체적인 가이드라인을 제시한다. 이에 따라 심리적 부검의 표준화를 시도해서 체계성을 상당 부분 개선했다는 평가를 받고 있다. Ebert 심리적 부검 가이드라인은 24가지의 세부 요인으로 이루어져 있고 자살 전 일어난 사건을 재구성하는 것에서부터 자살 사망자의 사망 이력까지 포괄하고 있다.

Ebert 심리부검 가이드라인 항목

- 개인정보 관련 변인(6): 알코올 문제, 결혼생활, 가족 사망력, 가족력, 직업, 교육
- 심리학적 관련 변인(7): 기분, 심리 내적·외적 스트레스, 심리학적 평가, 동기 평가, 열중해 있던 일 / 환상 / 죽음에 대해 가지고 있던 감정에 대한 평가
- 사망 전 사망자의 정신상태를 보여줄 수 있는 검사결과, 심리학적 평가
- 자살행동 평가 관련 변인(2): 자살 전 행동, 선택한 자살 방법의 친숙성
- 약물경력, 검시·부검 관련 변인(3): 복용 약물, 병원기록, 검시 보고서
- 현장 분석 관련 변인(4): 사망 전 일어난 사건, 행동들의 재구성, 현장분석 결과, 수사 보고서
- 관계 평가 관련 변인(1): 가족, 친구, 지인 등 주변 사람들과 관계 평가

북경 자살예방센터의 Michael Phillips가 개발하여 현재 중국, 홍콩, 일본 등에서 사용 중인 심리부검 조사도구는 다음과 같다(Phillips et al., 2002). 2002년, 2005년, 2008년 중국에서 발생한 도시 외곽과 농촌 특정 지역, 전 지역의 자살 사건을 중심으로 이 도구가 활용되었고, 동양에서 주요한 자살변인이라 밝혀진 항목을 담고 있다. 구체적으로 살펴보면 SCID, QOL 등을 이용해 심리적 특성을 살펴보았을 뿐만 아니라 결혼상태, 학력 등 기본적인 사회 인구통계학적 변인 그리고 대인환경과 생애 사건 등 자살에 미치는 주요한 변인들을 담고 있다. 특히 자살의 가족력, 자살경력 혹은 자해 유무, 신체질환의 영향력 등 동양에서 주요한 자살요인으로 나타나고 있는 요인들을 담고 있다.

Michael Phillips 심리적 부검 조사 항목

• 사회 인구통계학적 변수
 - 성, 연령, 거주지
 - 결혼상태, 학력, 직업, 가족 1인당 평균 수입
 - 신체장애 유무
• 정신/심리적 변수
 - 전년의 만성적인 급성 스트레스 증상도
 - 사망 전 2주간 우울증 증세 정도
 - 사망 전 정신질환 유무, 이전 심리학적 문제로 인한 의료 도움
 - 사망하기 1달 전에 향정신약 사용, 만성 급성 스트레스 등
 - DSM-Ⅳ 1축(임상적 진단) 질환에 대응하는 면접 리스트 등
• 기타
 - 대인 환경과 생활사건, 이전 자살 미수, 유가족 자살행위 이력 등
 - 친구나 관계자 자살행위(자해 포함) 이력 등
 - 사망 한 달 전: 삶의 질(QOL) 점수, 가족 이외의 사회적 활동 수준 변화, 독거 여부
 - 의료전문가와의 접촉, 사망자의 신체질환이 가족에게 미치는 영향

심리부검 전문가 사례 토론의 예(자세한 사항은 부록 1 참고)[6]

1956~57년 134건의 연속적인 자살사건이 세인트루이스에서 발생했다. 사례 사건도 그 중 하나였다. 연속된 자살에 주정부 당국은 철저한 조사에 들어갔다. 구조화된 면담 방법을 통하여 자살피해자에 관련된 주 정보제공자와 평균 2.3명의 보조 정보제공자를 면담하고, LA 카운티 부검 사무실과 LA 자살예방센터 그리고 행동과학팀이 면담 결과와 사건 관련 자료를 철저히 검토했다.

이 조사 결과를 바탕으로, 당대의 유명한 심리학자와 정신과 의사들이 자살 사건 분석에 들어갔다. 프레첼, 팩, 하이리그, 파브로, 리트먼, 알렉산더, 클러그먼, 마크스, 윌드, 그리고 그린이 그들이었다. 전문가들은 위 사건을 두고 사망의 종류를 밝혀내기 위해 한자리에 모여 심리부검을 실시했다.

---

6) 서종한, 2018(심리부검: 사람들은 왜 자살하는가?, pp. 45-54)에 수록되어 있는 내용을 인용하여 부록에 수록.

2장 ——————
심리부검
프로토콜

심리부검
프로토콜

일반적인 심리부검 순차도

자료 배경정보 수집
⇩
정보제공자 확인
⇩
홍보책자 혹은 소개 브로슈어 등 이메일 혹은 메일 발송
⇩
전화 등으로 사전 접촉 후 확약
⇩
조사원 해당 사건 배정
⇩
면담 실시
⇩
사례 검토
⇩
코딩 후 분석 혹은 사례별 개별 분석
⇩
최종 보고서 작성 후 (구두)브리핑 혹은 (서면) 제출

출처: 서종한, 2018 재인용.

심리부검이 시작되기 전 개별 사례에 대한 정의가 이루어져야만 한다. 이후 보관된 기록 자료를 얻는 방식이나 그 유형, 잠재적 정보제공자를 확인하고 접촉하는 문제, 조사원의 역량과 전문성이 고려되어야 한다. 면담의 시간과 장소, 면담과정, 정보제공자에 대해 준수되어야 할 비밀보장 및 익명성, 면담 전 동의 고지 후 동의서 작성 그리고 마지막으로 프로토콜과 도구의 신뢰성에 대한 부분이 일관성 있게 다루어져야만 한다. 면담 종결에서 애도과정 서비스, 면담영향력에 대한 평가에 대한 피드백, 조사관을 위한 지원, 상반된 데이터 다루기, 기타 연구 주제, 법적 문제 등에 대해서도 살펴보아야 한다.

사례정의
  1) 분석 목적과 형태를 명확하게 정의
주 정보제공자 확인
  1) 사례 발굴: 개인신청 혹은 경찰서·자살예방센터 협조
주요(1차) 정보제공자 접촉
  1) 1차 정보제공자(유가족) 확인
  2) 편지, 이메일 등으로 접촉 시도
  3) 필요 시 2차 정보제공자 접촉 시도
정보제공자 전화
  1) 이메일 혹은 편지 발송 후 5일에서 10일 사이 2차 전화 혹은 문자메시지
조사원 업무부여
  1) 가족과 마지막 동의 확인
  2) 연구자(책임조사원)가 조사원 선정
  3) 조사원 접촉 후 오리엔테이션
  4) 조사원 임무 부여
  5) 연구팀이 사망자 관련 자료를 조사원에게 전송
  6) 24/48/PASS 규칙
  7) 조사원 인터뷰 셋업: 인터뷰 날짜 및 시간 지정, 방문계획 등
  8) 방문 예약 잡기
  9) 출장 위치 확인
  10) 출장 일정 잡기

| 면담 실시 |
| 사례 검토 |
| 사례 코딩 및 재조정 |
| 자료 분석 |
| 최종 보고서 |
| 서류 파기 |

출처: 서종한, 2018 재인용.

분석사례의 정의

가장 먼저 책임조사관(POI)은 배당된 해당 사례의 사망 유형(예: 자살, 타살, 자연사, 사고사 등)을 입증할 필요가 있는지 확인해야 한다. 그리고 심리부검 소요 시간과 그 범위는 심리부검을 지원해 주는 정도, 상황적 여건, 비용, 기간 그리고 대상자가 누군지에 따라 달라질 수밖에 없다. 분석 대상이 단일 사례인지 아니면 여러 건 연속해서 발생한 군집으로 나타나는 사건인지 확인할 필요가 있다. 심리부검을 실시하기 전 심리부검 의뢰자와 계약이 필요한 것인지 만약 필요하다면 어떤 내용을 구체적으로 담을지 고민을 해야 한다. 심리부검 결과보고서가 법적인 문제와 연루되어 있는지 살펴 볼 필요가 있다. 이를테면, 생명 보험과 산재 관련 보험에 연관된 사건인지도 검토해야 한다. 결국 심리부검이 사건을 명확하게 하고 사망의 유형을 분류해내기 위해 하는 것인지, 사례-통제 대조군 연구를 통해 자살의 위험요인을 명확하게 규명하고자 하는 것인지, 군집연구, 연속적 연쇄사례 등 자살의 유형을 구분하고 그 원인을 탐색해 내는 것인지 등의 심리부검 목적을 분명하게 하고 진행해야 한다.

잠재적 정보제공자

심리부검에서 나타나는 문제는 정보제공자에 따라 발생할 수 있는 정보의 형태, 양과 질적 차이, 이에 대한 체계적인 관리 부족과 연구진행 과정에서 기인할 수 있다. 자살 사망자 정보를 제공하는 정보제공자의 유형 이를테면, 배우자, 부모, 동료, 형제, 성인자녀, 일반 외과 의사, 정신의학자, 친구 등에게서 확연히 다른 정보 내용과 수를 얻을 수 있기 때문에 각 사례별로 얻어질 수 있는 정보의 정도가 특정 정보제공자에게 편중되거나 비일관적으로 나타날 수 있다. 실제 서로 다른 정보제공자인 부모나 친구 혹은 지인들이 제공한 정보내용을 바탕으로 진단을 내려 본 결과 유사성의 정도가 나쁨에서 보통 수준의 좋음으로 나타나기도 하였다. 정보제공자의 프로필과 대상자와의 관계에 따라 해당 사례의 정보가 영향을 받고, 획득된 정보는 당연히 어느 정도 차이가 있을 수밖에 없다. 따라서 현재 심리부검에서 중요한 쟁점은 정보제공자의 모순되는 정보를 조정해 주는 심리부검 공식이나 기준이 존재하고 있지 않기 때문에 일정 기준 이상의 조건을 만족하는 정보제공자를 우선하거나 자살 동기에 따라 정보제공자를 차별적으로 선정하여 면담할 필요가 있다.

정보제공자 식별

주 정보제공자는 친족, 배우자 혹은 부모이며 자살 사건 발생 3년 이내면 가능(3개월－3년)하고 그 이외에 자살 사망자와 자살 직전 함께 동거하며 오랜 기간(최소 6개월 이상) 알고 지낸 지인이라고 말할 수 있다. 이를테면, 절친한 친구, 같은 방을 오랫동안 사용한 룸메이트, 함께 직장에서 일했던 고용주나 담임선생님 등일 수 있다. 보조 정보제공자는 일정 기간 자살 사망자와 알고 지낸 지인들로 고인에 대한 정보를 부분적으로 제공할 수 있는 동료나 학교와 직장 관계자 등을 말한다고 볼 수 있다.

심리부검 연구에서는 1인에 대해서 1회기 면담으로 진행하거나 선택적으로 필요한 경우에 한해서만 추가 면담을 실시하도록 한다. Shaffer와 동료(1972)는 정보제공자로는 '자살 사망자를 잘 알고, 진솔하고, 협력적이며 편향되지 않은 사람'을 선택할 것을 권장한다. 하지만 현실에서는 이 조건을 만족시키는 사람이 누구인지 찾아내기가 어렵기 때문에 사실 권장 사항은 유용하지 못할 때가 많다. 그래서 정보제공자 선택에서 자살 사망자와의 관계가 중요한 요인으로 작용할 수 있다. 예를 들면, 미국 장년층을 대상으로 한 심리부검 사례－대조 연구를 보면 대부분 해당 지역 법의조사관이 아주 가까운 가족을 정보제공자로 선정한 경우가 있다(Zhang et al., 2002).

대부분의 경우, 가장 가까운 가족 혹은 자살 사망자를 가장 잘 알아온 사람 예를 들어, 일정 기간 동안 함께 거주한 배우자나 동거인을 대상으로 하고 1회로 면담을 한정하였다. 자살 사망자를 가장 잘 알았던 주요 정보제공자 한 명과의 면담은 자료를 취합하는 과정을 간소화하고 정보의 동질을 향상시킬 수 있다. 다시 말해 정보 출처가 하나이기 때문에 동질성이 확보되고 비용 절감이 있다는 점에서 큰 장점으로 작용한다.

설령 추가면담이 필요하더라도 경우에 따라서 가능하지 않을 수 있다. 정보제공자가 면담을 진행하는 조사원에게 심리적 불쾌감을 호소하거나 혹은 단순히 추가면담에 적합한 정보제공자가 나타나지 않을 수도 있다. 대표적으로 고립되어 사망한 독거노인의 경우이다. 주 정보제공자에게 추가 면담에 대한 동의를 구하고 다른 정보제공자에게 접근할 수 있도록 도움을 주는 과정은 그 자체만으로 면담에 대한 책임감 혹은 부담감을 지울 수밖에 없다. 가까운 친척 혹은 다른 정보제공자의 반대에도 불구하고 일부의 경우 합법적으로 면담을 진행시켜 나가는 경우가 있는데 이러한 경우, 정보제공자에게 분노를 불러일으킬 수도 있다. 따라서 추가적인 정보가 그만큼의 기회비용 가치가 있어야만 한다. 또한 생명윤리위원회의 추가적인 승인도 함께 받아야만 한다.

심리부검의 후향적 혹은 회상적 보고에서는 정보제공자가 자살 사망자에 대해 긍정적 특성을 중심으로 일부 선택적인 회상을 하거나 부정적인 특성에 대해서는 선택적으로 망각하는 경우가 발생할 수 있다. 어떤 경우는 정보제공자가 성적 취향, 성격 차이, 자살과 관련된 촉발 사건과 같은 사망자와 관련된 특정 정보들을 실제로 알지 못하거나 고의로 숨길 수 있다. 이런 문제를 줄이는 방식은 정보제공자를 여러 명 두고 각각 개별 면담을 진행하는 것이다.

체계적인 방식으로 면담을 진행할 경우 여러 명의 정보제공자를 대상으로 한 면담이 좀 더 완벽한 정보를 획득하는 데 도움을 주고 심리부검 연구의 신뢰성을 높일 수 있게 된다. 청소년 심리부검 연구에서는 같은 또래와의 면담을 진행하면서 부모와의 면담을 함께 실시하는 것이다. 많은 문헌에서 유년기에서 청소년기로 전환되는 시점에서는 또래들과 더 많은 시간을 보내며 자연스럽게 부모와는 거리를 두고 선택적으로 정보를 공개하거나 공유한다고 보고한다. 몇몇 연구에서는 면담에서 몇 가지 질문이나 문항에 대해 부모가 제공한 면담 내용에만 의존하는 것은 문제가 될 여지가 있다고 보았다(Frijns, Finkenauer, Vermulst, & Engels, 2005).

Brent(1989)는 부모와의 면담에서 얻은 자료가 기존의 자료에 많은 정보를 추가하지는 못했다고 지적하면서 부모가 자기 자식이 이전에 자살 의사전달과 행동이 있었는지 혹은 약물 사용을 했는지에 대해 정확한 인식을 하지 못하고 있었다고 보고하였다(Brent et al., 1988; Brent et al., 2002; Velting et al., 1988; Fisher et al., 2006). 따라서 잠재적 정보제공자를 보고할 때 정보제공자의 정신병력 특히 우울증, 사망자와의 관계와 동거기간, 그리고 사망보험금 등 이해관계에 연루되어 있다는 정보, 기타 나이 및 성별 등을 프로토콜에 상세히 기록할 필요가 있다.

Phillips 등(2002, 2004)에 따르면 중국에서 실시한 국가적 심리부검 연구에서는 성인을 대상으로 다중 면담을 실시했는데 각각 한 명 이상의 가족 구성원 및 한 명 이상의 친구를 정보제공자로 두어 면담을 실시했다. 이런 다중 면담 접근은 우울증이나 다른 정신 장애에 대한 대중적인 인식이 낮은 국가에서 자살 사망자의 정신장애를 민감하게 감지해 낼 수 있게 한다는 이점이 있다. 한국이나 중국처럼 일반적으로 가족 간 관계 갈등이 자살 사망자의 죽음을 초래한 스트레스 원으로 작용하기 쉬운 문화에서는 가족 이외의 친구들을 정보제공자로 면담함으로써 가족을 자신의 잘못으로 인해 죽음으로 내몰았을 수도 있다는 죄책감, 방어 의식 등에서 벗어나 좀 더 객관적인 자료를 확보할 수 있다. 특히 자살 사망자가 오랜 기간 정신질환을 앓아 왔고 힘든 기간을 지켜보는 과정에서 사망한 경우 유가족은 고통이 끝난 것에 대한 안도감과 동시에 그 죽음에 대한 최종 책임을 자기에로 돌려 죄책감을 경험하기도 한다. 하지만 알코올 중독 증세와 일탈행동이 있었던 사망자에 대해 분노와 적개심이 있었던 유가족의 경우는 상대적으로 낮은 죄책감을 경험할 수도 있다(Tall et al., 2008). 따라서 사망자의 정신병리, 정보제공자와의 관계, 사별, 정보제공자의 특성(연령, 성별, 교육수준)에 따라서 그 정보가 달라질 수 있다는 사실을 인지하고 있어야만 한다(Schneider et al, 2011; Tall et al., 2008).

직계가족(next of kin)의 면담에서는 최소 1인 이상이 포함될 것을 요구한다. 보통 한 사례당 3~4명 정도 면담이 필요로 한 셈이다. 최대 7~8명까지 가능하며 면담을 위해서는 사후 4~6개월 최대 2년까지 기다릴 필요가 있다. 너무 빨리 면담을 잡으면 망자에 대해 좋은 측면만을 부각시켜 이야기하는 경향이 있을 수 있기 때문에 피조사원의 정신적 상태가 가장 중요하다. 초기면담 과정에서 극도의 불안이나 우울감을 경험할 경우 더 이상 면담을 진행시키지 말고 심리적인 안정감을 찾을 때까지 기다려야만 한다.

정보제공자 접촉과 방법

정보제공자에 대한 접촉은 해당 조사원이 문자메시지, 이메일, 편지 등을 이용하여 심리부검 안내 리플릿을 보내주고 심리부검에 대한 동기를 제공하도록 한다. 유가족의 경우, 가장 먼저 접촉할 수 있는 정보제공자는 기혼의 경우 생존하는 배우자, 미혼과 이혼의 경우 부모, 이혼 후 동거를 하는 경우 동거인 그리고 부모를 들 수 있다. 가장 손쉬운 방식은 유가족에게 편지나 이메일 등을 이용하여 심리적 부검 안내 리플릿을 보내주도록 한다.

정보제공자에게 심리적 부검 안내문을 편지와 이메일로 발송하고 해당 발송 내용을 문자메시지로 고지한 뒤 5일 정도 지난 후, 해당 책임 조사원이 직접 전화로 정보제공자와 접촉하여 심리부검에 대한 연구 취지와 목적, 개인정보비밀 원칙 등을 구두로 설명하고 가능한 인터뷰 일정과 장소를 잡도록 한다. 편지나 이메일 발송 후 5일에서 10일 후에 정보제공자가 거절할 경우 케이스를 종결하지 말고 다음 유족에게 이어서 접촉 시도하고 수락 시 심리부검 조사원에게 공지하도록 한다.

조사관은 물론 유가족에게 사용하는 언어도 모니터링 하며 직접적인 자극을 주지 않도록, 은유나 유화적인 단어를 사용하도록 한다. 정보제공자 수를 고려할 때 어떻게 접근할 것인지? 정보제공자가 신뢰로운 정보를 줄 수 있는지? 정보제공자가 회상오류에 취약한지? 이를테면 재인 안정성이나 후광효과는 없는지 면밀히 따져보아야 한다. 잠재적으로 질 수 있는 법적 책임이나 부담은 없는지 조사가 이루어지기 전에 법률적 지침도 필요하다. 면담 전 정보제공자가 죽음의 원인이라 믿는 특정 요인에 대해 지나치게 강조하는 경우가 있을 수 있는데 가급적 중립적인 입장에서 관찰해야만 하고 정보제공자의 정신상태를 면담과정에서 주시할 필요가 있다.

정보제공자 편향

정보제공자가 가지는 감정과 정신 상태는 정보 편향에 영향을 줄 수 있는 잠재적 원인이라 볼 수 있다. 유가족이 사별 후 일반적으로 겪는 인지적 상태는 인지분열, 상실에 대한 집착, 죽음을 받아들이지 못하거나 거부, 미래에 대한 불확실성 등정상적인 기능상의 혼란이다. 정서적 상태로는 괴로움, 슬픔, 분노, 짜증, 두려움,죄의식, 외로움, 자살 사망자를 애타게 그리워하는 마음 등이 나타난다. 이런 상태가 오랫동안 지속되지 않는다고 하더라도 면담 시기에 따라 잠재적으로 응답에 영향을 끼칠 수 있으므로 심리부검에서 고려하는 것이 중요하다.

Cohen과 동료(1988)의 실험에 따르면 대학생에게 우울, 행복한, 중립적 감정을가져오게 하는 기분 유도 조건에서 생활사건 질문지를 작성케 했다. 그 결과, 자기보고 부정 사건은 응답자의 기분 상태에 따라 크게 영향을 받는 것으로 나타났다.행복한 기분은 부정적 생활사건의 수를 상당히 적게 보고한 반면 우울한 기분은 그수를 상당히 높게 보고했다. 이런 점을 볼 때 정보제공자가 느끼는 감정의 상태에따라 반응이 편중될 수 있기 때문에 평가의 신뢰성에 의문을 제기할 수 있다.

최근, Brent와 동료에 따르면 심리부검결과는 정보제공자의 정서장애 유무, 정보제공자의 수 그리고 자살 사망자의 진단 유형 간에 유의미한 상관관계가 없다고보고하고 있지만, 사실 Brent의 연구는 자살로 사별한 27명의 부모로 제한되어 있어 일반화하기에는 제약이 따르고 정보제공자의 정서장애는 자살 에피소드가 있기전에 이미 확인된 것이었다. 분명 자살생존자 특히, 직계존속의 유가족의 경우 시간이 지남에도 불구하고 불안, 우울, 외상후스트레스(PTSD) 등과 같은 임상적 증후군이 보이며, 이는 분명 기억을 회상하고 인출하는 과정에서 특정 정보에 대한 구체성을 떨어뜨리거나 부정적인 자서전적 기억에 대한 왜곡된 편향 등을 초래할 수 있다(Hawton, Houston, et al., 2003; Murphy, Johnson, Wu et al., 2003; Dalgleish & Cox, 2000).

자살 사망자에 대한 정보제공자의 보고 수준, 정보의 수와 양은 나이, 성별, 고인과의 친밀도와 접촉 빈도 수 그리고 태도에 따라서 많이 달라질 수 있다. 기억에대한 연령별 효과 연구를 살펴보면 실제 20대와 70대 혹은 80대 간에 정신 능력의현격한 차이를 보였고 기억에 유의미한 차이를 낳는 요인으로 작용했다(Salthouse, 2003). Dreessen 등(1998)에 의해 수행된 심리부검 연구에서 실제(생존) 정신질환

환자의 진단명과 정보제공자 간의 진단 일치 정도는 이들 간 관계 친밀감이 강할수록 높아졌다. 무엇보다도 연령대에 따라 사망에 대해 받아들이는 일반적인 태도가 다름을 인지해야 하며 정보제공자가 사망자와 깊은 유대관계를 갖고 친밀한 상태에 있는 경우를 우선적으로 고려할 필요가 있다(Segal, Mincic, Coolidge, & O'Riley, 2004).

자살 사망자에 대한 정보제공자의 기억은 자살 사망자를 현장에서 최초로 목격하고 신고한 사람과 다른 가족을 통해서 혹은 검시관이나 경찰관을 통해서 듣게 된 경우와 같이 간접적 경로를 통해 알게 된 사람 모두 정보의 강도와 내용이 다를 수도 있다. 특히 외상을 보이는 정보제공자에게서는 기억과다중으로 인해 기억이 왜곡되어 지나치게 확대 해석될 여지가 있다(King et al., 2000).

조사원 전문성과 오류

조사원의 심리 사회적 특성 예를 들어, 성격, 나이, 기분, 말씨, 교육 수준에 따라 심리부검 참여자에게 영향을 미칠 수 있다(Beins, 2004; 서종한 등, 2012). 그럼에도 불구하고 많은 연구들이 면담 진행방식에서 조사원을 통제하기 위한 구체적인 지침과 가이드라인을 언급하고 있지는 않다. 결국은 조사원의 경험과 전문성 수준이 정보제공자로부터 얻어진 자료의 신뢰도와 타당도에 영향을 미칠 수밖에 없다.

조사원 훈련과 전문성 또한 조사원 간의 신뢰도와 타당도에 영향을 준다(Zhang et al., 2004). 특히 조사원으로서의 과거 경력과 임상적 경험이 사망자 진단의 신뢰도와 구체성에 영향을 주었는데 일반적으로 임상적 경험이 없는 일반 조사원의 경우 지나치게 증상을 평가하는 것으로 나타났다(Falloon et al., 2005).

Kim과 Ahn(2002)의 연구에 따르면, 임상가들이 장애와 관련된 증상의 관련성을 평가할 때, 자살 사망자에 대해 얻어진 정보와는 무관하게 자기만의 개념화를 추구하는 방식을 사용하여 평가가 오염되었다고 보고하였다. Kane(2004)의 연구에서도 중요한 차이점을 발견했는데 이는 조사원이 인위적으로 만든 답에서 기인했기 때문이다. 표준화된 질문에서 특정 증상과 관련된 단어나 내용을 마치 정보제공자가 제공한 것처럼 인용하거나 특정 몇 가지 질문을 빠트리거나 혹은 정보제공자가 답을 할 수 없는 것을 조사원이 인위적으로 추정하여 빠진 정보를 채워 넣는 방식으로 평가를 하였다. 조사원은 일정 부분 자격 요건을 만족해야 한다. 조사원이 가지는 잠재적인 오류와 편견도 자료의 객관성에 영향을 줄 수밖에 없기 때문이다(Kane & Kane, 2000).

☞ 사례정보 공유 및 검토: 책임조사원이 면담 관련 조사원을 배정하고 면담에 필요한 자료와 정보를 최대한 제공하여 면담 전에 사례 검토를 충분히 할 수 있게끔 한다. 해당 지역 책임조사원이 면담과 관련된 일정을 모두 조율하고 조율된 일정은 배당된 조사원이 정보제공자와 인터뷰 전 접촉 시 최종적으로 확인, 조율하도록 한다. 감독 할 필요가 있고 그렇지 않을 경우 즉시 다른 조사원으로 교체하거나 혹은 배당된 조사원의 일정 조율을 도와주도록 한다.

면담 시기와 장소

자살 사망 이후 언제 면담을 하는 것이 좋은지는 연구마다 다른데 보통 7일부터 8년 사이 등 다양하게 제시되고 있다. 상당 시간이 경과하게 되면 잠재적으로 혼입 인자들이 발생하게 되어 간섭효과로 인해 기억이 감퇴하거나 의미를 재구성하는 과정이 나타나게 된다. 여전히 학자들마다 언제 면담을 하는 것이 가장 최선인지 논쟁이 되고 있다.

Beskow와 동료(1991)는 사후 2개월에서 6개월 사이가 바람직하다고 제안하였으며, Hawton과 동료(1998)는 통상 3개월에서 2년 사이가 바람직하다고 했다. Hawton은 외상적인 사별의 경우는 적어도 12개월 이상의 기간을 두어야 한다고 보았고 이는 Pouliot와 De Leo(2006)와 맥락을 같이 했다. 하지만 Runeson과 Beskow(1991)가 실시한 스웨덴의 연구에 따르면 사별 후 10주 이내에 심리부검 면담을 하는 것이 정보제공자의 만족을 더 이끌어 낼 수 있다고 했다. 왜냐하면 유가족은 시간이 지남에 따라 죽음이라는 이슈로부터 빠져나오길 바라기 시작하는데 이때 심리부검 면담은 중립적인 위치에서 조망력을 키워주는 긍정적인 효과를 낳게 된다고 보았기 때문이다. Cooper(1999)는 최소한 3개월이 지나야 한다고 권장했다. Russell(1985)은 한 달 이후가 적절한 시기라 보았다. 하지만 가장 많이 추천되는 시기로는 2개월에서 6개월 사이로 보고 있다(Beskow et al., 1990; Brent, 1989; Zhang et al., 2004). 그 이유로는 이 기간에 실시하는 면담은 정보제공자의 위험반응을 최소화 할 수 있을 뿐 아니라 자살 사망자의 정신장애를 확인할 때 큰 차이를 만들어내지 않아 비교적 일관성 있는 결과를 얻을 수 있기 때문이다. 개인적 경험과 메타분석 결과도 이 시기를 추천하고 있는 추세이다. 이 시기가 갑작스러운 사별을 받아들이는 동시에 기억의 쇠퇴를 막는 균형 있는 시기라고 볼 수 있다.

문화적 특성 고려

2017년 미시건대학교 연구팀이 노년학저널(Journal of Gerontology) 3호에 발표한 결과로 한국, 미국, 영국, 유럽, 중국의 55세 이상 성인을 대상으로 사별 이후 슬픔의 정도와 기간을 조사했는데 한국이 유독 그 정도가 심하게 나빠졌다고 한다. 또한 미국의 3배이고 영국의 2.5배에 달해 모든 나라에서 남성이 더 오래 슬픔을 보였고 특히 한국 남성이 가장 높은 우울감을 보였다. 그 원인으로는 한국 사회가 슬픔을 적극적으로 표현하지 못하는 보수적인 특성이 있고 노인에 대한 사회의 지원이 현격하게 부족하기 때문이라고 보고 있다. 이 연구를 이끌었던 미시건 대학교 인구연구센터 Jadhav와 Weir(2017)는 한국 여성이 사별 후 1년 이내 신체적 정서적 우울이 최고 수준으로 높아졌다가 점차 안정세를 보였지만 한국 남성의 경우 2년 후에도 이런 감정이 가라앉지 않았다고 보고했다. 이런 문화적인 특성과 성차를 고려한다면 한국의 경우 심리부검을 시작할 수 있는 기간은 서양이 제시한 시간대보다는 다소 많은 시간이 필요할 것으로 보인다. 특히 남성의 경우 심리부검 면담을 하기 위해서는 더 많은 시간이 경과되어야 할 것으로 보인다.

결과적으로 인터뷰 시기를 너무 빨리 잡을 경우 급성 애도로 인한 불안정한 상태일 수 있기에 주의해야 하고 너무 늦게 잡을 경우 과거 사망자를 기억해 내는 과정에서 재인 오류, 감퇴된 기억, 동기도 떨어질 수밖에 없다. 그러므로 통상 사망 사건 이후 2~6개월 사이가 가장 바람직하고, 2년까지 기다릴 수 있어야 한다. 피해야 하는 날짜는 사망자 기일과 기념일, 사망자의 생일이나 가족 휴가가 있는 경우이다.

인터뷰 장소는 개인적 공간이나 중립적 공간을 선택할 수 있는데 가장 중요한 점은 유가족의 의견이다. 면대면 면담이 기본이며 가능하다면 안락함을 느낄 수 있는 자택에서 하도록 하고 경찰서나 공적 이미지가 들어가 있는 장소는 가급적 회피하는 것이 바람직하다. 전화나 스카이프(Skpe) 등의 방식은 면담 방식으로 바람직하지 않다. 중국 같은 경우 조사원이 직접 면담이 있는 곳으로 가서 정보제공자와 면담을 시작한다. 이런 방식은 상대적으로 시간이 많이 소요되기는 하지만 정보제공자를 심리적으로 안정되게 하고 결국 면담의 차이를 줄일 수 있다. 뿐만 아니라 잘 훈련된 조사원이 투입된다는 점에서 긍정적이라 볼 수 있다.

☞ 초기 심리부검 정보제공자의 접촉에서 목적과 취지에 대한 전달이 이루어져야 하나 강요적인 태도는 피해야 한다. 최초 접촉에서 동의를 했더라도 충분한 애도기간(3~6개월)이 지난 이후 2차 접촉을 시도하고 이 과정에서 심리적 부검의 전반적인 과정을 담은 리플릿을 제작하여 메일 혹은 이메일을 이용하여 발송함으로써 정보제공자가 심리적 부검에 대해 막연하게 느낄 수 있는 걱정과 궁금증을 해소해 줄 필요가 있다.

심리부검 면담 중 신뢰도와 타당도에 영향을 주는 변인

- 면담하는 정보제공자의 상태와 수
- 면담과정 중에 발생하는 정보제공자의 정신상태 변화
- 자살사망과 면담 사이의 시간간격
- 조사원의 특성 배경, 훈련, 조사원 수에 대한 통제 부재
- 심리부검 과정에서 과학적 근거가 없는 심리측도구의 불명확한 사용

출처: Pouliot, & De Leo, 2006; 서종한 등, 2012.

심리부검 면담 구조화

면담과정 중에서, 2인 이상 동반하는 정보제공자가 있다면, 가급적 1:1로 분리해서 면담해야 한다. 2인 이상을 한 번에 면담하지 않을 것을 추천하는데 나머지 한 사람이 다른 사람의 진술을 방해하거나 재인(recognition)에 방해가 될 수 있기 때문이다. 면담은 2명이 한 조가 되어 하도록 하고 1명은 면담, 1명은 기록을 하는

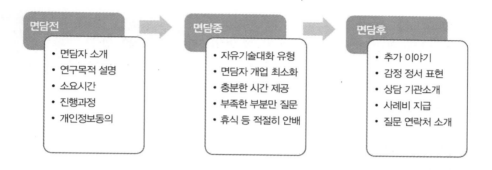

것이 좋다. 녹취나 기록을 남기는 것도 좋은 방식이지만 정보제공자가 이를 바라지 않을 경우에는 피하도록 한다. 가급적으로 면담은 개방형 질문과 자유 형식의 질문으로 시작하고 특정한 것에 대해서는 폐쇄형 질문으로 관련된 내용을 확인할 필요가 있다. 전체적인 면담은 반구조화 형식을 취하되 융통성을 두어야만 한다.

자살 동기와 경로를 찾기 위해 Werlang과 Botega(2003)가 채점자간 신뢰도가 높고 적용 가능한 반-구조화된 심리부검 면담을 고안하여 활용한다. 총 네 가지 순차적 모듈로 이루어져 있고 첫 번째 단계는 자살과 관련된 촉발사건 및 스트레스 요인과 관련된 질문, 두 번째 단계는 동기와 관련된 질문, 세 번째 단계는 치명성과 관련된 부분, 마지막으로 의도와 관련된 부분이다.

첫 번째 모듈: 자살 관련 촉발 사건 및 스트레스 요인과 관련된 질문
- 자살 직전 죽음과 관련해서 겪은 일(사건)은 무엇이 있는가?
- 고인이 경험한 사건들이 극단적인 선택을 할 정도의 스트레스를 유발시켰거나 감정적으로 좌절감이나 심리적 고통을 느낄만한 것이었나?
- 죽기로 결심하는데 영향을 준 다른 사건들이 있는가?
- 소결

두 번째 모듈: 동기
- 생전에 죽고 싶어 하는 심리적인 원인이나 이유는 무엇이었나?
- 자살하고 싶을 정도의 충분하고도 심각한 심리적인 혹은 환경적인 사건이나 일이 있었나?
- 고인의 행동을 설명할 수 있는 생리, 심리, 사회적인 기능 장애를 보이는 중요한 증상이 있

었나?
- 생존(존재) 관련 회피(포기) 경향성(의지)에 영향을 미친 성격특징이 있나?
- 자살행동 성향으로 고려될 수 있는 가족력 혹은 다른 개인 과거력이 있는가?
- 자살을 더 잘 설명할 수 있는 다른 이유가 있는가?
- 소결

세 번째 모듈: 치명성
- 자살 방법의 치명성은 어느 정도인가?
- 이 방법이 단순 자해와 관련된 것임을 암시하는 징후는 없는가?
- 자살방법의 치명성 수준을 평가할 만한 지식과 능력이 있었는가?
- 이 방법의 접근성과 가용성은 어느 정도였는가?
- 소결

네 번째 모듈: 의도
- 자살하는 과정에서 사망자가 직접적이고 의도적인 역할을 했다는 증거가 있는가?
- 문제해결 대안책으로 자살시도를 한 의도나 목적성을 보여주는 대인관계 행동, 언어적 그리고 (혹은) 행동적 징후는 없었는가?
- 자신의 건강에 위해한 행동, 자살 의도 혹은 욕구를 보여주는 활동에 연관된 생활양식은 없었는가?
- 충고를 하거나, 신변정리를 하고, 물건을 정리하거나, 유서를 작성하거나, 편지나 노트를 작성하는 등의 자살을 암시하는 다른 행동들은 없었는가?
- 스스로 목숨을 끊고자 하는 목적을 위해 가능한 장소, 시간, 날짜 그리고 자살방법을 선택했는가?
- 이타적 행동이나 참을 수 없는 환경으로 인한 자기 파괴적 행동(자살)임을 정당화하려고 했는가?
- 자살 의도를 잘 보여 줄 수 있는 다른 증거는 없는가?
- 소결

전체 요약 및 결론
1. 이 죽음이 자살인지에 대한 조사원의 의견
2. 자살할 당시 대상자의 주관적 상태 평가
3. 사망이 자살이 맞다면 사인 분류

4. 자살에 대한 가능한 이유(자살에 기여한 요인 혹은 촉발 요인)

5. 자살 전 의료지원체계에서의 문제점

6. 자살이 관리계획이나 적절한 의학적 관리에 의한 것인지 관리의 실패 또는 부적절한 의학적 관리에 의한 것인지 기술

7. 자살자와 특별한 관계에 있는 사람이 자살을 막기 위해 수행한 행동이 있었다면 기술

8. 기타 특이한 기술

출처: Werlang & Botega, 2003; 서종한, 2015 재인용.

면담 들어가기

심리부검에 대한 안내를 통해 면담을 시작하도록 한다. 정보제공자에게 면담 과정에서 경험할 수 있는 것들을 미리 공지해 주어야 한다. 면담 전 생명윤리위원회(IRB)의 요구에 따라 정보제공자의 공식적인 동의를 받아야만 한다. 정보제공자들이 예상할 수 있는 질문에 응답할 수 있도록 특정 질문에 대해 거부하거나 중간에 휴식을 취하거나 자신의 요구에 따라 면담을 종료할 수 있는 권리를 강조해 주어야 한다. 면담의 목적 및 과정 이를테면, 소요되는 시간과 조사원이 누구인지, 면담으로부터 얻어진 정보를 어떻게 사용하고 관리하는지 등에 대해 구체적으로 설명하도록 한다. 참여에 대한 감사 인사와 면담 참여가 쉽지 않은 결정임을 이야기하며 참여 동기를 다시 확인하도록 한다.

반구조화 임상면담

면담 과정에서 자살 사망자와의 관계에 대해 묻고 자살을 하게 된 이유나 자살과 관련하여 정보제공자가 기억하고 있는 모든 정보를 이야기 해 줄 것을 요청한다. 정보제공자가 자살 사망자의 죽음을 어떻게 생각하는지 물어 볼 필요가 있다. 심리부검 과정에서는 시간을 두고 서두르지 않는 것이 중요하며 친절하게 면담을 이끌 필요가 있다. 정보제공자가 면담을 통해 어느 정도 죽음에 대한 이야기를 할 필요성을 느낀다고 판단되면 조금 더 구조화된 형태의 질문으로 전환하여 진행하도록 한다(Beskow, 1990).

구조화된 형태의 질문으로 진행할 때는 일반적으로 타당화된 도구를 이용하여 자살 관련 항목들을 다루도록 한다. 민감한 정보제공자의 경우 구조화된 질문이 마치 일일이 캐묻는 것처럼 보일 수도 있지만 일반적으로 자연스럽게 면담에서 요구되는 특징들을 받아들이기 시작한다. 비록 조사원에 의한 지연이나 회피가 정보제공자에게 불안감을 불러일으킬 수 있지만 개인마다 반응이 다를 수 있다. 예를 들면, 일부 정보제공자들은 자살 사망자가 생전에 한 일이나 사진을 보여 주며 좀 더 자율 기술 형식의 이야기 과정을 선호할 수 있다. 이 경우에는 구조화된 질문을 서둘러 적용하지 않도록 유의할 필요가 있다. 서로 간의 긴밀한 대화를 통해 일반적으로 정보제공자와 친밀한 라포를 형성할 수 있게 되고 이는 정보의 질을 향상시킬 수 있을 뿐 아니라 좀 더 편안한 면담 분위기를 만들 수 있기 때문이다.

정보제공자가 면담을 시작하면서 바로 자살 사망자의 알코올 남용과 관련된 이야기를 하는 경우 또한 이것이 자살의 가장 중요한 원인일 수 있다고 먼저 말하는 경우 프로토콜 순서를 융통성 있게 적용하여 약물관련 사용 항목부터 먼저 마무리하고 다음으로 넘어가는 것이 좋다. 즉, 면담 과정에서 유연성이 존재한다면 상당 부분 면담 라포와 정보의 질을 높일 수 있다. 하지만 Clark와 동료(1992)나 Shneidman (1998)이 권장한 바와 같이 한 명의 정보제공자에게 면담을 2회로 나누어 실시하는 것은 면담의 연속성을 해칠 수 있고 이차 면담 진행 과정에서 일부분 거절이나 철회의 위험성이 존재하기 때문에 여러 번의 섹션으로 나누어 면담을 진행하지 않도록 한다.

심리부검에서 통상 경험하는 문제는 여러 정보제공자들이 한꺼번에 면담에 참여하는 경우이다. 보통 자살 사망자의 부모는 다른 사람과 함께 면담에 참여하기를 선호하는 편이다. 하지만 이럴 경우 유가족인 부모에게 심리부검은 개별적으로 면담을 하는 과정임을 설명하고 양해를 구해야만 한다. 자살에 대한 개인의 독특한 관점을 바탕으로 좀 더 완벽한 그림을 그리기 위해서는 개별 면담을 기초로 하는 것이 합리적인 방식임을 설명할 필요가 있는 것이다. 대개는 정보제공자가 이런 사정을 이해하고 받아들이지만 그중에는 이런 요청을 공격적으로 받아들이거나 자신들을 존중하지 않는다고 이해하며 거부감을 드러낼 수도 있다. 혹은 어떤 경우는 문화적 배경에 따라 이런 일이 발생할 수 있다.

어쩔 수 없이 여러 명의 정보제공자가 한 번에 면담에 참여할 경우 면담에 참가하는 정보제공자의 수, 나이, 성별, 자살 사망자와의 관계와 같은 각각의 개별 특성들을 보조 조사원이나 속기자가 구체적으로 다 기록하는 것이 중요하다. 자살 사망자의 행동이나 증상에 대해 서로 이견이 있을 경우 예를 들어, 부친은 자살 사망자에게서 불안감을 관찰했고 모친은 그렇지 않았다고 한다면, 각 참가자의 의견에 대해 개별적으로 해당 정보가 있는지 없는지의 여부를 세세하게 기록할 필요가 있다. 이를 고정밀(rate-up) 기록 방식이라고 한다. 심리부검에서는 자살 사망자에게서 어떤 행동이나 증상이 없었는데 있었다고 판단하는 경우가 그 반대의 경우보다 자살 원인을 찾아내는 데 더 심각한 오류와 문제를 제기할 수 있기 때문에 상충되는 정보의 경우 기타 주변인의 진술과 자료에 근거하여 종합적으로 심리부검 전문가가 판단해야만 한다.

연속변수로 이루어진 자기보고식 질문지 사용은 각 참가자들의 데이터를 독립적으로 작성할 수 있기 때문에 연구자가 나중에 데이터를 통합할 수 있어 좋은 대안이 될 수 있다. Li와 Phillip(2007)에 따르면 자살 사망자를 대신해서 응답하는 대리응답은 심리부검에서만 볼 수 있는데 이런 척도들을 과도하게 사용하여 남용하는 것은 문제가 있을 수도 있지만 짧거나 간단한 형태, 명확하게 증상이나 행동을 관찰할 수 있는 문항으로 이루어진 척도는 안면 타당도가 확보된 경우에 한해서 일반적으로 허용될 수 있다고 한다. 따라서 조사원은 각각의 정보제공자가 자살 사망자와 어떤 관계인지 확인하고 면담 참가자 수대로 척도를 미리 준비해야 한다.

면담을 끝내기 전에 반드시 참가자에게 심리부검 면담과 관련해서 궁금한 점이나 문의 사항이 있는지 재차 물어보아야 한다. 이는 면담에 집중해 준 정보제공자를 존중하는 방식이다. 정보제공자가 자신이 받은 면담에 대해 정보가 궁금하다면 구두나 서면으로 짧게 준비해 제공해 주어야 한다. 이후 정보제공자에게 연락하여 감사를 표하고 자살을 이해하고 방지하는 데 필요한 정보를 준 이타적 행동에 대해 다시 한 번 더 그 가치를 설명하고 마지막으로 감사 서신을 보낼 것을 추천한다.

☞ 프로토콜 면담 질문을 있는 그대로 읽지 말고 대화체로 풀어 나갈 것을 권고한다. 주요(primary) 접촉으로 이뤄진 면담은 가장 심도 있고 오랫동안 지속할 필요가 있고, 처음에는 서술형으로 시작한다. 라포를 형성할 수 있는 기회로 사용하고 대상자가 편안함을 느낄

수록 더 많은 정보를 얻어낼 수 있기 때문이다. 일단 신뢰로운 관계가 형성되면 좀 더 어려운 질문도 할 수 있다. 정보제공자가 대상자에 대해 기억하는 정보를 전체적으로 살펴보고 나서 좀 더 구체적인 사회·인구학적 질문을 한다. 이런 질문들이 다 끝난 다음에는 자살 사망자의 버릇, 행동 그 다음 일반적인 사항에 대해 질문하도록 한다. 유가족들과는 달리 지인들과의 면담은 상대적으로 짧고 덜 심각한 편이다. 고인에 대해 전반적인 것에 대해 말해 줄 것을 질문하고 그 다음 자살에 대한 질문을 이어서 하도록 한다. 마지막으로 좀 더 명확하게 확인해야 할 것에 대해 질문하고 이후 빠진 프로토콜 체크리스트를 채워나갈 것을 권고한다.

이차 대상자와 면담을 할 경우, 보통은 "친구에 대해 말해 보실래요?"라고 질문하고 이야기가 끝난 후, 대답을 하지 않은 부분, 사회·인구학적 정보, 질문하지 않은 부분에 대해 재질문하여 확인한 후 프로토콜 체크리스트를 작성한다. 사회·인구학적 정보에 대한 경우 답이 바뀔 가능성이 낮고, 보통 이 부분에 대해서는 주요 대상자가(유가족) 정확한 정보를 알고 있는 편이다. 고인의 삶을 조망할 수 있다면 대상자가 체크리스트에 없었던 내용일지 모른다고 말한 부분에 대해서도 알아보아야만 한다. 기본적인 사항이지만, 조사원은 체크리스트를 숙지하고 중요한 것을 놓치지 않도록 해야 한다. 하지만 면담 시 오랫동안 체크리스트를 볼 필요는 없다.

인터뷰가 제대로 됐는지 어떻게 알 수 있나?
- 왜 자살했는가?
- 왜 지금 자살했는가?
- 왜 이런 방법으로 자살했는가?
- 얻어진 정보를 근거로 가능한 자살 예방 포인트는 무엇인가?

위 네 가지 질문에 대해 적절히 대답을 할 수 있어야만 한다.

면담내용 기록

조사원이 과도하게 기록(속기)에만 몰두하는 것은 분명 문제가 있기는 하지만 일정량의 필기는 필요하다. 면담이 끝난 직후 머릿속에 생생하게 남아 있는 정보와 정보제공자의 행동에 대한 관찰을 기록으로 바로 남겨 두어야 한다. Hawton과 동료(1998)에 따르면 정신장애 유무나 자살 행동과 관련된 중요한 항목에 대한 결정은 가급적이면 면담 도중이나 적어도 면담 종결 직후에 바로 이루어질 수 있도록 권고한다. 한 명의 정보제공자를 면담할 경우 두 명의 조사원이 진행하도록 하고

한 명은 주로 면담을 진행하고 나머지 한 명은 면담 내용을 기록하는 것이 가장 바람직하다 할 수 있다. 두 명의 조사원이 심리부검에 참여할 경우 면담이 끝난 직후 혹은 그 다음 날 정보에 대한 기억이 남아 있을 때 중요한 항목을 코딩하는 과정에서 발생할 수 있는 정보의 차이는 바로 상호 논의를 통해 해결해야 한다.

　일부 학자들은 정확한 면담을 위해 오디오 기록이나 녹취 등을 요구하기도 하지만 이럴 경우 윤리적 보호조치가 뒤따라야만 한다. 정보제공자에게 면담 간 정보 접근의 일관성을 확보하고 유지하는 데 필요한 것이라고 사정을 구하면 오디오로 기록을 남기는 것을 거절하지는 않는 편이다. 하지만 언론 공개나 제 3자에게 노출될 가능성 때문에 거절의 경우도 언제든지 존재할 수 있다. 이런 경우 정보제공자에게 강요할 수 없고 그의 의견을 먼저 존중해야 한다.

면담 종결하기: 애도서비스 제공하고 면담 영향 평가

　유가족의 심리상태를 파악할 수 있는 평가가 이루어질 수 있도록 사후 1~2회 유가족과 접촉하여 상태를 확인할 필요가 있다. 향후 지지 상담 혹은 후속 상담을 계획하여 지원해야 한다. 구체적으로 주변 상담서비스로 연계 및 위탁하여 면담 후 힘들어 하는 유가족이 지속적으로 관리 받을 수 있도록 적극적으로 지원해야 한다. 반드시 면담 이후 정보제공자의 소감을 주의 깊게 듣고 심리적 상태에 대해 공감을 해주어야 한다. 추후 치료 제공 등은 면담이 있기 전 구조화가 되어야만 한다.

자살 사망자 기록 자료와 인터뷰 내용 간 통합

　면담을 통해 얻어진 자료는 심리부검 연구에서 정보의 중요한 출처이기는 하지만 유일하지만은 않다. 특히 자살 사망자의 기록 자료는 개인의 자살 위험요인을 찾고 중요한 치료와 도움을 줄 수 있는 환경, 그리고 개인의 위험상태에 적절하게 개입할 수 있는 최선의 방식은 무엇이었는지를 분석하는 데 유용할 수도 있다. 다양한 출처로부터 얻어진 자살 사망자의 역사적 정보는 면담을 통해 얻게 된 자료를 효율적으로 확인하고 다루는 데 중요한 도움을 줄 수도 있다. 물론 자살 사망자와 관련된 기록 존재 여부를 확인하거나 많은 자료가 있다면 어떤 부분에서 어떻게 다룰 것인지에 대한 문제 그리고 서로 다른 출처에서 얻어진 정보라면 어떤 타당한 방법론을 적용하여 유기적으로 통합할 것인지에 대한 문제에 직면할 수 있다.

기록 자료

정보를 찾기 위해서는 자살 사망자가 접촉했던 각각의 기관(경찰, 법무부, 국과수, 보호관찰, 국방부 병원 등)에 개별적으로 접근하여 자료를 얻어야만 하고 다양한 기록을 합리적으로 통합할 수 있도록 노력을 기울여야만 한다. 가장 중요한 점은 자살 사망자가 마지막으로 정신건강 서비스에 언제 접촉했는지 당시 정신건강 상태는 어땠는 지와 관련된 자료가 필요하다. 핀란드 심리부검 연구에 따르면 자살 사망자 중 21%만이 의료전문가에게 직·간접의 자살의도를 전하였다. 죽음 한 달 전에는 의료전문가와 최종 접촉한 대부분의 자살 사망자가 우울증을 호소했지만 어떤 연구에서는 20% 정도만 실제 정신과 진단을 받은 것으로 나타났다고 했다. 심리부검 연구에서는 자살 사망자가 마지막으로 접촉한 서비스와 관련한 상세한 내용이 기재되어 있는 의료기록이 필요할 것으로 보인다. 가능하다면 자살 사망자가 마지막으로 접촉해서 이야기를 나눈 의료제공자에게서 유용한 정보를 얻을 수 있기 때문에 이들과의 접촉도 추천할 수 있다. 특히 소년보호처분 경험이 있는 청소년 자살의 경우, 가정에서 지내는 시간이 줄고, 학교생활도 거의 없는 상태에서 정확한 자살이유를 찾아내기가 어려운 경우, 모호한 상태에 이르기 쉽다. 이런 경우, 사망자가 접촉했던 다양한 기관의 조각 정보를 모두 찾아내어 끊겨져 있는 연대기적 생애를 꼼꼼히 살펴볼 필요가 있다. 따라서 개별 기관의 데이터와 정보에 접촉하고 받아 내야만 한다.

자살 사망자의 사망 당시 체내에서 검출된 약물에 대한 평가를 담고 있는 검시[부검]보고서 등이 있다. 일반적으로 사망진단서나 검시보고서는 독성 분석 등 주요한 결과를 담고 있는 편이다. 특정 약물 혹은 독성 물질의 치사량을 확인함으로써 실제 사인을 명확하게 입증하는 데 유용한 도움을 받을 수 있다. 최근 연구에 따르면 항울제 특히 벤조디아제핀과 수면제 사용이 자살행동과 관계가 있음을 보여주고 있어 자살 위험성이 증가한다고 볼 수 있다. 자살 사망자가 오랜 기간 복용했던 일부 약물은 우울증과 같은 정신 질환을 악화시킬 가능성이 있기 때문에 생전에 처방받은 의료 기록을 확인할 수 있는 정보도 자살과의 관련성을 밝히는 데 중요하다고 할 수 있다. 부가적으로 만성적으로 앓아온 신체질환에 사용되는 일부 약물 중 우

울증과 같은 정신질환을 유발하는 성분이 있을 수 있기 때문에 심리부검 연구에서
는 자살 전까지 처방 받은 약물내역서도 확인할 필요가 있다.

기록 자료 구하기: 개인정보보호와 관련된 이슈

특히 미국도 마찬가지이지만 의료기록에 대한 접근은 상당히 어려운 편이다.
미국의 경우 일부 지역에서 사망한 사람의 의료기록이 가족의 자산으로 여겨지기
때문에 친척의 동의 후 자료를 얻을 수 있다. 인간 대상군을 대상으로 하는 연구 검
토위원회인 생명윤리위원회의 승인이나 동의는 기록을 보유하고 있는 사람들로부터
협력을 이끌어 내기에 적합할 수 있다. 하지만 자살 사망자 기록이 경찰과 국과수 혹
은 병원과 같은 기관에서 가족의 동의가 있음에도 불구하고 법적 책임에 대한 우려
때문에 자료 열람과 방출을 상당히 꺼려할 수 있다. 사후조사 등 보호 대상 건강 정
보를 연구 목적으로 사용할 수 있는 여러 가지 조건을 열거함에도 불구하고 개인정보
보호법[제23조 민감정보처리 제한] 등을 들어 사후기록을 공개하지 않을 수도 있다.

연구자가 기록을 찾고 공유해 줄 수 있는 사람들과 협력관계를 구축하는 것이
자살과 같이 중요한 공중건강문제를 예방하는 데 있어 좋은 접근 방법이다. 기록보
유자가 부담할 수 있는 복사나 우편과 관련된 비용 등을 감안하여야 한다. 따라서
조사원은 불필요한 검색이나 자료의 중복을 최소화하기 위해 필요한 자료가 무엇인
지 정확하게 전달하고 실제 사용 가능한 기록들을 요구하는 것이 도움이 된다. 뿐
만 아니라, 정보제공자에게 일정 부분의 보상을 주기 위해 적절한 예산을 확보하는
것도 중요하다. 독일 같은 경우 심리부검 연구에 있어 의료기록 정보 접근에 제한
을 두는 엄격한 개인정보보호 법률이 존재한다.

☞ 유관기관(경찰, 국과수, 법무부, 국방부, 병원 등)으로부터 1) 변사자수사보고서,
　　2) 부검·검시 기록, 3) 의무기록(진단), 4) 처방 받은 약물 기록(보험기록), 5) 주변
　　참고인 진술서, 6) 교정 수형자분류심사표, 7) 징벌 등 동정사항 기록, 8) 과거 판결
　　문 및 범죄/수사경력조회서, 9) 심리검사 자료 등; 상담 기관 발행, 10) 전생애 상
　　담기록, 11) 개인보관 책, 편지, 메모 및 유서 등이다.
☞ 일부 정보는 관련 자료를 해당기관에서 열람하고 병원 기록 및 그 이외의 기록 자료
　　는 정보공개 요청 등을 통해 획득할 수 있다.

기록 자료 종류

변사사건기록과 수사기록

사건정보는 사망자에 대한 신원정보, 사건경위와 장소 및 시기, 사건 발생 시 개입과정에 대해 자세히 기술되어 있다. 사건 진행 과정에 대한 명확한 경위를 파악하기 위해서는 이 자료를 활용하여 면담에서 모호하거나 빠진 정보에 대해서 확인해 볼 수 있다. 사건경위 과정에서 자살로 판단하기에 석연치 않은 부분이 있다면 자살 사망자가 명확히 의도와 치명성을 충분히 보였는가를 중점으로 관련 정보제공자를 면담하도록 한다. 이런 측면에서 사건기록 일체는 심리부검의 중요한 시작점을 제시해 줄 수 있다.

변사현장

자살 사망자가 발견된 곳의 특징을 보고 그 사람의 정신적 상태나 성격을 추론해 낼 수 있다. 그리고 주변에 남겨진 메모장이나 일기장 등은 자살의 가능성을 이미 생각해 두고 있었다는 증거로 볼 수 있다. 방에 숨겨진 사진, 글귀, 일기장 등을 유심히 살펴 볼 필요가 있고 사망 당시 취한 행동의 부자연스러움과 인위적 위장 요소가 있는지도 세밀하게 살펴 볼 필요가 있다.

개인물품

자살 사망자의 물품 이를테면, 잡지, 책 등이 담고 있는 사망환상과 자살계획이나 일기, 시, 짧은 글귀를 통해서 자살 의도를 유추해 볼 수 있다. 특히 개인이 소장했던 책이나 물품을 주변 사람들에게 이유 없이 나누어 주었다면 결정적인 증거로 볼 수 있다.

설령 자살유서가 발견되지 않았더라도 남겨진 글귀나 글의 특성을 바탕으로 유추해 볼 수 있다, Shneidman과 Faberow(1961)는 진짜 유서와 가짜 유서를 비교했는데, 가짜 유서의 불편한 진술은 약간 부정적이었던 반면 진짜 유서는 조금 더 강한 정서예를 들어, 증오, 복수, 요구나 자기 비난 등이 많이 담겨져 있는 것이 특색이었다.

부검·검시 결과

부검기록은 검시관이 변사자를 대상으로 실시한 부검을 한 기록을 말하며 부검의 목적, 사인, 사망유형에 대한 정보를 제공하고 있다. 또한 독성학적 연구를 통해 사망 당시 사망자가 복용한 약물 수준이 적절했는지를 결정하는 데 중요한 정보를 줄 수 있다.

수용시설기록

이 기록에는 자살 사망자에 관한 포괄적인 자료들을 담고 있다. 특히 과거 심리검사 결과자료, 수형기록, 분류등급기록, 생활사건기록, 수용 중 적응기록, 징벌 등의 내용을 담고 있다. 배경정보로는 가족력, 사회성, 교육수준, 범죄기록, 심리학적 평가 등이 있다. 필요할 경우 시스템에 등록되어 있는 정보와 함께 자료의 객관성 확보를 위해 교차 점검할 필요가 있다. 실제 분류표에 기록되어 있는 내용과 시스템 내 등록되어 있는 대상자 정보 간에 차이가 있을 수 있기 때문에 관련 자료를 종합적으로 보고 판단해야 한다. 기록 정보를 검토하면서 연대기적으로 자살 사망자가 가졌던 위험요인이 무엇인지 탐색적 방식으로 세밀하게 찾아보아야 한다.

건강기록

병원 의료과 진료 정보들을 검토해야만 하고 특이한 진단 증세와 내용, 불치병 발병, 급격히 악화된 증상, 불규칙적인 약물 처방, 지나친 진료나 진료 회피, 추천된 약물 처방에 대한 순응도와 반응도를 중심으로 살펴보아야 한다. 특히 정신과 정신건강 진단 관련 부분이 가장 중요하다고 볼 수 있다. 발생한 정신병적 증상과 그것으로 인한 사고장애와 적응문제, 정신진단 정보, 치료와 적응적 기능에 대한 검토가 필요하다.

정확하지 않은 의료기록으로 인한 편견을 최소화하기 위해서 검토 시기는 가급적 빠를수록 좋다. 의료기록상 자해 등 자기파괴적 행동과 같은 급성위험성 징후를 제대로 확인했는지 그에 대한 적절한 치료와 대응이 이루어졌는지를 면밀하게 살펴보아야 하는데, 다만 사망자가 이차적 목적, 즉 이득을 목적으로 자해를 했는지 눈여겨서 조사해야 한다.

사망시점까지 사망자에 대한 정신건강기록들을 연대기적으로(혹은 순차적으로) 검토해볼 필요가 있고 특히 자살생각, 표현, 위협, 시도 혹은 저지 등에 대한 기록을 중심으로 이루어져야 한다. 이런 과정을 통해서 자살시도에서 나타난 의도, 수법, 치명성과 주변의 다양한 환경 등을 평가해 볼 수 있게 된다.

확인된 사실을 바탕으로 자살 당시의 사망자의 무기력감, 자기 파괴적 성향, 충동적 탈억제와 이차적 목적을 위한 조작적 자살 동기(유사자살)를 찾아낼 수 있게 된다. 자살 가족력과 정신질환 가족력 등도 함께 연관시켜 살펴볼 필요가 있는데 이런 과정은 유가족 등 정보제공자와의 면담과정에서 추가적으로 확인해야만 하는 내용들이다.

만일 사망자가 생전에 심리치료를 받았다면 어떤 과정을 밟았는지 순응도와 반응도는 어땠는지도 검토해 보아야 한다. 반응도와 순응도 특히 약물치료와 관련해서는 진료 차트나 의료기록지 등을 통해 확인해 볼 수 있고, 약물 저항, 거부 등을 체크할 필요가 있다.

사망자가 있었던 병원 등의 치료 수용시설마다 자살시도나 자해행동 이후 진료가 있었다면 어떤 진단과 처방을 받았는지 순차적으로 살펴보아야 하고 진료결과 진단명이 달라졌다면 이유가 무엇인지 그리고 그에 따른 경과는 어땠는지 조사할 필요가 있다. 특히 심리결과를 주목해서 충동성, 심리내용, 감정 등 정서상태, 쾌감 상실, 재발 등에 대한 내용은 눈여겨보아야 한다.

자료 추출 및 관리

자료를 선택하고 기록하는 과정에서 지정된 책임조사원은 표준화된 정의와 자료관리 절차에 따라 면담과정에서 확인된 정보나 자료를 엄격하게 관리해야만 한다. 체크리스트에 해당되는 정보를 추출할 때는 엄격하게 훈련을 받은 제 3자가 객관적으로 확인하여 추출해야만 하고 심리부검에 필요한 자료 중 조사원이 누락한 정보나 기록이 무엇이 있는지 확인하여 고지해야 한다.

사례개념화 및 자살동기분석

심리부검 한 사례당 최소 2명 이상 정보제공자가 필요하며 자살 사망자가 사망한 과정에 대해 논리적인 개념화를 바탕으로 자살의 이유와 방식 그 과정에 대해 스토리텔링하는 것이 중요하다. 자료의 타당성을 체크해야 하며 불일치하는 자료에 대해서는 가장 신뢰롭다고 판단되는 출처를 중심으로 선택하도록 한다. 다만 사망자에 대한 정보는 완전한 사실이 존재하지 않기 때문에 주변의 진술과 남겨진 자료를 바탕으로 최선의 추정을 할 필요가 있다. 위험요인을 바탕으로 자살이 어떤 경로를 거쳐 발생했는지 타임라인을 따라 분석해 보고 유가족에게 달력을 제시하며 그 기간에 발생했던 스트레스와 생애 사건을 질문하여 확인할 필요가 있다. 생애 스트레스에 대한 문제 대처가 어땠는지도 확인해야만 한다.

사례검토 과정을 거쳐 잘못 파악되거나 표기된 정보, 일치하지 않는 정보를 걸러내 확인하고, 인터뷰 과정과 절차에 대한 문제점 혹은 체크리스트에 대한 피드백을 주도록 한다. 무엇보다 책임조사원은 조사원이 녹화해 온 인터뷰 절차를 시청하고 이에 대한 피드백을 적절히 제공함으로써 조사원이 인터뷰 기술을 높일 수 있도록 감독(슈퍼바이징)할 필요가 있다. 자료에 대한 전반적인 관리는 책임연구원이 하도록 하고 업데이트 정보가 있는대로 수정, 보완하여야 한다.

사례 개념화는 사망자의 과거 임상 증상, 성격 특성과 위험요인 특히 불안정한 생활양식과 관련된 점을 중심으로 평가할 필요가 있다. 현재까지 지속되어온 성격의 변화와 특성 예를 들어, 심각한 좌절감, 충동성, 통찰력/판단 부족 등에 대한 내용을 다양하게 고려하여야 한다. 자살동기분석을 할 경우 크게 만성적 위험요인, 급성 위험요인, 임상적 위험요인, 그리고 상황·환경적 위험요인으로 구분하여 자료분석을 구조화 할 필요가 있다. 만성적 위험요인은 자기파괴 경향성과 관련된 과거 경험, 사건, 환경 등 모든 조건을 포괄적으로 일컫는다. 예컨대, 불안정한 생활양식, 언어적 장벽과 법률적 영향, 빈약한 문제해결전략, 질병과 만성적 고통, 약물의존증, 정신질환, 과거 자살시도 경력과 자살가족력 등을 일컫는다(Fremouw, Preczel, & Ellis, 1990). 급성 위험요인은 가장 최근의 고립감, 철회 행동, 심각한 무기력감과 적대감, 혼돈과 사고과정 해체, 주변인에게 소지품을 나눠주는 행위, 스트레스에 불안 혹은 우울한 반응, 적응기능에서 갑작스런 변화, 그리고 자살관념과 자해 등을 이용한 협박 등을 들 수 있다. 임상/병리적 위험요인은 자살과 관련된 정신질환과 최근의 심리적 기능 상태를 일컫는다. 예를 들어, 수면이나 식욕에서의 심각한 장애, 낮은 회복탄력성, 무기력감, 지각장애(환청 혹은 환시 등), 정신병적으로 인한 사고장애, 지속적인 양가정동, 억제된 사고과정, 문제해결능력 손상, 충동통제 부족 등이다 (Shneidman, 1981; Curphey, 1968).

마지막으로, 환경적 위험요인은 상황과 환경 측면에서 부정적 변화를 일컫는다. 예를 들어, 조사수용, 성추행, 독거실 수용, 이혼, 가족 중 사망, 추가 건으로 인한 조사 등이다. 일반적으로 환경적 위험요인은 심리사회적 스트레스이고 이로 인해 적응적 기능에 손상이 있는지 없는지를 기준으로 평가해야만 한다.

네 가지 유형의 위험요인을 묶어서 사망자의 죽음에 어떤 영향을 주었는지 설명할 수 있는 단순한 공식은 존재하지 않는다. 자살동기와 의도를 평가할 경우 자살노트 등과 같은 고위험 변인이 여러 개의 낮은 수준의 위험 변인만큼 그것을 잘 드러내지 않을 수도 있다. 하지만 자살 위험성을 평가할 때 가장 중요한 부분은 **자살 사망자의 개별 심리적 스트레스 수준이 어느 정도인지를 결정하는 것과 탄력성 수준과 스트레스 대처 체계 수준을 상호비교 했을 때 스트레스 수준이 어느 정도인지 밝혀내는 것이다**(Motto, 1977).

최종 보고서

최종 보고서에는 전반적인 자살 사망자의 사회·인구학적 정보, 이 내용들을 통해 특별히 자살행동을 설명할 수 있는 정보, 자살예방 제언과 시사점을 구체적으로 담도록 한다. 이것들을 바탕으로 심리부검 조사 보고서를 작성한다. 보고서는 다음과 같은 내용이 포함된다; 가족 배경 및 전반적인 가족력 평가인데, 여기에는 가족사항, 남편과의 관계, 자식과의 관계, 친족과의 관계 등을 기술한다. 직장·학교 등 적응, 대인관계 양상, 정신병력, 가족력 및 신체질병 전개도, 주요 성격 및 사망 전 스트레스 반응, 사망 전 주요 스트레스는 자살 의도와 치명성을 평가한다.

사망 전 연대기적 사건 구성을 바탕으로 사고당시 상황, 사망 전 주요 촉발 요인, 유서 내용 등을 분석한다. 위험요인(왜 자살했는가?)을 크게 전반적 요약을 기반으로 만성위험요인, 임상 위험요인, 촉진/촉발 위험요인, 급성 위험요인, 보호요인 등으로 나누어 살펴보도록 한다. 왜 이 장소를 자살 장소로 선택했는가, 왜 이 시간에 자살을 선택했는가에 대한 대안적인 해석도 함께 담도록 해야 한다. 이후 전체적으로 자살예방 정책 및 방지 등에 대한 시사점으로 결론을 지을 필요가 있다.

심리부검 관련 서류 파기

최종적으로 모든 연구가 완료되었으면 해당 심리부검 관련 서류 일체를 파기하도록 한다.

사례-대조집단 이슈

사례집단과 대조집단 간의 차이를 알아보기 위한 연구인 경우, 연구자는 대조집단을 두어 그 차이점을 탐색할 수 있다. 통제집단과 사례집단 간 변인을 통제하는 것이 중요하다. 많은 경우 사례집단과 대조집단 간에 사회·인구학적 변인을 통제하는 경우가 가장 많다. 예를 들면, 주거지역, 성별, 나이, 결혼상태, 경험한 생애사건, 교육, 인종, 직업, 경제적 수준 등과 같은 사회·인구학적 배경이나 자살 혹은 자해 이력, 음주, 우울 등 정신과적 증상을 보이는 것과 같은 성격 및 심리적 특성 등이 있다(Puliot & De Leo, 2006). 내적 및 외적 타당성을 높이기 위해서는 외생변수, 즉 대상자의 프로파일을 가능한 많이 통제하는 것이 중요한데, 보고자 하는 변인 이외의 모든 변인을 동일한 수준에서 통제하는 엄격한 방식을 사용하는 것은 해석 오류 가능성을 줄여 정확성을 높여준다.

두 번째는 대조군이 살았는지 죽었는지의 문제이다(서종한 등, 2012). Brent(1989)의 경우는 자살 사망자 주변에서 함께 알고 지낸 친구나 지인들을 추천하는데, 이는 사회인구학적 변인이 유사할 뿐 아니라 통제가 용이하다는 점이었다. 반면에 정신과에 입원한 환자군이나 자살시도자를 대조군으로 두는 것에 대해서는 상당히 한계점이 존재한다고 하였다.

어떤 경우에는 사망한 대조군을 사용하기도 하는데 모든 사례-대조 연구에 최적의 방식이 아닐 수도 있다(대조군을 사망으로 사용한 문헌: Phillips et al., 2002; Cerel, Fristad, Weller, & Weller, 2000; Harwood, Hawton, Hope, & Jacoby, 2001; 서종한 등,

2012). 특히, McLaughlin 등(1985)과 Gau와 Cheng(2004)가 지적한 바와 같이, 자살이 아닌 다른 형태로 죽음에 이른 사망자의 경우에는 생존 대조군과 비교할 때 신체 질병 발병률, 약물 의존과 사용, 흡연, 정신장애가 상대적으로 높게 나타난다고 보고하였다. 또한 사망 대조군은 다른 위험요인에 노출이 높은 수준으로 나타나기 때문에 상대적으로 사례집단과 차이점이 지나치게 작게 나타난다는 '바닥효과(floor effect)문제가 발생한다.

반면에 생존 통제집단을 사용할 경우 정보제공자의 특성과 유형을 비교하는 것에 상당한 영향을 줄 수 있다. 예를 들어, 자살사례의 정보제공자인 경우 유족의 상태에 있지만 대조군의 정보제공자는 그렇지 않게 된다. 또한 유족의 정보제공자라 하더라도 사망의 유형에 따라 정보제공자의 정신 및 심리적 상태, 애도 반응에서 다른 영향을 미칠 수 있다(Murphy et al., 2003; Kaltman & Bonanno, 2002). 자살이나 사고사로 사망한 유가족의 경우는 정신적 스트레스가 비슷한 수준을 보여주는 반면 살인으로 사망한 유가족의 경우 가장 높은 정신적 스트레스 수준을 보여주었다. 자연사로 사망한 유가족의 경우 가장 낮은 정신적 스트레스를 보여주고 있다.

따라서 대조군 선정에 따라 심리부검 연구 결과가 달라질 수 있기 때문에 이에 대한 경험적 연구가 요구되고 있다. 다만, 두 집단을 선택하더라도 비교변인 이외의 외생변인들을 가능한 철저하게 통제하는 것이 바람직하다.

심리부검 윤리와
법적 쟁점

생명윤리 및 안전에 관한 법률[이하 생명윤리법]에서는 "인간대상 연구를 실시할 때 인간의 존엄과 가치를 침해하거나 인체에 위해를 끼치는 것을 방지함으로써 생명윤리 및 안전을 확보하고 국민의 건강과 삶의 질 향상에 이바지함을 목적으로 하고 있다(제1조). 인간대상 연구에는 의사소통, 대인접촉 등의 상호작용을 통해 수행하는 연구 또는 개인을 식별할 수 있는 정보를 이용하는 연구가 포함되어 있다(제2조 1항). 이와 함께 같은 법 제3조와 16조를 보면 연구에 대한 기본원칙과 연구자가 반드시 준수해야 하는 사항을 명시하고 있다. 그리고 각 대학 등 교육기관에서는 인간대상 연구를 수행하는 연구자들도 기관생명윤리(IRB)의 사전심의 및 서면동의가 의무적으로 필요하게 되어 있다. 이는 인간 연구 대상자의 인권과 생명을 보호하고 안정성을 강화함으로써 인간의 존엄성과 자율성에 가치를 두고자 하였다.

- 인간대상 연구는 인간의 존엄과 가치를 침해하는 방식으로 이루어져서는 안 된다.
- 연구대상자 등의 자율성은 존중되어야 하며, 연구대상자 등의 자발적인 동의는 충분한 정보에 근거하여야 한다.
- 연구대상자 등의 사생활은 보호되어야 하며 사생활을 침해할 수 있는 개인정보는 당사자가 동의하거나 법률에 특별한 규정이 있는 경우를 제외하고는 비밀로서 보호되어야 한다.
- 연구대상자 등의 안전은 충분히 고려되어야 하며, 위험은 최소화되어야 한다.
- 취약한 환경에 있는 개인이나 집단은 특별히 보호되어야 한다.
- 생명윤리와 안전을 확보하기 위하여 필요한 국제 협력을 모색하여야 하고, 보편적인 국

제기준을 수용하기 위하여 노력하여야 한다.

· 또한 인간대상 연구를 실시하는 연구자는 연구를 하기 전에 연구대상자로부터 연구의 목적, 연구대상자의 참여 기간, 절차 및 방법, 연구대상자에게 예상되는 위험 및 이득, 개인정보 보호에 관한 사항, 참여에 따른 손실에 대한 보상, 개인정보 제공에 관한 사항, 동의의 철회에 관한 사항 등에 대해 서면동의를 받아야 한다(법 제16조).

정보제공자의 확인과 과정

대표적으로 유가족의 경우 애도 중이거나 심리적 고통을 경험하는 상태일 수 있다. 이 과정에서 연구자가 정보제공자에게 접근하여 동의를 받는 것은 어찌 보면 가장 어렵고도 힘든 과정일 수 있다. 특히 생명윤리적 측면에서는 심리부검 전체 과정 중 가장 민감한 이슈일 수밖에 없다. 공공기관에서 정보제공자의 개인정보와 민감정보를 얻게 되는 경우 어떤 과정을 거쳐서 이 정보를 획득하게 되었는지 또한 어떻게 접촉했는지 어떤 형태의 서신과 내용을 주고 받아야 하는지에 대한 가이드라인이 마련되어야 한다. 결국 연구대상자에게 심리적 부담과 불쾌감을 가지게 할 수 있기 때문에 접촉의 시기와 방법에 대해 구체적으로 언급되어야 한다.

사생활보호 및 익명성

이 단계는 연구 대상자의 자율성과 권리를 보호하기 위해 반드시 필요한 단계이다. 모든 사례 정보는 코딩하여 정보가 누출되더라도 타인이 알아 볼 수 없게끔 해야 한다. 기본적인 내용이지만, 사례 자료는 반드시 잠근 상태에서 보관하고 전자파일-디렉토리는 암호화하여 보관하도록 한다. 사례에 대한 집계 통계는 수시로 관리하고 종료 후 보관 기간은 통상 3년으로 하고 이후 파일 파쇄는 꼭 이루어져야 한다. IRB는 심리부검이 이루어지기 전에 꼭 통과해야만 한다.

개인정보 서면동의 과정

개인정보동의를 구하는 과정에서 본 심리부검 목적과 유형 정보가 담겨 있어야 하고 정보가 쓰여지는 방식, 면담에 따른 보상, 위험, 이익 등에 대해 고지해야만 한다. 이런 내용에 대해 전체적인 논의 기회가 제공되어야 한다. 연구대상자의 권리를 공지하여 참여 철회, 거부할 수 있음을 알려 주어야 하고 착취, 추궁, 강요는 피해야만 한다. 특히 심리부검의 목적, 참여시간, 전체적인 진행과정과 면담 절차 등도 파일 형식으로 제공하여 명확하게 고지해야 하며 최종적으로 개인정보동의서에 사인을 받도록 한다. 미국은 의료정보보호법(HIPPA, Health Information Privacy Portablity)을 2013년 4월에 제정하여 의료기관이 사망자 친족의 건강정보를 제외하고 연구자에게 사망자의 개인정보를 제공할 수 있게 하였다. 다시 말해, 심리부검의 연구를 위해 자살 사망자의 정보를 의료기관에 요청할 경우 적법한 절차에 의해 제공받을 수 있다(AAS, 2011).

면담과정 구조화

연구대상자의 생명윤리를 보호하기 위해 면담의 장소, 시간, 면담소요시간에 대한 규정을 담고 있어야 한다(Cooper, 1999; Moore et al., 2013). 면담과정에서 사용하는 체크리스트나 면담스케줄을 구조화하여 연구대상자가 불필요한 수준에서 회상을 하지 않도록 해야 하며 사전에 질문에 대한 대답을 거부할 수 있음을 고지해야 한다. 특히 면담을 진행하는 조사원이 연구대상자의 상태를 민감하게 살펴보고 연구대상자가 면담과정에서 어떤 심리적 상태를 보이는지 유심히 지켜보아야 하며 참여동의 의사를 다시 확인하여 진행 여부를 결정해야 한다(Dyregrov et al., 2011). 이는 심리부검 조사원의 자격 및 훈련과 연결될 수 있는데 사전에 심리부검 정규 교육과 감독관으로부터 충분한 사례감독을 받아 위기상황에서도 당황하지 않고 적절하게 대처할 수 있는 역량을 키우도록 해야 할 것이다. 따라서 국내에는 심리부검 전문가에 대한 자격과정 프로그램이 절실하다.

참여자에 대한 사후관리

생명윤리적 측면에서 어찌 보면 가장 중요한 부분이라 말할 수 있다. 면담이 종결된 이후 연구대상자의 감정이 어떻게 나타나고 있는지 모니터링 해야 하며 부정적 감정이 지속되거나 기분상의 변화가 지대하다고 볼 때 적절한 개입과 지원을 통해 사전에 심리정서적 문제를 방지해야 할 의무가 존재하게 된다. 대표적으로 지원을 받을 수 있는 가까운 응급센터, 정신건강복지센터, 정신과, 상담센터 등을 알려주고 경제적인 어려움이 있는 경우 이를 지원할 수 있어야 한다.

조사원 고려사항

Shneidman(1981)이 주장한 바와 같이 개인적으로는 임상 경험이 있는 조사원을 추천한다. Pouliot와 De Leo(2006)가 제시한 바와 같이 다양한 이유가 있는데 정보제공자에 대해 공감적 반응 능력이 뛰어나고 혹시나 면담 중 발생할 수 있는 위기 상황에 잘 대처할 수 있기 때문이다. 그리고 반구조화 된 진단 척도를 사용할 경우 쉽게 임상 판단을 내릴 수 있다. 하지만 임상 훈련을 받은 조사원이 유의해야 할 점이 있다. 임상적 경험을 과신한 나머지 도구에서 요구하는 질문이나 진단에 필요한 항목들을 축약하거나 벗어나 면담을 진행할 수 있고 소위 자신들이 경험한 선험적 지식들 이를테면, 패턴인식이나 경험에 바탕을 둔 방법 등과 같은 전략적 지식들을 과신하는 함정에 분명 빠질 수 있다.

Shaffer와 동료(1972)가 제시한 부분인데, 임상가들이 임상 훈련을 받은 것처럼 사례 개념화를 시도하거나 임상 가설 검증 등과 같은 부분에 강조점을 두어 면담을 진행할 수 있는데 사례를 이런 식으로 설명하려는 시도는 분명 심리부검에서는 그 타당성이 확보되지 않은 위험한 부분이다. 이들에게 심리부검 연구에 적용되는 프로토콜, 방법론과 절차에 대한 심층적인 교육과 수련이 뒤따라야만 이런 한계점을 극복할 수 있을 것이다.

심리부검 보고서에는 실제 조사원을 어떻게 선택했고 이들의 교육과 임상 배경과 경험 그리고 훈련, 감독, 수행보고에 대한 구체적인 정보가 함께 기재되어야 한다. 더불어 심리부검 조사원에 대한 전문성과 자질을 통제할 필요가 있다. 즉, 심리부검에 필요한 적절한 기술과 자격으로써 요구되는 것이 무엇인지 정의한 이후 이에 맞도록 심리부검 감독관은 대상자를 훈련하거나 감독, 심사할 필요가 있다. 공감적 반응 능력 특히 반영적 경청은 심리부검에서 중요한 능력으로 여겨질 수 있는데 조사원 채용에 중요한 기준으로 적용될 수 있을 것이다.

면담 중에 정보제공자가 답할 수 있는 질문에 대해 조사원이 임의로 이를 해석하여 답변을 기입해 넣으려는 경향성 또한 엄격하게 훈련 받거나 지속적으로 감독을 받아야 하는 이유이다. 만약 녹화가 필요하다면 정보제공자에게 충분히 녹화의 이유를 설명하고 허락을 받은 뒤, 이 자료를 바탕으로 조사원이 습관적으로 실수하는 오류를 확인하고 바로 잡는 기회로 삼을 수 있다. 물론 사전에 정보제공자에게 녹화의 이유, 즉 면담이 제대로 이루어지는지 확인하고 심리부검 연구의 객관성을 확보하기 위해서 하는 것임을 논리적으로 설명할 필요는 있다. 또 하나는 일반적인 방식이기는 하지만 감독관이 조사원과 동행하여 실제 면담을 함께 진행한 이후 서로 감독을 받을 기회를 제공하는 것이다.

연구자 윤리

조사원 트라우마

조사원은 정보제공자의 비극적인 이야기에 노출되어 있고 우울한 정보제공자를 만났을 경우 심리적 소진과 스트레스가 클 수밖에 없기 때문에 외상으로 다가올 수 있다. 저자들은 개인적으로 일정한 시간 이를테면, 매 사례검토 회의를 통해 면담을 진행한 담당 조사원이 사후 어떤 상태에 있는지 정신건강 상태가 어떤지 확인하여 적절한 조치를 취할 수 있었다. 연속적인 면담이 특정 조사원에게 주어진다면 분명 스트레스가 가중될 수밖에 없다. 그래서 면담이 끝나고 나면 일정기간 휴식을 취하도록 배려해 주어야 하고 외상적인 증상이 개입 수준까지 이르게 되면 면담에서 잠시 제외하여 안정을 되찾을 때까지 심리적 지원을 아낌없이 제공해야 한다.

정보제공자 피드백

친족에게 피드백을 줄 수 있지만 특정 문제를 야기할 수 있는 정보는 제공하지 않는 것이 바람직하다.

다음은 Lakeman과 FitzGerald(2009)가 소개하는 인간대상 연구 권고사항이다.

- 연구자는 IRB, 경험 많은 연구자, 지원기관, 잠재적 연구대상자로부터 연구 방법 및 절차에 관한 의견을 최대한 수렴한다.
- 연구자가 선택한 연구표본과 연구방법 및 절차를 통해 연구를 수행하는 것에 대한 합리적인 정당성을 제시한다.
- 연구대상자들이 필요로 하는 지원서비스가 있다면 관련서비스체계와 연계하여 제공해줌으로써 연구자가 충분한 지원역량을 갖추고 있음을 연구대상자들이 확신을 갖도록 한다.
- 연구자는 자살위험성을 평가하고 급성 자살위험성을 나타낸 연구대상자들에게 개입할 수 있는 절차를 갖춘다.
- 연구대상자들에게 연구결과 및 비밀보장에 대한 정보를 충분히 제공한다. 또한 연구대상자들에게 연구취지와 목적, 권리 등의 관련정보를 제공하고 이를 온전히 이해하고 연구참여에 동의할 수 있도록 충분한 시간을 제공한다.
- 연구자는 연구대상자의 취약성을 인지하고 이를 돌보기 위해 노력한다.

출처: 이미정, 2017 재인용.

법적 이슈

현재까지 심리부검은 다양한 목적을 두고 이루어져 오고 있다. 자살연구에서는 자살의 위험요인을 구체적으로 이해하는 데 도움을 주고 있다. 이를테면, 사례-통제 자살연구와 자살 경로를 통해서 살펴볼 수 있는 위험요인들을 말한다. 이런 기법은 사랑하는 가족을 잃은 유가족들이 끊임없이 던지는 "그는 왜 자살했나?"라는 질문을 이해하는 데 도움을 주어 애도 과정에서 겪는 혼란감을 줄여 주는 역할을 하기도 한다. 그리고 미국이나 영국에서는 정부에서 중요한 대중 자살에서 조사가 이루어지는 과정에서 사용되기도 했다(Jenifer, et al., 2006).

최근 이런 목적으로 법의병리학에서 사용하게 되면서부터 이 심리부검은 점차 법정에서 등장하기 시작했다. 부검의 혹은 검시관에 의해 발부된 검안서 혹은 부검 소견서가 죽음의 종류에 대해 하나의 소견으로 법원에 제시되기 시작했다. 심리부검은 시간을 요구하고 많은 비용이 발생하기 때문에 의문사의 경우에 부검의가 자살 전문가를 고용하여 조언을 받을 수 있는 예산적 여유와 필요한 조사 과정을 지원 받을 수 있는 시간적 여유에 현실적 한계가 분명 있을 수밖에 없었다. 만약 소송 관계인이 부검의와 검시관의 소견에 대해 의문을 제기할 수 있는 이유가 있는 경우, 최종적으로 법정에서 다른 대안적 소견이 제시되거나 논쟁이 이어질 수 있는 방식으로 진행되고 있다. 그리고 자살 사망에 대한 책임을 묻거나 그 책임에 대한 처벌을 하는 결정과 같이 다툼이 있는 사항에 대한 의사결정은 이제 법정의 한 영역을 차지하고 있다고 본다.

한국에서는 실제로 심리부검이 법정에서 활용된 경우가 없기 때문에 여기서는 심리부검이 만들어지고 실제 법정에서 활용되고 있는 북미의 경우에 대해서 이야기 해보도록 할 것이다. 법정에서 사망자에 대해 후향적 평가를 통해 얻어진 정보를 기초로 행해지는 전문가 증언을 받아들이기 시작한 시점은 명확하지는 않지만 1976년 매릴랜드 법정에서 사망자의 자살 능력을 보여주면서 "정신과적 부검(psychiatric autopsy)"을 '사망자가 유일하게 변호할 수 있는 희망'이라고 언급하였다. 미국에서도 1983년까지는 심리부검을 다루는 법원은 거의 없었다. 항소법원이 전문가 증언과 관련된 증거 법칙을 적용하면서 개별적으로 심리부검의 증거능력을 다루었다. 증거능력 기준에 대한 시도는 심리부검 증거를 배제하거나 받아들일 것인지에 대한 근거를 이해하고 이런 형태의 평가를 실시하는데 필요한 "표준화된 절차 혹은 과정"이 어떻게 증거능력에 영향을 줄 수 있을지 이해하는 데 유용하다.

심리부검 증거를 다루는 대부분의 항소 사건은 각 주에 따라 다르지만 결국 증거에 대한 각 주의 규정이 연방 규정을 반영하는 것이기 때문에 전문가 증언 활용을 규정하는 연방법을 살펴볼 필요가 있다고 생각한다. 어떤 증언이든 가장 처음으로 하는 질문은 이것이 연방증거법(FRE) 401과 관련이 있느냐 하는 점이다. 그렇다면 법원은 그 증언이 '관련된 분야에서 전문가 자격'이 있는지와 '배심원에게 도움을 줄 수 있는' 증거를 제공하는지에 대해 검증할 것이다. 심리부검 증거의 경우에 있어서는 전문가가 심리학자 혹은 정신과 의사로 자격을 갖추어야만 하고 혹은 적어도 자살과 관련된 분야에서 행동 과학 정규 훈련을 받은 전문가이어야 한다. 여기서 연방증거법(FRE) 702의 두 번째 요구항목인, '도움을 주는 것'이라는 의미는, 증언이 배심원이 들었던 내용을 근거로 스스로 결정을 내리는 데 도움을 줄 수 있는 법적 의견 이상의 것이어야 하고 또한 믿을 만한 근거를 갖고 있어야만 함을 말한다.

좀 더 구체적으로 말하자면, 법정에서 이 '도움요건'이 제대로 충족되지 않아 심리부검을 제외하는 경우가 가장 흔하다. 미국의 주마다 이 요건에 대한 신빙성 부분은 대부분 프라이 기준(Frye test, Frye v. United States, 1923; Giannelli, 1980)

이나 도버트 기준(Daubert test, Daubert v. Meerril Dow Pharmaceuticals, Inc., 1993; Bernstein, 1993)의 일반적 증거능력 검증(과학적 증거는 반드시 특정 사실과 관련성이 있어야만 하고 증거 구성요소의 신빙성 기준을 충족해야만 한다) 중 하나에 의해서 결정이 된다. 표준화된 절차가 미비하기 때문에 심리부검 신빙성에 대해 갖는 의구심 측면에서, 일반적으로 전문가들은 이 증거가 프라이 검증 과정에서는 제외될 수밖에 없다고들 한다. 하지만 프라이 기준만을 보면, 소견을 내는 전문가로부터 나오는 사실(fact)은 합리적으로 해당 분야에서 다양한 전문가들에게 받아들여져야만 하는 부분도 중요하다. 이를테면, 비록 심리부검이 정신과적 진단에 속하지는 않지만, 활용된 방법이 심리부검을 사용하는 특정 분야에서 일반적으로 허용된 방식인지와 관련된 물음이라 볼 수 있다.

특히 심리부검이라는 것이 완전히 제 3의 진술과 자료를 바탕으로 이루어지는 것이고 일반적으로 정신과 의사가 실시하는 임상평가 절차와는 다르다. 이런 특징이 정신과에서 허용되는 것과 심리부검 방법에 대해 허용되는 것 간에 차이점을 만들어 낸다. 만약 정신과적 증언과 심리부검 증언 간 차이점이 일반적으로 명확하고 법원이 차이점을 수용하고 심리부검 증언을 허용한다면, 증언하는 사람이 심리부검을 실시하는 데는 단순히 심리학자 혹은 정신과전문의가 아니라 '이 분야에서 특별히 심화 훈련을 받은 자격'을 갖추어야만 한다. 그 다음으로 전문가는 연방증거법(FRE) 705에 따라 자신이 낸 소견에 대한 근거와 관련해서 반대심문(cross-examination)을 받게 되고 이후 배심원은 판사로부터 후향적 평가인 심리부검의 한계점에 대해 공지를 듣게 된다.

프라이 기준은 수십년 동안 사용된 기준이고 1993년 대법원이 도버트 기준을 소개한 시점까지 오랫동안 적용되어 왔다. 몇몇 주에서는 아직도 프라이 테스트를 사용하고 있긴 하지만 도버트 기준으로 대체되고 있다. 이 도버트 테스트에서는 관련된 과학적 단체가 적용된 방법론을 허용하는지를 묻는 질문 대신에 담당 판사가 그 증거가 사건과 관련되고 신뢰로운지 결정하기 위해 증언에 대한 초기 평가를 실시하게 된다.

심리부검 증거를 보면, 신빙성 측면에서 대부분 법정에서 질문을 받게 된다. 도버트 기준은 증거능력(admissibility)에 관한 규정을 정할 때 고려해야 하는 요인으로 동료심사, 잠재적 오차율, 학회구성 및 출판, 가설 혹은 이론 검증 가능성 등 네 가지를 제시하고 있다. 심리부검에 근거한 결론은 아마도 검시관의 사망 종류 소견 혹은 다른 정신과 의사에 의해서 사망 전 사망자에게 이루어졌던 평가에 의해 검증될 수 있고 또 이런 의미에서 이 결과가 검증 가능할 것으로 보인다. 심리부검 주제가 실제 동료집단에 의해 검토(peer review)를 받아 왔고 평가 기준을 마련하는데 많은 노력을 들여왔다. 그리고 심리부검은 부검의와 정신보건 전문가로 구성된 동료 집단에 의해서 일반적으로 받아들여져 오고 있다. 하지만 잠재적인 오차율이 있는지의 여부는 한계점으로 작용하고 있다. 도버트 기준이 프라이 기준보다 좀 더 증거능력 허용성이 높다고 보고, Blackmun 판사에 따르면 심리부검 같은 경계선에 있는 과학적 증거는 받아들여지되, 반대편(피고인, 고소인)에서 심리부검 증거에 반하거나 혹은 지지하는 사례를 이용하여 심문할 수 있도록 허용해야 한다고 보았다.

일단 도버트 기준의 신빙성이 만족되면 법원은 그 증거가 배심원과 판사에게 도움이 되는지를 결정하게 된다. 연방증거법(FRE) 702에서 이루어졌던 똑같은 방식대로 분석이 이루어지는데 실제 심리부검 증거가 법원에서 받아들이는 데 있어 가장 큰 걸림돌로 작용한다고 볼 수 있다. 심리부검에 근거한 증언을 받아들이는 데 있어 마지막 단계는 연방증거법(FRE) 403의 익형량테스트(Balancing test)이다. 이 부분은 증언이 갖는 증거 가치가 과도한 편견과 혼란의 가능성보다 더 가치가 있는지 혹은 불필요한 증거 내용인지를 결정하기 위한 조사심리라고 볼 수 있다.

요약하자면, 심리부검의 증언을 허용하기 전에 법원은 연방증거법(FRE) 410 하에서 그 증거가 관련된 것, 연방증거법(FRE) 702, 703, 프라이 혹은 도버트에 따라 그 증거가 배심원과 판사에게 적절한 도움을 주는 것, 그리고 연방증거법(FRE) 403에 따라 그 증거로 인해 발생될 수 있는 편견 요소가 그 증거의 증거능력보다 더 크지 말아야 하는 것이다.

국내 심리부검 증거 허용성

업무상 재해와 관련된 민사 소송

근로자에게 부과되는 업무량과 전문성 등이 스트레스를 갖게 하고 근로자가 과로재해로 정신장애, 불면증과 수면장애 혹은 우울증으로 고통 받는 경우가 많아졌다. 하지만 그 근로자는 적극적으로 이에 대처하지 못하고 그 상태가 악화되어 결국 극단적인 선택을 하는 경우가 발생하게 된다.

지금까지의 많은 판례를 보면 "자살은 본질적으로 자유로운 의사에 따른 것이므로 업무와 자살 사이에 상당인과(상당한 정도의 인과)가 관계가 없다."고 판단하는 것이 보통이었다. 2012년 자살 사망자가 당시 지방 국세청 세무조사 등 자료상 조사들의 업무를 담당하였다. 정상적인 근무시간에 비해 많은 일을 감당하면서 힘들다는 호소를 하였다. 2009년경부터는 평소에 비해 말수가 적어지고 업무에 관한 이야기 외에는 하지 않았다. 식사를 하지 못해 살이 빠지고 얼굴이 핼쑥해졌다. 부하직원에게 "직원을 충원해 주지 않으니 죽을 만큼 힘이 든다. 잠을 잘 수가 없는 것이 가장 큰 고통이다."라는 말을 했다. 당해 11월경 특별승진 대상자에서 제외되어 주변인에게 "실망스럽고 서운하다." 등의 말을 하였다. 이후 불면증이 심해져 잠을 잘 수 없었고 수면유도제를 복용하였고 불안감과 우울감을 느꼈다. 그리고 과장에게 "일이 너무 많고 몸이 힘들어 월요일부터 2, 3일 정도 병원에 입원해야 할 것 같다."고 이야기했지만 부인에게 "일이 많이 밀려있어 쉬지 못할 것 같다. 내일 출근해야 할 것 같다."고 이야기했다. 결국 2010년 4월 14일 자살 사망자는 바지 주머니에 "내가 죽은 이유는 사무실의 업무 과다로 인한 스트레스 때문입니다.", "내 죽음은 사무실 업무 스트레스 때문이란 것을 확실히 밝혀 둡니다."라는 내용의 유서를 남겼고 자살을 했다.

판결 요지

1심 판결[7]은 망인은 … 정신적 부담과 스트레스를 받았고 급기야 우울증이 발병하였을 것으로 보인다. 그러나 망인의 업무량이 사망 무렵 급격하게 증가하였다는 이유만으로 … 중략 … 그 우울증으로 인하여 심신상실 내지 정신착란 상태 또는 정상적인 인식능력이나 행위선택능력, 정신적 억제력이 현저히 저하된 정신장애 상태에 빠져 자살에 이르게 된 것이라고 추단하기는 어렵다. 결국 … 중략 … 망인의 사망이 업무상 재해에 해당한다고 볼 수 없다.

2심 판결[8]은 공무상 스트레스 외에는 망인이 자살을 할 만한 다른 원인을 찾을 수 없다는 점 등을 보태어 보면, 책임감이 강한 망인이 업무량이 많아졌음에도

---

7) 서울행정법원 2012. 7 .20. 선고 2011구합3272 판결.
8) 서울고등법원 2013. 12. 9. 선고 2012누27505 판결, 유족보상금지급부결처분취소.

충원되어야 할 직원이 충원되지 아니하여 부하 직원이 해야 할 업무까지 처리하면서 심한 스트레스를 받았고 … 중략 … 공무상의 스트레스에서 벗어날 수 없었다.

이와 같은 상황에서 업무보고를 앞두게 되자, 중증의 우울장애로 인하여 정신적 억제 능력이 현저히 저하된 상태에서 위와 같은 공무상의 스트레스와 절망감 등이 공동으로 작용하여 자살이라는 극단적인 하게 되었다고 … 중략 … 인과관계가 있다고 할 수 있다. 따라서 망인의 사망은 구 공무원연금법 제61조 제1항의 '공무원이 공무상 질병으로 사망한 경우'에 해당한다.

참고로 대법원은 정신질환으로 인한 자살을 공무상 재해로 인정하지 않고 있는 것이 추세이다.

관련 법령

산업재해보상보험법 제37조 1항은 근로자가 업무상 사고 혹은 업무상 질병으로 인하여 부상·질병 또는 장해를 입거나 사망하면 업무상 재해로 본다. 하지만 업무상 질병에 대한 인정 기준에는 정신질환에 대한 규정은 없지만 2013년 7월 1일부터 근로기준법 시행령 제44조 제1항에 업무상 질병의 범위에 업무와 관련하여 정신적 충격을 유발할 수 있는 사건으로 인한 외상후스트레스 장애가 신설되었다.

민사상 쟁점

심리부검은 관련 분야의 전문가가 주변의 사람들을 다양하게 만나 심층적인 자료수집 과정이 함께 이루어지기 때문에, 상대적으로 근로복지공단(피고인)에서 이루어지는 증거수집과정보다는 객관적이면서 폭넓게 다양한 사실을 반영할 수 있다. 따라서 피고인의 입장에서 조사된 증거수집 절차와 내용상의 차이점에 대해 심리부검 전문가는 논리적으로 이를 설명할 수 있어야 한다.

심리부검을 통해 얻게 된 결과에 대해 왜곡성을 최대한 배제하고 객관적인 사실을 근거로 한 전문가의 판단을 합리적으로 기술할 수 있어야 한다. 또한 자살 사망자의 금전적 보상을 위하여 자신이 알고 있는 정보를 자살 사망자에게 유리하게 진술하는 정보제공자에 대해서는 배제 혹은 경각심을 갖고 진술의 진위 여부를 판단해야 할 것이며 이를 반영하지 못한 경우는 심리부검의 한계점으로 명시해야만 한다.

따라서 심리부검의 가장 큰 장점은 다양한 자료와 진술, 형식에 구애 받지 않은 자료수집 과정 등 포괄적이면서 심층적인 자살과정을 분석할 수 있기 때문에 상대적으로 객관적인 자료를 사실판단자에게 제공할 수 있다는 점이다. 이런 점은 결국 독자적인 사실을 판단하는 법관에게 자살에 대해 풍부하면서도 다각도의 정보를 제공함으로써 실체적 규명에 도움을 줄 수 있게 된다.

국내의 형사소송에서 심리부검 자료가 증거로 인증받기 위해서는 크게 세 가지의 요건이 충족되어야 한다. 첫째, 전문가의 충분한 자질과 자격, 둘째, 심리부검 연구의 보편성 혹은 일반성, 셋째, 심리부검 절차와 도구의 검증성(오류율) 등이다. 따라서 심리부검을 실시하는 전문가의 전문성 재고와 이들이 활용하는 도구의 과학적 타당성과 신뢰성이 검증되는 것이 먼저이다. 이런 연구 과정이 축적되어 자살학과 관련되어 있는 다양한 학계, 사회학, 심리학, 정신의학, 사회복지학, 간호학 등의 영역의 해당 전문가들이 과학적 도구로 폭넓게 인정될 수 있어야 한다.

심리부검의 증거 한계와 시사점

심리부검은 많은 장점이 있음에도 불구하고 약점도 함께 존재하고 있다. 자살 사망자에게 직접 질문을 할 수 없을뿐더러 관찰도 할 수 없다는 점이다. 이 점은 일반적인 임상 평가와는 확연히 다른 부분으로 더 복잡하면서 두드러지게 다른 형태의 평가를 보이게끔 하는 부분이다. 자살 유가족의 정보, 보험회사 혹은 다른 제3자 등 다양한 정보제공자로부터 획득된 정보들이 참여자의 참여 의도와 목적에 따라 오염되었을 가능성이 충분히 있다.

가장 큰 한계점은 심리부검 진행 과정의 표준화된 형태와 방법론이 부족하다는 점이다. 이런 점 때문에 조사원의 감각, 교육 수준, 면담기술에 따라 심리부검이 다르게 진행될 수 있어 심리부검 신빙성에 대해 의문점을 제기할 수 있다. 결국, 심리부검 과정의 타당성과 신뢰도를 우리가 어떻게 담보할 수 있느냐의 질문으로 이어질 수밖에 없는 듯 보인다.

법정장면에서 심리부검 과정의 표준화가 부족하다는 것은 결국 미국의 연방증거법(FRE)에 따르면 그 결과를 받아들일 수 없게 된다는 점이다. 심리부검의 증거능력은 도버트 기준에서는 늘 회의적일 수밖에 없다. 이 연방증거법은 심리부검이라는 것이 배심원이나 판사가 증거를 이해하고, 의문이 드는 사실을 알 수 있게끔 도움을 주어야 하고, 과학적 지식에 근거를 두어 발견된 것들이어야 한다고 말한다. 다시 말해, 증언이 과학적 절차와 과정으로 통합되어야 할 뿐 아니라 증거 신빙성을 갖기 위한 과학적 타당성을 지녀야만 한다는 의미이다. 법원은 증거능력에 대한 지침사항으로 사용되는 다섯 가지 요인들을 열거하고 있다. 자세히 살펴보면, 증인이 다루는 이론과 기법이 검증되어진 것인지, 동료심사와 출판이 이루어진 것인지, 사용된 기법의 오차율이 보고가 되었는지, 기법을 활용함에 있어 적용 규준이 있었는지, 이론과 기법이 폭넓게 허용되고 있는 것인지 등이다. 결국 심리부검이 표준화된 프로토콜이 없기 때문에 증거능력 검증 측면에서 분명 불리하게 작용할 수 있을 것이고 이 표준화 결핍이 신빙성에 치명적인 영향을 줄 것으로 보인다.

심리부검
시행절차

사용맥락과 대상자

대상자(사망자)

심리부검의 대상자(사망자)는 미성년자를 포함하여 성인으로 경찰조사(감정기관이 발행하는 부검보고서 기준, 단 일반의가 보고하는 검안서는 제외)를 통해 자살 사망으로 확정되어야 한다.

정보제공자

· 만 18세 이상의 성인
· 자살 사망자의 배우자, 부모, 형제, 자녀 등의 가족
· 대상자(고인)의 동거인, 연인, 직장 동료, 친구 등
· 정보제공자 2인 중 1인은 가족이어야 함
· 대상자(고인)의 사망 직전 6개월간 근황을 보고할 수 있어야 함
· 사별 기간이 3개월 이후부터 3년 이내인 자(권고사항)

정보제공자 선정과 면담 가능성

심리부검을 통해 고인에 대한 신뢰로운 정보를 얻기 위해서는 2인의 정보제공

자가 참여하는 것이 바람직하다.

정보제공자 중 최소 1인은 자살 사망자의 배우자, 부모, 형제, 자녀 등의 직계 가족이어야 하며, 그 외 정보제공자 1인은 접촉빈도를 고려하여 사망자의 동거인, 연인, 직장 동료나 친구 등으로 구성할 수 있다. 이 때 대상자(사망자)의 사망 직전 6개월간의 근황을 상세하게 보고할 수 있는 대상과 면담을 진행하는 것이 적합하다.

심리부검 면담 시기에 대한 명확한 규준은 없다. 정보제공자의 심리적 상태나 환경에 따라 사별한 지 얼마 되지 않은 기간이라도 고인에 대해 비교적 안정적으로 보고하기도 하며, 오랜 시간이 지났음에도 불구하고 여전히 사별에 대한 감정적 고통으로 인해 고인에 대한 객관적인 정보를 전달하기 어려운 경우도 있을 수 있다. 따라서 심리부검 면담에 앞서 정보제공자의 욕구 수준이나 감정 상태, 면담 참여 가능성에 대한 조사원의 평가가 수반되어야 한다.

다만 일반적으로 사별로 인한 급성 정서적 반응에서 벗어나는 최소한의 시기를 2~3개월로 보고 있기 때문에 이 시기를 지난 정보제공자를 대상으로 하는 것을 원칙으로 한다. 사별한 지 3년 이상 된 경우, 기억쇠퇴로 인해 자살 사건 자체에 대한 기억이 부정확하거나 왜곡될 여지가 있다. 무엇보다 자살 사건을 다시 떠올리는 것이 이미 자살 사건으로부터 벗어나 일상생활에 적응하고 있는 정보제공자에게 부정적인 영향을 미칠 가능성이 있기 때문에 면담이 가능한 시기를 가급적 3년 이내로 제한할 것을 권고한다.

사용상황과 적용

정보제공자가 정신 질환이 있거나 정신과 병력이 있을 경우 정보의 신뢰도를 위해 배제하는 것을 우선적으로 고려해야 한다. 단, 다른 정보제공자를 모집할 수 없을 경우 정보제공자의 질환이 면담에 미칠 영향력, 면담 수행 가능성에 대해서 스크리닝 한 후 참여 여부를 판단한다. 또한 기본적인 인지기능 및 언어적 의사소통이 제한적인 정보제공자는 제외한다. 더불어 심리부검 결과의 법적 활용에 대한 충분한 근거가 쌓이기 전에 오용되는 것을 막기 위해 본 심리부검 면담 결과를 법적 근거로 활용하고자 하는 목적으로 심리부검에 참여하는 사례도 제외한다.

배제상황

• 정신건강에 어려움이 있어 객관적인 정보제공에 제약이 있는 자
• 인지기능 및 언어적 의사소통이 제한적인 자

조사원 자격조건과 역할

조사원 역할

조사원의 역할과 역할에 대한 구체적인 기술은 면담의 효율성을 높일 수 있다. 해당 조사원은 각 역할에 대한 정의를 숙지하고 조사원 상호간에 보완적인 역할에 충실해야 한다.

1. 심리부검 면담은 주 조사원과 보조 조사원 각 1인이 참여한다.
   • 주 조사원은 전체 면담을 주도적으로 이끌어가는 역할을 한다. 주 조사원은 PAM-워크시트의 전체 내용을 숙지한 상태에서 정보제공자의 이야기 흐름을 자연스럽게 따라가며 면담을 진행한다.
   • 보조 조사원은 심리부검 시 면담 전에는 필요한 서류를 점검하고 확인하며 면담이 편안하고 안정된 환경에서 수행될 수 있도록 면담 장소를 정리하는 등의 역할을 한다.
2. 면담 과정에서는 전체 면담 내용을 속기하는 역할을 하며 면담 종료 후 PAM-워크시트 중에 누락된 부분은 없는지 확인하여 주 조사원에게 알려주어야 한다.

조사원 자격조건

1. 자살문헌에 대한 폭넓은 지식: 조사원은 자살 유형, 원인, 관리에 관한 전문적이고 과학적인 문헌에 익숙해야 한다.
2. 개인 평가에 있어 평가전문성: 조사원은 면담과 제 3자 정보(예: 부차정보나 사건 기록) 검토에 있어서 훈련을 받고 경험이 있어야 한다. 관리와 표준화된 검사 해석에 대한 훈련과 경험이 도움될 것이다.
3. 정신장애에 대한 전문지식: 조사원은 정신, 성격, 물질과 관련된 장애에 대

한 평가와 진단에 관해 훈련을 받고 경험이 있어야 한다.

4. 심리부검의 목적과 일차적인 관심의 초점은 정보제공자가 아닌 사망자이다. 만일 심리부검 면담의 초점이 사망자가 아니라 정보제공자로 빈번하게 옮겨 질 경우, 심리부검 면담을 중단하고 유가족의 심리정서 상태에 대한 면밀한 평가를 한 후 과연 심리부검의 정보제공자로서 상태가 적절한지를 판단해야 한다. 이를 위해 조사원은 정신건강 관련 분야에서의 임상 경험 및 기본적인 임상면담 절차에 대한 경험이 있어야 한다.

위에서 논의한 세 번째 자격 요건(정신장애에 대한 전문지식)을 충족하지 못하는 조사원들은 다음 중 하나를 시행한다면 전문가 지침서를 사용할 수 있다.

1. 적절한 전문지식과 자격을 갖춘 전문가의 컨설팅이나 감독 하에 정신장애와 관련된 위험요인을 평가한다.
2. 적절한 전문지식과 자격을 갖춘 사람이 시행한 이전 또는 현재의 정신 진단 평가의 결과를 언급하여 정신장애와 관련된 위험요인들을 평가한다.
3. 정신장애와 관련된 위험요인들을 임시로 평가하고, 이 사실을 기록하며 적절한 전문지식과 자격을 갖춘 사람에게 임시 평가에 대한 확인의 중요성을 논한다.
4. 정신장애와 관련된 위험요인들을 평가하지 않고 이 사실을 기록한다. 불완전한 평가로 인해 위험성에 관한 의견이 어떻게 제한되는지 논한다.

언급한 "필수자격"은 상황에 따라 유동적일 수 있다. 예를 들어, 다양한 분야의 정신건강 전문가가 작성할 수 있다. 정신과 의사나 간호사가 주요 정신장애에 관한 항목의 평가를 완성하고, 심리학자가 성격에 속한 항목을 평가하고, 사회복지사가 사회적 이력과 관련된 항목들을 완성할 수 있다. 이러한 경우, 정신장애에 대해 전문 지식을 가진 조사원이 최종 평가와 결정에 책임을 지는 것이 중요하다.

조사 그리고 법 의사 결정을 위한 사용

사망자의 사망유형과 자살 원인 분석 등에 관한 결정 등의 조사, 그리고 법 의사 결정을 위한 목적으로 PAM^VI을 사용할 때 사용자는 높은 수준의 지식과 전문지식(예: 심리학과 대학원이나 의대과정 또는 다른 전문화된 교육과정, 지도감독 하 실무 경험), 전문적인 자격 조건을 갖추어야 한다(예: 등록된, 면허를 받은, 그 외의 위험성 평가 시행을 법적으로 인정받은 자격 조건).

연구 목적을 위한 사용

연구 목적으로 PAM^VI을 사용할 때는 충분한 자격을 갖추지 못한 경우에도 가능하다. 그러나 연구 참가자들에 대한 윤리적 처우에 책임을 지고 있는 충분한 자격을 갖춘 조사원들에게 슈퍼비전을 받아야만 한다. 또한, 연구자들은 조사원들의 지식이 제한되었을 때, 사망유형 평가의 질이 떨어질 수 있음을 인지해야 한다. 그러므로 충분한 자격을 갖추지 못한 개인이 PAM-워크시트를 평정했을 때 연구결과를 임상 장면으로 일반화시키는 데 제한점이 따를 수 있다. 연구 시 연구자들은 PAM^VI을 시행한 사람의 자격 조건에 대해 언급해야 한다(즉, 교육 수준, 훈련의 양과 종류, 전문가로서의 위치).

조사원 훈련

PAM^VI을 사용할 수 있는 자격을 갖춘 전문가들에게 특화된 훈련 프로그램이 유용하지만, 전문가가 제공하는 훈련 프로그램을 꼭 이수할 필요는 없다. 자가 학습, 감독 하의 실습, 강의나 워크숍 참여 등의 여러 가지 방법을 통해 적절한 훈련을 할 수 있다. 다음의 요소들을 포함한 훈련을 권고한다. 심리부검 면담 시, 조사원은 1회의 제한적인 면담 시간 내에 다양한 영역의 정보를 획득해야 하는 동시에 이를 전달하는 정보제공자의 심리정서 상태를 고려해야 한다.

이를 위해서 면담 절차와 PAM-워크시트의 내용을 충분히 숙지한 상태에서 면담에 임해야 하며 효율적인 시간 관리를 비롯하여 면담 상황에서 발생할 수 있는 각종 변수에 대해 융통성 있게 대처할 수 있는 역량을 갖추고 있어야 한다. 또한 정보제공자가 보고하는 내용과 감정 상태에 대해 지나치게 정서적으로 개입하지 않은 채 적절한 거리를 유지하며 공감적인 반응을 함으로써 정보제공자가 편안하게 이야기할 수 있는 지지적인 환경을 조성해야 한다.

1. 기본 정보와 시행 주제에 초점을 맞춘 PAM^{V1} 매뉴얼의 신중한 검토
2. PAM^{V1}의 출판 이후에 자살이나 사망유형 분류와 관련된 지식에 있어 어떠한 중요한 진전이 있는지 검토
3. 파일이나 비디오를 통해 사례실습
4. PAM^{V1}의 사용경험이 있고 자격을 갖춘 동료와의 컨설팅이나 지도감독 하에 실제 사례 작성

1과 2번 훈련은 대략 8시간에서 16시간 가량의 학습 시간이 필요로 한다. 3과 4번 또한 8시간에서 16시간의 훈련이 필요하다. 전체적으로 PAM^{V1}을 사용한 자살위험성 평가의 기본적인 훈련은 16시간에서 32시간(약 2일에서 4일) 정도의 학습 시간을 필요로 한다. 하지만 임상적 경험이 풍부하고 자살위험성 업무를 담당했던 조사원의 경우 하루만에도 학습과 감독을 이수할 수 있다.

시행 절차: 개관

전체적으로 PAM^{V1} 시행 절차는 6단계로 나누어 실시된다.

- 1단계: 조사원은 기본적인 사례 정보를 모으고 출처를 문서화한다.
- 2단계: 조사원은 추가적인 개별 요인뿐만 아니라 4개 영역 19개 위험요인을 '확인'한다.
- 3단계: 조사원은 최근 자살과 관련된 직/간접적 위험요인의 '관련성'을 평가한다.
- 4단계: 조사원은 생활사건과 스트레스 수준을 바탕으로 영향 정도를 평가(사정)한다.
- 5단계: 조사원은 전반적인 위험과 관련된 조사를 기초로 사망유형 분석에 필요한 내용을 구조화하여 사망유형(자살, 타살, 자연사, 사고사)을 탐색하고 사례 개념화한다.
- 6단계: 조사원은 생활사건과 사망유형 구조화를 기반으로 최종 전문가 소견을 작성한다. 자살의도와 치명성, 자살과 관련된 결정적 사건, 자살로 인한 자살 가능성, 가능한 자살 이유, 자살 이외에 대안적으로 설명할 수 있는 다른 사망 유형 등을 기술하여 최종 의견을 기술한다. 마지막으로 본 사례 개입 적절성에 대한 사정과 향후 자살예방과 관련된 관리전략적 시사점을 권고한다.

단순하고 시간 효율적인 방식으로 평가 과정을 문서화하기 위해 양식을 사용할 수 있다. 문서화를 촉진하기 위해, 우리는 심리부검 전문가 지침서와 함께 사용되는 심리부검 워크시트를 개발했다.

1단계: 관련 정보수집

정보 수집

사망유형과 자살 관련 위험요인을 판단하기 위해, 조사원들은 만성, 임상, 촉진/촉발, 급성 영역에서 위험요인의 존재유무와 시간의 변화에 따른 자살행동 관련성 정보(최근 관련성)를 수집해야 한다.

이상적 수준에서 평가에 바탕을 둔 정보는 다음과 같이 구성된다.

1. 정보제공자 면담내용, 관찰, 다른 점; 가족, 친구, 이웃, 직장동료를 포함하여, 부차적 출처로부터의 인터뷰나 정보
2. 범죄기록, 경찰보고서, 법정 진행 기록, 교정 기록, 보호관찰과 가석방 기록을 포함한 형사사법 기록
3. 신체·정신적 건강 평가, 치료, 과정 보고서를 포함한 건강 기록 검토
4. 교육, 고용, 사회서비스 기록
5. 심리 측정 또는 정신 진단용 검사와 평가

해당 사례에 관하여 모을 수 있는 정보량은 매우 크다. 실제 평가 상황을 고려하여, 사례 위험 관련 최종의견을 내리기 위해서는 필요한 정보를 수집해야 한다. 합리적 수준에서 필요한 모든 정보를 수집하는 것과 필요로 하는 정보만을 수집하는 것 간에 적절한 균형을 잡아야 한다. 정보가 반복되지 않아야 하고 그 출처가 신뢰성이 있어야 하며 조사와 직접적으로 연관된 정보에 초점을 두어야 한다.

일반적으로 PAM—워크시트를 완성하는데 필수적인 주요 정보의 출처는 부검/검시 보고서와 수사보고서, 자살시도 혹은 자해시도 등과 관련된 과거 자살행동정보, 사건정보와 정보제공자와의 직접면담이다. 사망자와 관련된 사건정보는 자기보고로 인한 편향 또는 오류에 덜 취약할 수 있다는 점에서 중요하며, 가능하다면 정

보제공자와의 면대면으로 면담할 것을 권고한다. 이는 정신건강과 다른 인적 서비스와 관련된 행동 윤리 및 실제 관례들과 일관되는 내용이다.

PAM-워크시트 심리사회적 면담은 대상자의 전반적인 생애이력, 위험요인, 정신건강 상태, 과거 자살과 자해 이력, 이전의 치료경험, 현재 기능, 성격, 대인관계, 스트레스원과 대처 정보 등을 제공하기 위해 만들어졌다. PAM-워크시트를 작성하는 데 있어 심리사회적 면담에서 기재된 질문에 한정하도록 하고 면담은 성격과 태도의 특징뿐만 아니라 임상척도를 포함한 현재 기능을 평가하는 데 있어서 특히 중요하다.

추가적인 심리측정, 정신진단 평가와 절차는 대부분의 사례에서 요구되지 않으나 이를 결정하는 것은 조사원의 전문적 재량에 달려있다. 조사원 재량 하에 PAM-워크시트에서 확인할 수 없는 영역이 하나 이상이라면, 별도의 다른 검사들을 선택적으로 고려할 수 있고 정신진단 검사나 평가는 정신 장애나 성격장애에 관한 항목을 평정하는데 가장 효과적일 수 있다.

조사원은 자신이 검토한 정보의 양과 질에 따라 판단의 일관성(신뢰도)과 정확성(타당도)에 근본적인 제한이 있음을 인지하고 있어야만 한다. 예를 들어서, Padgett, Webster 그리고 Robb(2005)은 불충분한 기록정보에 대한 잠정적인 이유 여섯 가지를 검토하면서 조사원에게 제한된 정보가 어떻게 평가의 적절성에 나쁜 영향을 주는지를 고려할 것을 경고하였다. 또한 "필수적인 기록 자료가 가용하지 않을 시" 주의하도록 권고하였고(p. 937) 이에 대한 사항을 결과보고서에 기재하도록 하였다.

조사원은 정기적으로 사례 정보의 양과 질에 대하여 판단을 내려야 한다. 또한, 참고한 다양한 정보의 신뢰성에 대해 판단을 내려야 하고, 모순되는 정보를 조율하기 위해 노력해야 한다. 예를 들어, 자살시도와 자해행동의 차이, 혹은 가장 최근의 자살시도 행동에 대한 모순되는 정보가 있을 수 있다. 고용 이력이나 친밀한 관계(이성적 관계)상의 문제가 명확하지 않을 수 있다. 알코올과 기능상의 문제에 관한 정보가 없거나 부분적으로 가능성이 존재할 수도 있다. 조사원은 전문조사원과 사례정보의 적절성에 대한 판단을 논의하고 그에 상응하게 자신들의 의견과 권고가 최적임을 나타내야 한다.

조사원이 수집한 정보가 현실적으로 민감한 내용일 수 있다. 법이나 전문적인 기준에서 요구할 때, 동의서를 얻고 비밀 보장함으로써 정보제공자의 권리를 보호

해야 한다. 또한 정보제공자의 사전 동의를 구해야 하고, 경우에 따라서는 권리의
한계와 수집된 정보가 어떻게 쓰일지에 대해 명확하게 고지해야 한다. 조사원들이
사법권과 현장에서 법 평가를 적용할 때, 법과 윤리적인 기준에 있어 능숙해질 필
요가 있다.

정보 기록

명확하면서도 간결한 정보 기록은 양질의 서비스 제공과 책임 관리를 위해 중
요한 부분이다. 부적절하게 기록된 것들은 쓸모가 없거나 심지어 유해할 수 있다.
기록은 사례번호와 대상자의 자살력과 같은 기본 정보부터 기록을 시작해야 한다.
또한 조사원들은 평가 일부로서 검토한 정보의 출처를 명확하게 제시할 수 있어야
한다.

팀 대 개인 평가

몇몇 장면에서, 다양한 분야의 전문가들이 조사의 책임을 나눌 수도 있다. 예를
들어, 심리학자나 정신과의사가 주요 정신 장애, 우울증, 기분변화와 정서적 불안정
서 등을 평가할 수 있다. 심리학자는 성격이나 지적 기능을 평가할 수 있다. 그리고
간호사, 사회복지사는 치료와 반응 등을 평가할 수 있다. PAM[vi]이 여러 독립된 전
문가들이 제출한 보고서를 바탕으로 완성될 수 있으며 이는 문제가 되지 않는다.
그러나 충분히 자격을 갖춘 전문조사원이 다양한 요소를 통합하여 의견을 내고, 이
를 기록하는 책임을 맡아야만 한다.

면담 진행 과정

면담 전

심리부검 면담은 정보제공자의 자발적 참여로 시작되지만 낯선 면담 상황은 정
보제공자에게 긴장과 불안을 유발할 수 있다. 조사원은 이미 지나간 자살 사건을
다시 떠올리고 이를 누군가에게 털어놓아야 한다는 사실이 정보제공자에게 상당한
정서적 불편감을 유발할 수 있음을 인지해야 한다. 따라서 면담 전 초반 몇 분 정도
는 일상적인 내용의 대화로 분위기를 환기시키는 것이 필요하다. 이후 주 조사원의

소속과 자격사항 등을 소개함으로써 심리부검 면담을 이끌만한 충분한 전문성을 갖추고 있음을 알림으로써 면담에 대한 신뢰를 가지고 참여할 수 있도록 한다. 조사원에 대한 소개가 끝나면 심리부검 면담 전반 및 개인정보 보호 및 정보제공 동의서에 대해 안내한다. 동의서의 경우, 포함된 내용을 정보제공자에게 설명하고 해당 내용을 충분히 이해했는지 점검한다. 개인정보 보호 및 정보제공 동의서는 2부를 준비하여 정보제공자가 각각 서명을 할 수 있도록 한 뒤, 한 부는 정보제공자가, 다른 한 부는 조사원이 가지도록 한다. 조사원이 작성하는 부분도 있는데, 면담에 참여하는 주 조사원과 보조 조사원은 해당 면담 내용에 대한 비밀보장을 서약하는 보안 서약서를 정보제공자에게 안내하고 서약서에 사인하여 제공한다. 이 외에 정보제공자가 가져온 고인에 대한 기록물(경찰자료, 의무기록자료, 유서 및 각종 개인 기록 등) 여부를 확인하고 기록물이 있다면 PAM-워크시트에 해당 기록물 유무를 체크한다.

면담

가장 먼저 정보제공자 관련 문항(일반정보 / 반응 및 대처 / 심리정서적 상태)에 대해 질문한다. 정보제공자의 심리정서적 상태는 정보제공자가 직접 작성할 수 있는 경우에는 절취하여 제시하고, 직접 작성하기 어려운 경우에는 조사원이 문항을 하나씩 질문하고 응답을 적는다.

면담 후

PAM-워크시트에 있는 질문을 모두 마친 뒤 정보제공자에게 안내문, 심리부검 면담 개인정보 수집·이용·제공에 대한 동의서 1부, 개인정보 보안 서약서를 제공한다. 대상자의 자료(경찰자료, 의무기록, 유서 등)가 있는 경우, 심리부검 면담 개인정보 수집·이용·제공에 대한 동의서에 따라 잘 보관한 후 다시 돌려준다.

속기 혹은 기록

PAM-워크시트는 객관적이고 구체적인 정보를 보다 효율적으로 얻기 위해 서술형 질문과 위험요인을 구체적으로 확인할 수 있는 위험요인 항목을 혼용하고 있다. 19개의 위험요인 문항을 통해 필요한 정보를 직접적, 경제적으로 확인하고, 서술형 문항을 통해 위험요인 확인 문항에 포함되거나 혹은 포함되지 않은 기타 정보들을 추가적으로 확인하여 의미 있는 정보의 양적, 질적인 측면을 골고루 얻을 수 있도록 구성하였다.

이러한 방식을 토대로 PAM-워크시트 내의 문항 형식은 크게 자유기술과 코딩용 위험요인 문항으로 나뉜다. 서술형인 자유기술 문항을 통해 해당 영역과 관련된 전반적인 내용을 탐색하면서도 핵심적이고 필요한 정보가 누락되지 않도록 코딩형 문항을 보완 혹은 보충하고자 하였다. 코딩형 문항 내에서도 추가 정보가 필요하거나 중요하게 고려해야 할 내용은 기타 추가 위험요인 문항에 기재하도록 하였다. 정보제공자의 정보 자체가 편향되어 있거나 개인의 특성, 고인에 대해 부정적으로 보고하지 않으려는 경향성 등의 기타 요인으로 인해 정보제공자의 정보를 그대로 수용하는 데는 제한이 있다. 이를 보완하고자 PAM-워크시트에서는 정보제공자가 직접 보고하기 어렵거나 임상 경험 및 전문 지식이 요구되는 항목에 대해서는 다양한 출처의 정보 내용을 토대로 조사원이 전문조사원과 공동으로 토의과정을 거친 후 판단하여 종합적으로 평정하도록 한다.

자유기술

PAM-워크시트의 각 영역에서 가장 먼저 제시되는 문항으로, 정보제공자가 해당 주제에 대해 자유롭게 서술하도록 제시하는 문항이다. 자유기술 문항을 통해 해당 주제에 대한 정보를 자연스럽게 모으고, 관련된 주요 내용들을 전반적으로 파악할 수 있다. 이 때 정보제공자가 이야기하는 내용은 발화된 언어 그대로 작성하는 것을 권고하나, 많은 내용을 빠른 속도로 이야기 할 경우 중요한 단어 등을 위주로 작성한 뒤 추후 속기록을 통해 보완하는 것이 필요하다. 해당 주제에 대한 정보제공자의 자유기술 흐름에 따라 이야기를 들으면서 정확한 정보 확인을 위해 더 탐색해야 할 부분이 있다면 추가 질문을 한다.

위험요인 코딩 문항

자유기술에 이어 제시되는 문항들로, 앞서 자유기술을 통해 확인된 내용은 중복하여 질문하지 않도록 주의한다. PAM-워크시트에서는 자연스러운 면담 진행이 가능한 순서대로 문항을 제시하고 있으나, 정보제공자의 반응 내용에 따라 코딩 문항이나 영역의 순서를 변경하여 질문하는 것도 무방하다. 질문에 대한 정보제공자의 반응에 따라 제시된 보기 중 하나에 체크하도록 한다. 앞서 언급했듯이 코딩 문항에서는 정보제공자가 응답한 그대로를 기재하며 조사원의 주관적 판단은 최대한 배제한다.

2단계: 위험요인 존재 유무 평가

정보를 수집하여 문서화한 후, 개별 위험요인의 존재 유무를 코딩해야 한다. 특정 사례에 특화된 요인뿐만 아니라, 위험요인 19개 각각을 세부적으로 평가한다. 조사원 의견의 확실성을 반영하는 세 수준의 형식을 사용하여 요인을 코딩한다. 이러한 코딩 지시사항을 [표 2]에 요약해두었다.

표 2 PAM^{V1}의 위험요인의 존재유무 코딩

코드	존재유무
Y(존재)	정보가 해당 요인의 존재를 나타낸다.
P(잠재적/부분적)	정보가 해당 요인이 잠재적으로 혹은 부분적으로 존재함을 나타낸다.
N(부재)	정보가 해당 요인이 존재하지 않거나 적용되지 않는다는 것을 나타낸다.
생략	해당 요인의 존재를 판단할 수 있는 신뢰할만한 정보가 없다.

"Y"(존재)는 수집한 정보를 바탕으로 해당 위험요인이 명확하게 존재함을 나타낸다. "P"(잠재적인/부분적인)는 조사원이 수집한 사례 정보를 바탕으로, 그 위험요인이 잠재적으로 또는 부분적으로 존재함을 나타낸다. 즉, 조사원이 그 위험요인이 존재한다는 정보를 얻었으나, 그 정보가 약하거나, 모순되거나, 확실하지 않을 수 있다. 마지막으로, "N"(부재)은 수집 사례 정보를 바탕으로 해당 위험요인이 존재하지 않음을 의미한다. 조사원이 그 요인이 존재한다는 어떠한 증거도 인지하지 못했음을 나타낸다.

위험요인에 대한 적절한 평가를 고려할 때, 조사원이 위험요인에 대한 증거와 그에 반하는 증거 모두를 문서화 할 것을 권고하는데 이는 균형 잡힌 평가를 용이하게 하고, 구두 및 서면 의사소통의 평가를 정당화 하는 데 도움을 준다.

조사원은 위험요인 존재유무를 평가하는 이유에 대해 분명한 시각을 갖고 있어야 한다. 즉, 개별 항목 평가 자체가 목적이 아니라 각 요인들에 대한 관련 정보를 모두 고려하여 조사원이 대상자 사망에 대한 전문가 의견을 최종적으로 기술하는 데 도움을 주고자 한다. 이런 방식을 통해, 향후 조사원 간 사망유형 판단의 의사소통과 자살원인 분석, 최종적인 의사결정을 촉진시킬 수 있게 된다.

생략

위험요인을 생략하는 것은 평가과정을 다소 복잡하게 만들 수 있다. 특히, 위험요인 생략은 위험요인들의 관련성 평가, 자살 위험성 수준, 사망유형 판단, 적절한 개념화로 발전시키는 것, 그리고 자살 사망 가능성에 대한 추단적인 의견에 도달하는 것을 어렵게 만들거나 제한할 수 있기 때문이다. 조사원은 중요한 요인들을 생략하거나 무시하기보다는, 빠진 정보를 수집하기 위해 충분한 노력을 기울여야만 한다. 조사원의 노력에도 불구하고 해당요인에 관해 가용 정보가 없다면, "생략"으로 코딩할 것을 권고한다.

사용 가능 정보가 없거나 혹은 정보가 신뢰할 수 없다고 판단했기 때문에 위험요인을 생략하는 것과 위험요인을 "N"(부재)로 평가하는 것 사이에는 차이가 있음에 주의해야 한다. 부재의 경우, 조사원이 해당 위험요인이 없다는 신뢰할 만한 증거가 있어야 한다. 예로, 한 정보제공자에 따르면 사망자가 물질남용을 하지 않았다고 진술하였고 정신과 의료기록에도 그러한 행동을 한 적이 없다고 기록한 경우 "N"으로 평가하는 것이 적절하다. 조사원이 위험요인 부재에 대한 사례 정보를 신뢰할 수 있다고 한다면, 생략이 아니라 오히려 '부재'로 평가해야 한다.

위험요인을 생략했을 때, 조사원은 이 사실을 기록하고 만약 완전한 정보가 주어진다면 최종의견을 바꿀지, 바꾼다면 어떻게 바꿀지에 맞춰 의견을 수시로 수정해야 한다. 또한 추가적으로 시간이나 자원이 주어진다면, 빠진 정보를 어떻게 획득할 수 있을지에 대해서도 권고해야 한다.

전생애 문제: (H) 만성적 요인(Historic 혹은 Chronic) 코딩

만성요인은 대상자(사망자)가 전 생애에 걸쳐 경험한 심리사회적 적응 이력의 특징을 나타낸다. 만성요인은 한 개인이 과거 몇몇 지점에서 발생했을지도 모르는 핵심적이고 중요한 자살위험요인들을 나타내기 위한 것이다. 이 위험요인들은 개인의 현재와 미래의 자살위험성을 이해하는 데 중요한 관련성을 갖는다는 점에 주목할 필요가 있다.

조사원들은 각 만성 위험요인의 적절한 평가를 성실하게 기록해야 할 뿐만 아니라, 위험성 평가에서 각 위험요인이 대상자가 보였던 자살행동과의 최근 관련성을 고려해야 한다. 따라서 조사원은 단편적으로 위험요인들이 정적이거나 변하지 않는다고 생각해서는 안 된다.

과거에 있었던 이력 때문에 특정요인(즉, 수년 동안 약물을 남용해온 사람)에서 높은 평가를 받아왔더라도 조사원은 최근 징후와 증상의 심각성, 다양성, 만성, 변화궤도를 반영하여 해당 요인의 자살행동 관련성을 평가해야 한다. 이러한 위험요인들을 함께 묶는 개념적인 주제는 없다.

위험요인들은 일시적으로 묶여져 있는 것이며, 대단위 후향적 자살 위험성 프로젝트(서종한 등, 2018)와 최근 문헌들이 핵심 위험요인이라고 보여주는 것을 위주로 묶은 것이다. 그러나 이 10개의 위험요인들을 여러 개의 대략적인 범주에 넣는 것은 유익할 수 있다: (1) 적응이나 삶에서의 문제; (2) 정신건강과 관련된 문제; 그리고 (3) 과거 자살 시도력 등이다.

1. 직장, 학교, 가정 등 삶에서의 적응문제는 H2(고용상태와 적응), H4(대인관계), H8(유명인 및 사회적 이슈), H9(외상경험)
2. 정신건강과 관련된 문제는 H5(약물 혹은 알코올 사용과 이로 인한 기능손상), H6(정신병력), H10(치료 및 관리감독 반응)
3. 과거 자살 관련 행동은 H1(자살 및 자해력), H3(자살 관련 가족력), H7(충동적 태도와 공격적 행동)

코딩기간. 만성요인들의 코딩 기간은 전 생애를 기준으로 한다. 조사원들은 "대상자(사망자)가 사망 전까지 이 위험요인에 관해 문제를 가진 적이 있는가?"라는 질문에 착안하여 답을 찾도록 한다.

사건이 지난 며칠, 몇 주, 혹은 몇 달 이내에 일어났다 하더라도 이력 요인들이 존재하는 것으로 코딩해야 한다. PAM^{VI}의 세 가지 위험요인 하위 영역 또는 요인 간 내용 중복이 발생하기에 특정 정보를 "이중계산"하는 것에 대해 걱정할 필요가 없다. 조사원이 위험의 계리적 판단을 내리기 위해 위험요인들을 합산한다면 중복이 문제가 될 수 있지만, PAM^{VI} 사용의 경우에는 다른 방식으로 이루어지기 때문이다.

만성위험요인이 과거에 있었지만 오랜 기간 활성화되지 않았더라도 존재하는 것으로 표기해야 한다. 예를 들어, 대상자(사망자)가 과거에 물질을 과도하게 남용했지만 오랫동안 중단해왔다면, 관련 항목(H5)이 존재하는 것으로 평정하는 것이 적절할 것이다. 하지만 조사원은 해당 위험요인이 최근 자살과 관련성이 없다고 나타낼 수도 있어 사망유형 구조화에 미미한 기능을 할 수 있게 된다.

만성요인 최신화

과거 문제 때문에 항상 높은 점수가 매겨질 가능성이 있는 사람일지라도, 조사원은 코딩을 새롭게 수정할 필요가 있음을 알고 있어야 한다. 왜냐하면 최근에 신뢰할만한 정보가 추가됨에 따라 기존 평가가 바뀌어야 한다면 최종 코딩을 수정할 필요가 있다.

최근문제: (C) 임상 요인(clinical)과 (E) 촉진/촉발 요인(triggering/precipitating) 코딩

임상 요인들은 대상자(사망자)의 최근을 기점으로 경험한 심리사회적 적응의 특징을 나타낸다. 최근 대상자(사망자)가 통제된 환경에 있고 오랫동안 그러한 환경에서 지내왔다 할지라도 심리사회적 적응의 특정 특징이 존재한다면, 항상 중요하게 고려해야 한다. 이 요인을 코딩하기 위한 기간범위는 **평가 일을 기준으로 몇 주 전, 몇 달 전과 같은 최근**(혹은 당해 년)이다. 조사원은 "대상자(사망자)가 이 위험요인에 대하여 **최근 이 문제가 있었는가?**"라는 질문에 답하려고 노력해야 한다.

대부분의 위험요인들이 잠정적으로 역동적(만성척도의 일부 요인들을 포함하여)이지만, 비교적 짧은 기간 동안 변화를 포착하도록 의도하였다. 몇몇 경우 변화는 매우 짧은 기간(예: 며칠)에 걸쳐 나타날 수 있으나 다른 경우에는 변화가 더 점진적(예: 몇 달)일 수 있다. 역동적 위험에 초점을 두는 것은 위험성 평가에서 강조하는 것과 상응하는데, 개입과 관리에 관련된 위험요인이 평가에 포함되어 있다는 것을 확실하게 하기 위해서다(Andrews, 2012; Douglas & Skeem, 2005; Dvoskin & Heilbrun, 2001; Mulvey & Lidz, 1995).

코딩 기간. 임상 및 촉진/촉발 요인을 코딩하기 위해 조사원들은 평가 목적과 특성, 대상자(사망자)의 삶의 상황과 지난 몇 주 혹은 몇 달에 걸쳐 적응에서 나타나는 주요 변화, 정보 가용성 등을 고려하여 평가기간을 특정해야 한다. 하지만 여러 장면에 일률적으로 적용할 수 있는 평가 틀은 존재하지 않는다. 몇몇 대상자들은 이전에 평가받은 적이 없을 수도 있고 혹은 만약 평가 받았다고 해도 현재 조사원이 평가 결과를 알지 못하거나 접근하지 못할 수도 있다. 따라서 이에 대한 몇몇 원리를 제공하고자 한다.

1. 대상자(사망자)의 삶에서 중요하거나 기억하기 쉬운 이정표를 고르고, 이 날짜를 평가 시작일로 사용하고, 평가가 끝나는 날까지 평가기간으로 한다. 이정표는 자살시도일, 입원, 이사, 새롭게 복용한 약물 등에 의한 안정 같은 것들을 포함할 수 있다.

2. 만약 특별한 이정표가 없다면 통상 평가 틀은 6개월 이전의 것이어야 한다. 또한 대상자(사망자)에 대한 지난 6개월간의 정보가 없다면, 평가 틀은 가능한 많은 위험요인들을 다루기 위해 더 이전으로 기간을 늘릴 수도 있다.

3. 최적의 기간은 평가 전 한 달 이상에서 6개월 이하이다. 평가기간이 한 달 이내의 경우 평정이 어려울 수 있는데 이는 조사원이 의존할 수 있는 몇몇 사건은 비교적 드물게 일어나고, 매일 혹은 매주 관찰되리라고 기대할 수 없기 때문이다. 사실 중요한 행동을 관찰하는 것이 불가능할 때도 있다. 이와 반대로 평가기간이 6개월 이상이 될 때 조사원은 시간에 따른 변화를 무시하게 되고 "평균" 혹은 "전형적인" 평가를 선호하게 되는 경향성이 있다는 점이다.

추가 고려사항

1. 조사원들은 위험요인들이 항상 존재했었는지 평가해야할 뿐만 아니라, 현재 존재하는지도 고려해야 한다. 예를 들어, 만약 대상자(사망자)가 6개월의 평가 기간 중 첫 달에 정신병 증상을 보였으나 그 이후 증상이 없었더라도, 관련 항목에 점수를 주도록 하고 평가 기간 중 어느 시점에 이 위험요인이 존재했는지를 보여주어야 한다. 또한 조사원은 위험요인이 최근 존재하지 않고 있다는 사실도 평가에 반영하도록 한다.

2. 이 접근을 통해, 조사원은 과거 자살위험성이 증가, 감소, 혹은 안정적인지를 파악할 수 있게 된다. 결국 평가기간 동안 위험요인에 변화가 있었는지 결정함으로써 위험요인 수준에 대해 더 많은 정보를 알게 된다.

최근 자살행동과 관련된 문제: (A) 급성요인(acute) 코딩

급성요인들은 대상자(사망자)의 정보를 바탕으로 최근 경험한 자살관련 행동(의도, 계획, 시도), 스트레스와 대처, 사회적 지지체계와 불안정성 등 심리적 적응 특징을 나타낸다. 이 요인의 코딩 기간은 사망 직전 혹은 몇 주에서 몇 달 전처럼 가까운 기간에 걸쳐 나타난 일을 종합적으로 고려한다. 조사원은 "대상자(사망자)가 평가 시점과 함께 최근에 자살과 관련된 행동이 있는가? 혹은 최근 자살위험성을 높인 요인은 무엇인가?"에 대한 답을 찾기 위해 노력해야 한다.

급성요인들은 조사원이 즉각적 수준에서 자살과 관련된 위험요인들이 있었는지에 대해 주의를 집중하도록 만든다. 따라서 조사원은 최근 대상자(사망자)가 최근의 스트레스와 생활 사건에 의해 경험하는 인지, 정서, 행동의 불안정성이 어느 정도인지 생각해 볼 수 있다. 또한 스트레스와 대처, 문제해결능력과 이들을 적절하게 뒷받침해준 개인 혹은 사회적 지지체계가 어떤지에 대해 살펴보게 한다. 특히 자살과 관련된 최근의 변화 자살 계획, 자살 의도, 사전 리허설, 실제 자살시도와 저지(누군가에 의한 사전 개입) 등이 어떠했는지도 면밀하게 살펴보아야 한다.

급성요인을 코딩하기 위해, 조사원들은 평가 특성과 목적, 대상자(사망자)가 최근 지내오던 과거 몇 주 혹은 몇 달의 적응에서 변화, 관련된 임상적 혹은 법적 이정표 등(예: 정신과 의사의 면담 예정일)을 기준으로 "가까운 과거"를 산정할 수 있다. 이상적인 기간은 대략 사망 직전에서 6개월 사이로 정할 수 있다. 조사원은 기간이 12개월 이상일 경우 대상자(사망자)의 구체적인 계획을 확인하거나 판단하는 데 어려움을 겪는다. 따라서 이에 대한 몇 개의 지침을 제공하고자 한다.

평가간격

임상과 촉진/촉발 요인에 있어서, 조사원들은 반드시 논리적으로 정의한 최근 기간을 바탕으로 해당 위험요인을 객관적으로 평가해야 한다. 급성요인에 있어서도 조사원들은 논리적으로 정의한 가장 최근 기간을 바탕으로 채점해야 한다.

조사원들은 채점할 때 근접한 과거 기간을 구체적으로 PAM-워크시트 상단 '평가 기간'에 명시해야 한다. 이 기간이 평가 간격을 반영하고 있음을 나타낸다.

자살행동과 직접적 관련성이 있는 급성요인에 따른 자살 제안점과 시사점

조사원은 향후 자살 예방 및 시사점을 권고할 때 대상자(사망자)의 급성위험을 가장 낮출 수 있는 위험관리 계획 수준과 유형을 생각해 볼 것을 권고한다. 조사원은 (a) 계획과 위험관리 과정을 촉진시키고, (b) 자살예방과 관련된 전략적 관리와 보호요인 등을 제공하기 위한 목적으로 급성 요인을 활용할 수 있다.

하위 문항이 있는 위험요인의 코딩

PAM^{V1}의 일부 위험요인은 내용 면에서 다면적 혹은 광범위한 반면에, 다른 위험요인은 내용이 상대적으로 단순하거나 좁은 의미를 지닌다. 따라서 일부 요인은 두 개 이상의 하위 문항이 존재한다. 하위 문항 기능은 조사원이 복잡한 위험요인에 대한 존재유무 평가를 더 명확하게 이해하고 실시할 수 있도록 도움을 줄 수 있다. 각 하위 문항의 존재유무를 개별적으로 평가하도록 선택할 수 있는데, 이런 방식은 PAM^{V1}의 임상적 혹은 통계적 분석을 더 정교하게 한다. 하위 문항의 평가도 중요 위험요인의 경우처럼 일반 평가 방식인 부재(N), 잠재적(P), 존재(Y)를 따르도록 한다.

지표 코딩

각각의 PAM^{V1} 위험요인에 대해 **세부 지표목록을 제공**하였다. 하위 문항이 있는 위험요인에 대해서도 각 하위 문항에 대한 하위 세부 지표를 제공하였다. 지표는 조사원이 위험요인의 존재유무 판단을 내릴 때 찾아야 하는 정보의 대표적인 예라고 볼 수 있다. 지표를 통해 위험요인에 대한 존재유무 평가를 더 확실하게 이해하고 실시하는 데 도움을 받을 수 있다. 지표는 개별위험요인 징후에 대한 이해를 용이하게 하는 데 그 목적을 두고 있다. 이 지표가 주로 위험요인에 필요한 안내지침을 제공하지만, 조사원은 각 지표의 존재유무를 개별적으로 평가할 수도 있다.

지표와 위험요인 평가 간의 연관성

위험요인이 존재한다고 코딩하기 위해서 반드시 있어야 하는 지표 개수나 비율을 명시할 수는 없다. 지표는 위험요인이 어떻게 나타날 수 있는지 실례가 되는 예이다. 보통, 지표는 특정 위험요인이 존재한다고 추정한 것이다. **하나의 지표만 존재함에도 불구하고 위험요인이 존재한다고 평가할 수 있지만, 일반적으로는 여러 지표가 함께 존재한다.** 위험요인을 평가할 때, 조사원은 먼저 일반적인 정의에 초점을 두어야 하고 그 후, 어떤 지표가 존재할 수 있는지 세심하게 살펴보아야 한다. 여러 지표가 존재한다고 평가했음에도 해당 위험요인에 "N"을 주는 것은 드물다.

3단계: 위험요인의 자살 위험 '관련성'

관련성이란, a) 위험요인이 대상자(사망자)에 직·간접적으로 자살에 영향을 주었는지, b) 향후 자살예방을 위한 시사점과 관리전략적 제안점을 고려하여 해당 위험요인이 얼마나 중요한지 그 수준을 의미한다. 즉, 조사원은 최근 해당 위험요인이 자살행동에 영향을 주었는지와 향후 위험성 관리전략을 염두에 두고 위험요인 관련성을 판단해야 한다. 관련성이 확인된 위험요인은 사망유형 분류, 사망자에 대한 개입 적절성 사정, 해당 자살 사망에 대한 시사점으로 모니터링, 치료개입, 관리감독, 자살위험군 보호계획/강제조치 등을 평가할 때 중요하게 고려될 수 있다.

위험요인 간 관련성

위험요인 간 개별 관련성은 법칙정립적(nomothetic)인 분석과 개별사례(idiographic)인 분석 사이를 연결하는 가교역할을 한다. PAM[V1] 위험요인은 자살에 대한 최신 문헌과 이론적 현황을 반영하고 있다. 모든 위험성 평가에서는 법칙정립적 분석에서 제안한 위험요인들이 대상자(사망자)에게 얼마나 해당되는지 파악하는 2단계 존재유무 평가도 중요하다. 하지만 연구자들이 지적하는 바와 같이, 위험요인이 모든 사람에게 동등한 방식으로 관련되어 나타나는 것은 아니다. 이를테면, 모든 사람은 어떤 면에서 (a) 다른 사람과 완전히 동일하고, (b) 다른 사람과 일부 같으며, (c) 다른 모든 사람과 완전히 다를 수도 있다.

- 따라서 조사원은 주어진 특정 사례에서 해당 위험요인의 존재유무뿐만 아니라 이런 위험요인이 최근 특정인의 사망유형 중 자살과 관련된 가능성이 있는지, 있다면 얼마나 있는지, 그렇지 않다면 자살 이외의 다른 사망유형인지를 추론적으로 판단할 때 중요한 근거로 사용할 수 있어야 한다.
- 더 나아가 PAM^{V1}은 대상자(사망자) 정보를 기반으로 향후 자살예방 및 관리 시사점을 권고해주기 위해 개별 임상평가에 사용한다는 점에서, 조사원은 단지 위험요인의 존재유무와 사망유형 분류에만 주목해서는 안 된다.

대표적으로 다음 조건에서 각 위험요인이 자살과 관련성이 있을 수 있다고 판단할 수 있다.

1. 과거 자살에 중요한 기여를 했다.
2. 최근 자살행동 결정에 영향을 미칠 가능성이 높다.
3. 전 생애 기간 문제해결 기술, 적응력과 대인관계를 맺는 능력을 손상시켰다.
4. 사망 전 자살 위험성을 완화시키기 위해 이 요인을 관리하는 것이 매우 중요했다.

요인의 관련성을 판단하는 데 있어 가장 중요한 기준 중 하나는 자살과의 인과적 관계이다. 의사결정이론(theory framework)에 따르면, 누군가 행동을 저지르기로 결심할 때 위험요인이 적어도 세 가지 기능적 역할을 할 수 있다고 하였다. 크게 결정 동기를 유발하고, 탈억제시키며, 불안정하게 만들 수 있다. **동기요인**(motivators)은 자살을 통해 대상자(사망자)가 본인과 주변인이 치러야 하는 대가는 왜곡되게 받아들이게(과소평가하게) 하고 자살을 통해 얻을 수 있는 것들을 더 매력적이거나 보상적인 선택으로 받아들이게 한다. 예를 들어, 심리적 해방감을 준다든지, 당장 고통스러운 상황에서 벗어날 수 있는 효과적인 방법이라고 믿을 수 있다. **탈억제요인**(disinhibitors)은 자살에 대한 억제가 본질적으로 내적인 것이든 외적인 것이든지에 상관없이, 대상자(사망자)가 이러한 요인들의 영향력을 덜 받게 한다. 예를 들어, 알코올/마약 중독이나 반복적인 자해시도 등이 자살 전 경험할 수 있는 예기불안을 덜 경험하게 할 수 있다. **불안정화요인**(destabilizers)은 일반적으로 대상자(사망자)가 의사결정을 모니터링하고 통제하는 능력을 방해한다. 예를 들어, 만성 약물 남용, 급성 정신 장애, 심각한 수준의 급성 스트레스원 등은 대상자(사망자)가 환경에 주의를 기울이고 집중하며 지각하는 능력, 합리적 의사결정능력, 자살을 비롯한 주어진 환경에서 대상자(사망자)가 다양한 반응 선택지들을 식별하고 평가하는 능력, 그리고 행동 계획을 개발하고 실행하며 수정하는 능력을 손상시킬 수 있다. 소위 **인지억제 효과**(cognitive restriction) 혹은 **터널비전**(tunnel vision)[9] 등이 그 예라고 볼 수 있다.

요인의 관련성을 판단하는 또 다른 중요한 기준은 요인들이 추후 자살을 예방하는 데 사용되었거나 사용될 수 있는 다양한 전략 및 전술의 효과성을 저해하거나 감소시키는 정도이다. 예를 들어, 자살과 관련된 무기력감이나 체념은 대상자(사망자) 스스로가 제공받을 수 있는 지원을 거절할 수도 있다. 아니면, 만성질병이나 정신과적 치료에 대한 심리적 부담감 혹은 저항감 때문에 대상자(사망자)가 심리치료에 참석하는 것이 어려워질 수도 있다. 조사원에게 있어 중요한 질문은 그 요인이 자살할 때 필요조건인지 충분조건인지가 아니라, 자살을 하기로 결정할 때 그 요인의 영향을 받았는지이다. 만약 자살을 하는데 해당 요인이 중요한 영향을 끼쳤다면, 이를 기반으로 자살예방 관련 시사점을 제안할 수도 있을 것이다.

그렇다면 주어진 사례에서 관련 위험요인들이 무엇이고 그 요인 간에 어떤 관련성이 있는지 어떻게 결정하는가? 유감스럽게도, 관련성을 측정할 수 있는 간단한 검사 혹은 객관적인 검사는 없다. 법칙정립적(nomothetic)인 과학 연구결과를 사용해보는 것도 불가능한데, 일반적으로 진실로 여겨지는 것이 이러한 특정 사례에서는 진실이 아닐 수도 있기 때문이다. 즉, 관련성에 대한 판단은 과학적 이론 및 연구, 전문가의 경험, 그 사례의 사실에 근거한 가설이라는 점이다.

---

9) 인지억제(cognitive constriction)는 자살 위기에서 가장 중요한 측면인데, 극심하게 특정 감정에 초점화 된 상태로 현재 느끼는 감정인 극심한 고통, 비통함 그리고 무기력감 너머에 존재하는 어떤 것도 바라 볼 수 있는 상태를 말한다. 다른 말로 터널 비전(tunnel vision)으로 일컬어지기도 한다. 자세한 내용은 Leenaars, 1988, 1996을 참고.

표 3 PAM[V1] 위험요인 관련성 코딩

코드	관련성
높음	해당 요인이 존재하고 최근 자살행동과 관련성이 명확하게 있다.
중간	해당 요인이 존재하고 최근 자살행동과 관련성이 어느 정도 있다.
낮음	해당 요인의 존재 여부를 떠나 최근 자살행동과 관련성이 낮거나 없다.
생략	해당 요인이 존재했는지 자살행동과 관련성이 있는지 여부를 판단하기 위해 신뢰할 수 있는 정보가 없다.

관련성은 [표 3]와 같이 세 가지 수준으로 코딩한다.

낮음은 수집한 사례 정보에 근거하여 조사원이 해당 요인이 존재하지 않으며 최근 자살행동과 관련성이 없다고 결론내린 것을 의미한다. 이는 요인이 부재하거나, 존재해지만 최근 자살에 인과적 역할을 할 가능성이 낮거나, 존재하지만 위험성 관리 전략의 효과성을 실질적으로 손상시킬 가능성이 현저히 낮기 때문일 수 있다. **중간**은 조사원이 해당 요인이 존재하며 어느 정도 자살행동과 관련이 있다고 결론 내린 것을 의미한다. 마지막으로, **높음**은 조사원이 보기에 해당 요인이 존재하며, 그 요인이 자살행동을 유발했거나 관련성이 있음을 의미한다. 이 단계에서 내렸던 초기 판단은 4단계, 5단계에서 생활사건과 스트레스 영향평가와 사망유형 분류 구조화와 법사례 개념화를 고려하여 수정할 수 있다.

모든 존재유무 평가를 마치고 나서 관련성 평가를 해야 한다. 일반적으로, 위험 요인이 존재하는지 결정하면서 자살위험성을 이해하거나 이를 기반으로 사망유형을 구조화를 할 때 어느 위험요인이 더 혹은 덜 중요한지 점점 명확해진다. 논리적으로 관련성이 중간이나 높을 것으로 생각되는 위험요인을 관련성이 전혀 없다고 평가할 수는 없다.

4단계: 최근 생활사건과 스트레스 영향 평가

해당 생활사건 혹은 스트레스 영향 등을 기술할 경우 사건의 객관적 심각성, 사망자가 느낀 주관적 심각성, 이후 감정적 반응, 사건에 대한 반응성, 죽음에 대한 두려움/불안, 알려진 가해자, 분노 등을 중심으로 다룬다. 사건 전후를 기점으로 정신건강, 신체건강, 약물남용, 관계망, 사회적 지지, 개인성격, 과거외상, 일상스트레스, 갈등을 중심으로 설명하고 해당 사건 이후의 최근 기능에서 해당 사건으로 인해 발생/변화된 정신장애, 치료, 인지적 장애, 일상적 기능과 흥미 상실, 대인관계, 꾀병 등에 대해 구체적으로 기술한다.

촉발 자극(특히 취약 시, 위험성이 고조된 기간 중): 부끄러움, 죄책감, 절망, 모멸감, 받아들일 수 없는 체면 및 상태 손상 등을 야기한 어떤 사건(혹은 예측되어진 사건)이 있다면 무엇인가? 이를 확인하기 위해서는 만성 요인을 참고로 할 수 있다.

대표적인 촉진 혹은 촉발 사건은 다음과 같은 것들이다.

- 주요 상실 혹은 기타 상실들(관계, 직업, 경제, 명성, 자기관념, 가족 구성원, 이사, 특정 사람에게 중요한 모든 것 등)
- 중요한(혹은 중요하다고 지각했던) 주요 관계 중단
- 경찰과 관련된 법률적 어려움
- 외상으로 지각된 어떤 사건 경험
- 중요한 생애 변화(부정 혹은 긍정적인 측면, 예: 결혼, 출생, 승진 등)
- 가족 구성원 혹은 사랑하는 사람의 자살 혹은 자살 행동
- 중요한 사망 혹은 상실과 관련된 기일, 기념일
- 지인 혹은 매체를 통해 알게 된 자살 이야기
- 최근 자살 준비 증거(예: 보험약관 갱신 등)
- 죽은 자와 함께 하고 싶다거나 다시 태어나고 싶다는 소망 표현
- 최근 혹은 과거 진단: 만성, 치명, 혹은 불치병
- 최근 신체/기능적 능력 감소
- 최근 치료: 협조, 최근 약물 처방 등 변화

※ 이 사건(발생된 혹은 발생될 수 있는) 발생 이후 대상자가 현재 혹은 최근의 기능에 어느 정도의 손상을 받았는지를 사정하여 기술할 수 있어야 한다.

5단계: 사망유형 구조화와 사례개념화

자살, 타살, 사고사, 자연사 등을 분류하는 사망유형 구조화는 사망자의 과거 임상적 증상, 성격특성과 위험요인 특히 불안정한 생활양식과 관련된 점을 중심으로 평가할 필요가 있다. 현재까지 지속되어온 성격의 변화와 특성 이를테면, 심각한 좌절감, 충동성, 통찰력/판단 부족 등에 대한 내용을 다양하게 고려해야 한다.

사망유형을 분석할 경우 크게 자살 위험성과 가장 큰 관련성을 갖는 a) 만성 위험요인, b) 임상 위험요인, c) 촉진·촉발 위험요인, d) 급성 자살관련 위험요인 으로 구분하여 사례 분석을 구조화해야 한다(Fremouw, Preczel, & Ellis, 1990; 서종한 등, 2018).

- 만성 위험요인은 자기파괴 경향성과 관련된 과거 경험, 사건, 환경 등 모든 조건을 포괄적으로 일컫는다. 예컨대, 불안정한 생활양식, 빈약한 문제해결전략, 신체질병과 이로 인한 만성적 고통, 약물 및 알코올 의존증, 정신질환, 과거 자살시도 경력과 자살 관련 가족력 등을 전반적으로 일컫는다(Fremouw, Preczel, & Ellis, 1990). 본 매뉴얼에는 총 열가지의 위험요인을 포함하고 있다.
- 임상 위험요인은 자살과 관련된 정신질환과 최근의 심리적 기능 상태를 일컫는다. 예를 들어, 수면이나 식욕에서의 심각한 장애, 낮은 회복탄력성, 무기력감, 지각장애(환청 혹은 환시 등), 지속적인 양가정동, 억제된 사고과정, 문제해결능력 손상, 충동통제 부족 등이 다(Shneidman, 1981; Curphey, 1968). 본 매뉴얼에는 두 가지의 위험요인이 존재한다.
- 촉진/촉발 위험요인은 상황과 환경 측면에서 부정적 변화를 일컫는다. 일반적으로 환경적 위험요인은 심리사회적 스트레스이고 이로 인해 적응적 기능에 손상이 있는지 없는지를 기준으로 평가해야 한다(Shneidman, 1981; Berman, 2005). 본 매뉴얼에는 한 가지 위험요인을 포함하고 있다.
- 급성 자살관련 위험요인은 최근의 고립감, 철회적 행동 등의 사회적 지지, 심각한 무기력감과 적대감, 혼돈과 사고과정 해체 등의 불안정성, 소지품을 나눠주는 행위, 스트레스에 불안 혹은 우울한 반응, 적응기능에서 갑작스런 변화, 그리고 자살관념과 의도, 혹은 계획과 시도 등이 그 예이다. 본 매뉴얼에는 다섯 가지 관련 위험요인이 존재한다.

기존 문헌을 기반으로 위험요인을 필수 혹은 주요 위험요인과 추가적(기타) 위험요인으로 구분하였다(서종한 등, 2012; 김경일 등, 2013, 2014; 서종한, 2018; 서종한 등, 2018, 출판 중; Joiner, 2005; Berman, 2010). 필수위험요인은 자살과 가장 긴밀하면서도 직접적인 최근 관련성을 보이며 추가적(기타) 위험요인은 자살과 어느 정도 이상의 관련성과 직/간접적인 관련성을 보이는 위험요인을 의미한다.

- 필수 위험요인(5): 자해 및 자살시도, 최근 중요한 상실, 최근 우울증과 수면장애, 최근 자살시도와 개입(저지 포함), 최근 자살 사고 및 의도, 최근 자살 계획 및 사전 리허설.
- 추가적 위험요인(14): 그 이외 위험요인.

네 가지 유형의 위험요인을 묶어서 사망자의 사망유형이 무엇인지 죽음에 어떤 영향을 주었는지 설명할 수 있는 단순한 공식은 존재하지 않는다. 하지만 사망유형을 자살로 판단하기 위해서는 다음과 같은 조건을 권고하는 바이다.

사망유형이 '자살' 가능성이 높은 것으로 판단되기 위해서는 다음의 사항을 검토해야 한다.

---

1. 필수 위험요인이 하나인 경우 최소 7개 이상의 추가적 위험요인이 나타나야 한다.
2. 필수 위험요인이 2개 이상인 경우 최소 3개 이상의 추가적 위험요인이 나타나야 한다.
3. 필수 위험요인이 3개 이상인 경우 최소 2개 이상의 추가적 위험요인이 나타나야 한다.
※ 다만 필수 위험요인이 포함되지 않았더라도 충분한 수준의 추가적 위험요인이 복합적으로 나타날 경우 사망유형을 "자살 가능성"이 높다고 판단할 수 있다.

자살의 가능성이 높다고 조사원(전문가)이 판단할 경우 해당 위험요인이 자살에 어떤 역할을 했는지 설명하기 위해서 사례개념화를 시도할 수 있다. 사례개념화는 일반 심리치료 문헌에 근거하고 있다. 사례개념화의 목적은 임상가가 통찰력을 가지고 개인이 지닌 문제의 원인을 쉽게 개념화 하고자 하는 것이다. 사례개념화는 3단계에서 위험요인의 개별적인 관련성을 결정하면서 시작되고, 이때 조사원은 개인

에게 직접적인 영향을 끼치는 위험요인을 고려해야 한다. 조사원은 개별 위험요인을 개념상 중요한 틀로 통합시킴으로써 자살위험성 사례개념화 과정을 발전시킨다. 이상적으로는, 가용한 단편 정보를 통합하여 개인에 대한 이야기를 구성해야 한다. 이 과정은 개인별 위험성 이론을 도출하고 위험성 이론을 이해하기 위해 필요하며, 이를 통해 위험성에 대한 최상의 개입 및 관리가 가능해진다.

Hart와 Logan(2011)은 사례개념화 구성에 일반적으로 적용할 수 있는 필수적인 특징을 논의하였는데, 사례개념화는 다음 특징들을 포함하고 있어야 한다: ① 추론적(사례개념화는 행동의 이유 혹은 원인을 설명한다), ② 행동지향적(사례개념화는 임상가 혹은 형사사법 전문가의 위험성 감소 조치를 안내한다), ③ 이론에 근거한(사례개념화는 원리에 입각한 중요한 지식 구조의 안내를 추구한다), ④ 개별화된(사례개념화는 반드시 한 개인의 행동을 설명한다), ⑤ 서술적인(사례개념화는 중요한 "기준점(anchor)"이 있는 일시적인 이야기를 만들어내는 질적인 과정이다), ⑥ 통시적인(사례개념화는 다양한 시기를 다룬다—과거, 현재, 미래), ⑦ 검증 가능한(사례개념화는 평가될 수 있어야 한다), ⑧ 확충적인(사례개념화는 단지 알려진 사실을 요약하기보다는 개인에 관한 새로운 정보 혹은 지식을 창조한다). 이러한 원리에 대한 논의뿐만 아니라 사례개념화의 질을 평가하기 위한 기준은 Hart와 Logan(2011)의 논문에 제시되어 있다.

앞서 언급한 것과 같이, 사례개념화는 이론에 근거해야 한다. 조사원은 충분한 지지를 얻는 이론적 모델에 익숙해야 하고 이에 근거하여 자살 위험요인이 자살행동에 어떻게 영향을 미쳤는지를 논리적으로 설명하는 사례개념화를 작성해야 한다. 자살에 관한 단일 이론은 없다. 하지만 조사원이 참고할 수 있는 입증된 여러 이론이 있다. 개인수준에서 가설을 검증할 수 있는 여러 개념 모델이 있다. 이전에 관련성에 관해 논의했던 것과 같이, 결정이론 프레임워크(decision theory framework; Hart & Logan, 2011)를 사용하여 특정 위험요인의 수준이나 특정 요인들 간의 조합이 동기, 탈억제, 불안정성 요인으로 어느 정도 작용할지 고려해볼 수 있다. 이론으로 알려져 있는 사례개념화는 어떤 사례에서든지 자살에 대한 가설을 세우는 데 유용하고 가장 중요하며 실질적인 생각에 따라 좌우된다.

이론과 관련하여 정보를 통합하는 것을 돕기 위해 추가적인 구조적 원리를 사용할 때의 유익한 점을 발견할 수 있다. 예를 들어, 미국자살학협회(American Association of Suicidology; AAS, 2014; 자세한 내용은 서종한, 2018을 참고)에서 제시하는 "5개

위험요인과 보호요인" 모델에 따라, 조사원들은 만성위험요인(삶의 전반에 걸쳐 나타나는 위험성; 소인요인과 지속요인) 중 (a) **소인요인**(predisposing factors, 아동 학대처럼 오래전 경험한 취약성; 지속적이고 변화가 불가능한)과 (b) **지속요인**(perpetuating factors, 치료에 대한 순응 부족 같은 문제 행동을 유지시키는 요인; 잠재적으로 변화가 가능한), (c) **급성요인**(acute factors, 최근 자해행동 등; 최근 위험성을 증가), (d) **촉진/촉발 요인** (precipitating/precipitating factors, 특정사건 이를테면, 갑작스런 상실 등 같이 구체적인 자살 사건을 촉발할 수 있는 보다 더 직접적인 요인), (e) **기여요인**(contributory factors, 총기 소유와 쉬운 접근성 등), (f) **보호요인**(protective factors, 스트레스를 완화시키는 역할을 하는 개인적인 지지와 같이 위험요인의 영향을 감소시킬 수 있는 요인)**과 같은 요인들을 고려해야 한다**(de Vogel et al., 2012). 그런 다음, 조사원은 4단계 각각에서 고유한 기능이 있는 해당 요인들을 확인한다. 이를 용이하게 하고자 이론을 이용할 수도 있다.

조사원은 또한 (가) 관련 위험요인 간 위계 구성하기, (나) 위험요인 군집과 위험요인 간 상호작용을 구체적으로 기술하기, (다) 자살로 진전될 수 있었던 입구 혹은 통로가 될 수 있는 위험요인 식별하기와 같은 과정을 통해 사례개념화를 위한 정보를 통합시키고자 할 수도 있다. 위험요인 간 위계와 관련하여, 대부분의 경우에서 몇 가지 위험요인들은 다른 요인들에 비해 더 중요하게 두드러진다. 조사원은 3단계에 해당하는 위험요인들의 관련성을 고려하며 더 나아가, 특히 더 두드러지는 위험요인들을 구체적으로 설명해야 한다.

위험요인군은 개인적인 수준을 제외하고 위험요인들 간의 자연스러운 공변량을 설명한다. 위험요인이 보편적 혹은 개인적인 수준에서 다른 위험요인과 관련이 없는 경우는 드물다. 개인 내에서 공변하는 위험요인들을 확인함으로써 "문제되는 영역"의 수를 줄이는 것은 위험성 관리의 함의를 상당히 단순화시키고 위험 정보의 통합을 용이하게 한다. 어떤 사례에서든지 일관성 있게 2~4개의 위험요인군을 확인할 수 있었다. 전형적으로, 이러한 군에는 공통적인 선행사건 혹은 근본적인 원인이 있다. 종종 수많은 위험요인의 원인에서 근본적 원인이 되는 단일 위험요인의 근원까지 추적하는 것이 가능하다.

6단계: 최종 전문가 소견

조사원은 최종적으로 4~5단계를 기반으로 해당 케이스의 사망유형을 판단할 수 있어야 한다. 또한 해당 사건이 자살의 가능성이 농후하다면 이를 기반으로 향후 자살예방과 관리 전략적 시사점을 구체적으로 제안할 수 있어야 한다.

먼저 해당 케이스의 사망유형을 판단해야 할 경우, 최종적으로 본 사건의 (a) 자살의도와 치명성 수준을 판단, (b) 자살과 관련된 결정적 선행사건을 기술하여 연관성을 설명, (c) 이를 종합적으로 자살로 인한 사망 가능성을 논리적으로 설명하도록 한다.

자살의도와 치명성 수준

다음의 참고기준을 기반으로 해당 사망 사건에 대한 높은 자살 의도와 치명성 수준을 평가한다.

- 결과에 대한 의식적인 이해(죽음이 자기 손상이나 파괴적 행동으로 인해 발생할 수 있음을 인식)
- 목적(끊임없이 고통스런 삶에 대한 대안으로 죽음을 추구)
- 기대(자기 손상 행동에 대한 치명적인 결과를 기대)
- 실행(자살 수법 혹은 높은 치사율을 보이는 자살 방식을 선택하고 실행)
- 구조 가능성(개입과 구조 가능성을 최소화하거나 방지하기 위해 주의 깊게 자살 시간과 장소를 선택)
- 계획(적극적인 준비를 나타내는 증거들을 통해 사전 계획을 했음을 명백하게 알 수 있음. 이를테면, 끈 등의 도구를 산다든지 약을 모은다든지 등)
- 대화(직간접적으로 주변사람들에게 자살 의도를 암시)

세 가지 수준의 반응 양식을 사용하여 입력해야 한다. 반응 양식은 다음과 같다.

- "낮음"은 자살행동 관련 의도와 치명성이 낮아 자살위험성이 현저히 낮다.
- "보통"은 자살행동 관련 의도와 치명성이 어느 정도 존재하며, 자살위험성이 어느 정도 존재한다.
- "높음"은 자살행동 관련 의도와 치명성이 현저하며, 자살위험성이 상당히 높다.

자살과 관련된 결정적 선행사건

사망사건과 관련하여 사망유형(자살)에 직·간접적으로 영향을 끼친 선행사건 (예측되거나 기대되는 사건)이 있었는지 이런 사건이 생활적응과 스트레스 수준에 어느 정도 영향을 주었는지 종합적으로 평가한다. 해당 사망사건 이후 기능상의 손상이 있었는지를 바탕으로 크게 세 가지 수준 낮음, 보통, 높음으로 평가한다.

자살과 관련된 결정적 선행사건에 대한 다음의 질문들이 유용할 것이다.

* 자살과 연관 지을 수 있는 선행사건이 존재하는가?
* 선행사건 혹은 기대되는 사건이 사망자의 기능에 현격한 손상을 일으켰는가?
* 선행사건 혹은 기대되는 사건이 사망자의 자살에 충분한 수준에서 영향을 줄 수 있는가?

자해/자살로 인한 사망 가능성

a) 자살의 의도와 치명성, b) 선행사건 영향 수준, c) 사망유형 구조화 판단에 따라 (최종적으로) 자해/자살로 인한 사망 가능성을 평가하여 기술한다. 자살의도와 치명성 수준, 선행사건 사정을 통한 평가를 중심으로 자살의 가능성을 크게 세 가지 수준, 낮음, 보통, 높음으로 평가한다.

대안적으로 설명할 수 있는 다른 사망유형

만일, 사망유형 중 자살의 가능성이 낮음으로 판단된다면 해당 케이스를 대안적으로 설명할 수 있는 다른 사망 유형이 무엇인지 기술해야 한다. 하지만 주어진 정보가 불명확하거나 제한될 경우 판단불능(유보)을 내릴 수 있다. 다른 사망유형은 크게 타살(범죄혐의 있음), 사고사, 자연사 등으로 구분하여 판단을 내리도록 한다.

다음은 대안적으로 설명할 수 있는 사망유형과 관련된 질문이다.

* 타살, 사고사, 자연사 중 어느 쪽으로 판단할 수 있는가?
* 그렇게 판단한 근거나 이유는 무엇인가?
* 전체적으로 판단이 불가능한가? 그 이유는 무엇인가?

향후 자살 관리전략 문제점과 시사점(선택사항)

마지막 단계에서는 본 대상자(사망자)에 대한 (자살 전을 기준으로) 사례의 우선화 (사례의 시급성을 판정하여 개입 수준을 우선적으로 판정; priority)와 자해 평가, 재평가, 개입과 치료 등이 적절한 수준에서 실행되었는가를 중심으로 조사원의 판단을 간명하게 요약한다. 자살위험성에 따른 사례 우선화와 개입의 적절성, 심각한 자기파괴 행동(자해) 위험성 평가와 개입의 적절성, 임박한 자살가능성에 따른 조치의 적절성, 자살사례 (재)검토의 적절성을 중심으로 살펴보아야 한다. 하지만 이와 관련된 정보가 불명확하거나, 누락된 정보와 접근할 수 있는 정보가 제한적인 경우 조사원 의견의 제한점에 대한 정보도 삽입해야만 한다.

① 자살위험성에 따른 사례 우선화와 개입의 적절성

임상가가 해당 사례를 적절한 수준에서 가장 먼저 선택했는지, 이에 따라 자살 예방에 요구되는 노력 혹은 개입의 정도가 적절했는가에 대한 질문이다. 세 가지 수준의 반응 양식을 사용하여 조사원이 평가해야 한다. 반응 양식은 다음과 같다.

- "낮음(부적절)"은 자살위험성에 대한 적절한 우선 순위가 결정되지 않았고, 이에 대한 개입 및 관리감독 전략이 적합하지 않았다.
- "보통"은 자살위험성에 대한 부분적인 시급성이 평가되었고, 이에 대해 개입과 관리 감독이 충분하지 않거나 적합하지 않았다.
- "높음(적절)"은 자살위험성에 대한 우선순위 결정, 이에 대한 개입과 관리 감독이 적절하게 이루어졌다.

우선순위 평가는 관리자원이 제한적인 환경에서 유용하게 사용할 수 있다. 따라서 높은 수준의 우선순위를 매긴 사례의 경우, 집중적인 관리감독, 자살예방 프로그램, 정신건강치료, 안전계획 서비스(해당될 경우) 등의 순서로 우선순위를 정한다. "우선순위 첫 번째"란 자원을 우선적으로 할당해야 한다는 의미이다.

일반적으로 관련 위험요인이 많을수록 향후 자살위험성은 더 높아진다. 위험요인이 많으면 위험성 완화를 위한 더 긴급하고 더 집중적인 관리전략이 필요함을 의미한다. 만약 관련 위험요인이 거의 없거나 별로 없다면, 위험성은 낮을 것이고 위험 관리의 긴급성과 집중성은 떨어질 것이다. 위험요인이 거의 없는데도 불구하고 위험성이 높다고 하거나, 위험성이 많은데도 불구하고 위험성이 낮다고 판단한 이유에 대해 조사원은 살펴보아야 한다. "위험요인이 많을수록, 위험성이 더 높다."는 일반적인 원리에 부합하는지 설명해야 한다.

조사원이 사례 우선순위 적절성을 판단하는데, 다음 질문들이 유용할 것이다.

- 해당 사례에 자살과 관련된 위험요인이 얼마나 많이 존재했었는가?
- 자살시도를 막기 위해 어느 정도의 노력이나 개입이 필요했는가? 그 적절성은 어떠했는가?
- 불명확한 정보, 비가용 정보, 누락 정보를 고려했을 때 이 의견은 얼마나 제한적인가?

② 심각한 자기파괴행동(비자살적자기손상행위; 자해) 위험성 평가와 개입의 적절성

심각한 자기파괴행동 위험성은 [자살의도와 상관없이] '향후 죽음에 이를 만한 자해의 심각성에 대한 평가와 이에 적절한 개입과 치료가 이루어졌는가?'이다. 일반적으로 심각한 수준의 자기파괴행동을 보이는 대상자(사망자)의 경우 즉각적 의사결정, 예를 들어, 강제 치료 혹은 병원입원, 안전장치를 마련하는 의무이행에 관한 결정을 내릴 때 유용할 수 있다.

이를 평가하는데 다음의 질문들이 유용할 것이다

- 심각하거나 생명을 위협하는 자해와 연관된 특정 위험요인이 있었는가?
- 과거 심각한 수준의 자해를 했다는 증거가 있었는가?
- 심각한 자해를 입힐 수 있다는 계획을 구두나 서면으로 언급한 적이 있었는가?
- 과거 자해를 위해 만든 상해도구를 소지한 적이 있었는가?
- 이에 대한 적절한 치료와 개입이 이루어졌었는가?
- 불명확한 정보, 비가용 정보, 누락 정보를 고려했을 때 이 의견은 얼마나 제한적인가?

③ 임박한 자살가능성에 따른 조치의 적절성

여기서는 대상자(사망자)가 저지를 수 있었던 자살 임박 가능성을 이야기한다. 심각한 신체적 자해의 위험성과 같이 이 위험성의 측면은 (비자발적) 강제치료와 입원, 관리대상자 지정 혹은 보호의무 이행에 대한 의사결정 시 특히 더 중요할 수 있다. 이에 대한 조치가 미흡하거나 적절하지 않았다면 그 이유에 대해 살펴보아야 한다.

"낮은(부적절)", "보통의", "높은(적절)" 3수준의 체계를 사용하여 임박한 자살위험성 대처에 대한 적절성을 평가해야 한다. 또한, 조사원은 법적 책임 관리의 목적으로 과거에 행해졌던 모든 조치에 대해 살펴보고 사정해야 한다.

즉각적인 조치의 의사결정을 평가하는 데 다음의 질문들이 유용할 것이다.

* 자살이 가까운 미래에, 즉 몇 시간에서 며칠 내에, 혹은 며칠에서 몇 주 내에 일어날 위험성 평가가 제대로 이루어졌는가?
* 가까운 미래에 자살계획이 있다는 구두나 서면의 언급이 있었는가?
* 특별히 불안정한 상태에 있었는가?
* 자살위험성을 관리하고자 노력했지만 적절하게 다뤄지지 않은 위험요인들이 있었는가?
* 자살과 관련된 어떤 특징적 위협 혹은 경고신호 중 심화된 상태에 대한 평가가 제대로 이루어졌는가?

④ 자살사례 재검토 설정과 검토 기간의 적절성

대상자(사망자)에 대해 정기적인 (재)평가가 이루어졌는가에 대한 답변이 될 수 있다. 위험성요인은 시간에 따라 변하기 때문에 개인력의 변화 혹은 사례 정보의 변화 때문에 자살경험이나 성격과 같은 정적 요인조차도 시간에 따라 점차 변화한다. 예를 들어, 자살시도와 행위가 여러 요인에 대한 판단을 바꿀 수 있고 단일 위험요인의 악화로 인해 사례 우선순위 매기기에 대한 임상가의 판단이 극단적으로 변할 수도 있다. 따라서 재평가에서는 위험관리 계획의 재검토를 권장해야만 하며, 이를 바탕으로 대상자(사망자)의 긍정적인 혹은 부정적인 진전의 특징을 설명할 수 있어야 한다.

위험성 평가 시점은 모든 적용 가능한 법, 법령, 정책으로 시기를 정하여 재평가를 지시할 수 있다. 일반적으로, 사례 우선순위가 높을수록 더 빈번하게 위험성을 평가해야만 한다. 임상 및 촉진/촉발위험요인과 급성위험요인의 평가에 관해 앞서 언급한 것과 같이, 적어도 6~12개월마다, 혹은 사례의 상황에 중요한 변화가 있을 때마다 공식적인 위험성의 재평가를 권하고 있다. 심화된 위험성으로 우선화 된 사례에 대해서는 격주에서 격월 사이 정도로 더 빈번하게 재평가를 해야만 한다. 긴급한 사례에 대해서는, 매주나 격주, 혹은 매월 재평가 할 것을 권고하고 있다. 하지만 수년 동안 시설에 있게 될 경우, 일 년 단위로 위험성을 재평가 할 수도 있다.

따라서 조사원은 사망 전 해당 기관 혹은 임상가가 대상자(사망자)의 상태에 따라 정기적인 평가를 수행했는지 또한 그 정도가 적절했는지를 평가하여 권고할 수 있다.

조사원이 해당 사례 검토를 권고할 때 다음 질문들이 유용할 수 있다.

- 정기적인 검토나 재평가를 언제 했어야 하는가? 검토 과정이 제대로 이루어졌는가?
- 특정 상황에서 특별한 사례 검토 혹은 재평가가 필요할 경우 즉시 재평가가 이루어졌는가?

자살예방 관리전략 제안점

이 단계에서 조사원은 대상자(사망자)와 관련된 위험관리 전략을 세울 때, 향후 자살예방 제안점을 제시 혹은 권고할 수 있다.

관리전략 채택

대상자(사망자)에 대한 위험성 관리에서는 네 가지 기본 활동 즉, (a) 모니터링, (b) 치료개입, (c) 관리감독, (d) 자살위험성안전계획/강제조치에 대해 생각해보는 것이 유용하다. 조사원은 개인의 위험 수준, 위험요인의 유형과 관련성, 사례개념화를 통해 확인 가능한 이유들 중 자살을 가장 잘 설명하는 이유를 선택해야 한다.

모니터링·감시. 모니터링의 목표는 관리전략을 적절하게 수정할 수 있도록 시간에 따른 위험성의 변화를 평가하는 것이다. 모니터링은 관리감독과는 달리, 개인의 자유를 통제하거나 제한하기보다는 대상자를 관찰 혹은 예의주시 하는 것에 초점을 맞춘다. 따라서 인권과 사생활 침해를 최소화한다. 모니터링 전략은 면대면 만남 형태로 관계자들(예: 임상 치료자와 가족 등)을 비롯하여 내담자들과 연락하는 것을 포함한다. 전략은 정신건강 기관 혹은 개인 임상가의 객관적 관찰과 질문, 서신인 편지 혹은 통신(이메일, 문서) 이용 등을 포함한다. 각 시도군의 정신건강 전문가들과 자주 연락하는 것은 적절한 모니터링 방식으로 볼 수 있다. 반면, 내담자가 치료자와의 약속을 어기는 것은 치료 및 관리감독 순응도가 악화되고 있다는 강력한 경고 신호일 수 있다. 모니터링 계획에는 필요한 방식 및 빈도를 명확하게 하는 것을 포함한다(예: 주간 면대면 방문). 또한 자살위험성이 임박했거나 심화되고 있음을 경고

할 수 있는 모든 "촉진/촉발 요인" 혹은 "경고 표시"를 명시해야 한다.

치료/평가.　심각한 자살 위험성에 영향을 주는 위험요인에 대한 적절한 치료적 개입 혹은 정신건강 서비스를 제공하는 것을 포함한다. 치료목표는 현실적응과 관련된 심리사회적 회복 혹은 기능에서의 결함을 개선시키는 것이다. 한 가지 가능한 치료방식은 자살을 수용하거나 받아들이는 태도를 변화시키는 것인데 인지행동치료나 변증법적 행동치료 혹은 도식치료가 대표적이다. 또 다른 접근 방식은 대인관계 기술, 스트레스 관리 기술, 직업 및 대처 기술을 향상시키기 위한 집단/개인치료이다. 흔히 우울감에 적절히 대처하고 이를 극복해낼 수 있는 지지체계 등을 치료 프로그램에 포함시킨다. 기타 치료 방식으로 정신건강 문제를 위한 향정신성 약물 그리고 물질 사용 문제를 위한 약물 의존 프로그램을 포함시킬 수도 있다.

관리감독/통제.　관리감독은 개인의 권리 혹은 자유에 대한 부분적 통제 혹은 억제를 포함하고 있다. 관리감독의 목표는 미래에 개인이 자살에 관여되는 것을 더 어려워지게 만드는 것이다. 자살위험성이 극대화 될 경우 자살시도자를 강제적으로 무력화시킬 수 있는 방법을 사용할 수 있는 극단적인 형태의 관리감독이다. 잠재적으로 피해자 스스로가 목숨을 끊을 수 있는 수단과 방법에서 완전하게 떨어지게 하는 것이다. 하지만 장기간의 억제와 통제는 오히려 많은 인력이 소요되고, 치료 서비스에 대한 접근성과 동료와의 접촉을 제한시켜 사회성을 떨어뜨리게 된다는 문제가 있다. 이러한 이유들로 인해 항상 추가적인 혹은 대안적인 관리감독 전략을 고려해야 한다.

관리감독에서는 만일 자살가능성이 임박하거나 파괴적인 행동이 두드러지는 경우 강제적으로 활동, 이동, 교제, 통신/소통을 제한하는 것을 고려할 수 있다. 이를테면, 활동제약은 자살 장소를 물색하거나 자살 도구를 구입하려는 시도가 확인되는 경우 보호자가 정신건강 전문가 혹은 사법기관 등의 도움[10]을 받아 적극적으로 외부활동을 제한할 수 있다. 교제제한의 경우 자살시도자의 모임에 소속되어 이들과 정기적으로 모임을 갖거나 개인적으로 만나는 등의 경우이다. 통신/소통의 경우 인터넷 SNS를 통해 자살사이트를 찾거나 혹은 전화기를 이용해 자살모임 구성원과 지속적인 교류를 하는 경우 통신을 강제적으로 제한할 필요도 있다. 일반적으로, 관리감독은 개인이 가진 자살위험성과 비례하는 강도로 시행해야 한다.

---

10) 자세한 내용은 정신건강복지법(2017. 5. 30. 개정안)과 경찰관 직무집행법을 참고.

또한, 향후 자살예방 조치에 대한 균형적인 조치는 개인의 인권을 보호하며, 관리감독 서비스 제공에 포함된 법적 책임을 줄여준다. 예를 들어, 만일 매우 자살위험성이 높은 사람이 낮은 수준의 관리감독을 받다가 자살을 했다면 낮은 수준의 감독을 부여한 사람에게 법적 책임이 부과될 수 있다.

강제적 보호조치.　역동적인 안전은 사회 환경의 기능이다. 따라서 자살 위험성이 높은 사람과 함께 방을 쓰는 동거자, 가까운 지인 혹은 보호자에게 자살행동 사실을 부분적으로 고지하고 이를 지켜 볼 것으로 권고하는 등 변하는 상황에 빠르게 반응할 수 있도록 한다. 정적 안전은 물리적 환경의 기능을 말한다. 자살시도자가 자살을 시도하지 못하게 할 때 효과적이다. 본인의 위험성을 스스로 알릴 수 있는 개인용 알람 등을 제공하거나 즉각적으로 상담을 받을 수 있는 상담센터에 대한 정보를 제공하는 것 등일 수 있다. 자살위험자의 위험성이 극도에 이른 경우에는 다른 극단의 조치를 상응하게 권고할 수 있다.

다음은 강제입원과 보호조치 요건이다.

일반적으로 강제입원(정신건강복지법 2017. 5. 30. 개정안을 기준)은
- 서로 다른 정신의료기관 소속인 전문의 2인의 진단 받아야 2주 이상 입원 가능
- 강제입원은 1개월 이내 입원적합성심사위원회에서 입원적합성 여부 심사
- 입원 초기에 3개월 간격으로 심사
- 자의에 의한 입원이라도 보호의무자 1인의 동의를 받아 입원
- 퇴원시 정신과 전문의 판단으로 72시간 동안 퇴원을 제한(42조)

경찰청 직무집행법 4조에 따르면,
자살시도자의 경우 적당한 보호자가 없으면 응급구호가 필요하다고 인정되는 사람(본인 구호 거절시 제외)은 보호조치를 할 수 있고

정신건강복지법 44조 2항에 따르면,
경찰관이 정신질환으로 자신의 건강 또는 안전이나 다른 사람에게 해를 끼칠 위험이 있다고 의심되는 사람을 발견한 경우 정신건강의학과전문의 또는 정신건강전문요원에게 그 사람에 대한 진단과 보호 신청을 요청

이상적으로, 위험 관리 계획 수립은 각기 다른 기술과 권한을 가지는 다른 기

관이나 클리닉에서 일하는 수많은 전문가들과의 협력을 요한다. 포괄적이고 통합적이며 다학제적인 위험 관리 계획의 개발과 시행은 안내 정책과 절차 매뉴얼 개발을 통해 가장 잘 이루어질 수 있다.

다음 질문들은 조사원이 자살 예방 관리전략을 고려하는 데 유용할 수 있다.

- 대상자의 위험성 변화를 모니터링하기에 가장 적절한 방법은 무엇인가?
- 대상자의 활동, 이동, 교제, 소통에 어떤 제약을 두는 것이 가장 적절한가?
- 대상자에게 어떤 평가, 치료, 사회 복귀 전략이 가장 적절한가?
- 대상자에게 어떤 조치를 통해 자살위험자의 신체적 안전을 높일 수 있는가?

보호요인 탐색

마지막으로 자살예방에서 가장 중요한 점은 위험요인을 상쇄할 수 있거나 완충할 수 있는 보호요인을 탐색하는 것이다. 대상자가 가진 보호요인을 극대화 하는 경우 일종의 버퍼링 작용을 통해 자살과 관련된 사고와 행동을 줄이거나 이로부터 벗어날 수 있게 된다. 따라서 조사원은 대상자 사례에서 확인할 수 있는 보호요인이 무엇인지 고려하여 제시할 수 있다.

다음은 대표적으로 기능하는 보호요인의 예라고 볼 수 있다.

(1) 가족, 학교, 공동체를 통한 타인과의 교류
(2) 가족에 대한 책임감
(3) 의지하거나 도움을 청할 수 있는 대상
(4) 돌볼 아이들
(5) 종교적 신념이나 가치(예: 자살은 잘못된 선택이다)
(6) 경제적 안정성
(7) 건강한 신체, 정신 상태
(8) 정신과적 장애의 초기 치료
(9) 꿈, 목표
(10) 자기 삶에 대한 만족감
(11) 치료자와의 좋은 관계
(12) 현실 검증력이나 문제대처능력이 뛰어남

정보제공자(유가족) 지원 서비스와 자살관련 기관 연계

지원 및 서비스 연계

특히 정보제공자가 직계가족 등 유가족인 경우 정신건강에 도움을 받을 수 있는 지원서비스를 제공하거나 이를 지원할 수 있는 기관에 연계해야 한다. 직접적인 의향을 물어볼 경우, 이전에 자살과 관련된 교육을 받은 적이 있고 이에 대한 반응은 어땠는지, 어떤 형태의 서비스와 도움을 받고자 하는지 등을 물어 본 후 유가족에게 가장 효율적인 지원 방식을 논의하여 제시해야 한다. 이후 추가서류에 대한 보완을 안내하고 조사원은 일주일 이내 사후 평가와 정보제공자의 상태를 체크하도록 한다.

면담 후 소회

정보제공자와의 면담이 끝난 후 면담을 바로 종결하지 않고 자신의 감정과 느낌을 점검하고 전체적인 면담과정을 정리할 수 있는 시간을 주어야 한다.

다음의 질문이 도움이 될 수 있다.

- 유가족 면담을 하고 난 뒤 기분은 어떻습니까?(면담 당시)
- 면담이 어떻게 도움이 되었습니까?
- 면담하면서 달라진 점은 무엇입니까?(생각, 감정 등)
- 면담 전 기대했던 것이 어느 정도 이루어졌습니까?
- 심리부검 면담 후 하루가 지난 뒤 기분은 어떻습니까?(면담 후 익일)
- 면담 이후 하루가 지나면서 달라진 점이 있으십니까?(생각, 감정, 신체반응, 행동)
- 더 하시고 싶은 말씀이나 물어보고 싶은 말이 생각나신 것이 있습니까?
- 혹시 면담 과정에서 확인하지 못한 중요한 정보를 재확인한 것이 있습니까?

5장 ————————
자살 관련 위험요인과
코딩 지침

자살 관련 위험요인과
코딩지침

H1. 자해 및 자살 시도와 관련된 만성이력

근거

자살을 완결한 사람의 약 80%는 이전에 자살시도를 했다(Sherman, & Morschauser, 1989; Cox, & Morschauser, 1997; Blaauw, Kerkhof, Winkel, & Sheridan, 2001; Blaauw, Kerkhof, & Hayes, 2005; Daigle, Labelle, & Côté, 2006). 일반 및 정신과 인구 집단의 자살 연구에 따르면 이전 자살시도 이후 자살의 완결 위험이 증가된다는 사실을 밝혔다(김준홍, 윤영민, 2011; Polvi, 1997; Daigle, Labelle, & Côté, 2006; Tripodi, & Bender, 2007). 자살을 시도한 사람들 중 시도에 대한 반응으로 자신이 죽었으면 좋겠다고 주장하는 사람들은 자신이 양가적이거나 살아 있다는 것에 기쁘다는 응답을 한 사람보다 자살할 가능성이 더 크다(Brown, Steer, Henriques, & Beck, 2005; Henriques, Wenzel, Brown, & Beck, 2005). Maris(1992)는 또한 "자살을 완결할 확률은 비치명적인 자살시도가 있은 후 1년에서 2년 사이에 특히 높다."고 결론지었다(Havasi et al., 2005; Wexler, Silveira, & Bertone, 2012).

국내에서도 자살시도 전력이 있는 경우에 자살에 대한 긍정적인 태도가 매개적인 역할을 하여 자살을 실행할 의지를 증가시킬 확률이 높아짐을 검증하였으며

(안소정 등, 2013), 한국 자살 사망자의 특징 연구에서는 과거 자해력이나 자살의도 (Stefansson et al, 2012)가 있는 자살 시도력이 자살에 있어 강력한 예측요인이 될 수 있음을 확인하였다(서종한 ,김경일, 이창환, 김근영, 2012: 김성혜, 2015; Ness et al, 2016). 또한 자살 예측 연구에서는 자해 행위(deliberate self-harm)가 자살을 예측하는 데 중요한 요인이 될 수 있다고 지적하였다(Holly & Franklin, 2018: Stefansson, Nordström, & Jokinen, 2012; Ness et al., 2016; Ribeiro et al., 2016). 죽을 의도를 가지지 않은 상태에서 스스로에게 해를 가하는 비자살적 자해 역시 실제로 자살과 밀접한 관련이 있다. 자해행위를 부정적인 정서를 회피하거나 타인의 행동을 조정하는 등의 수단으로 사용하며, 이러한 효과가 줄어들게 되면 실질적으로 자살을 시도하게 만들 수 있다(서종한 등, 2018; Nock, & Prinstein, 2004; Joiner, Brown, & Wingate, 2005; Klonsky, & Glenn, 2009: Holly & Franklin, 2018).

지표

- 자해를 한 적이 있음
- 음식을 먹지 않는 등 생명에 치명적인 위해를 줄 정도의 자기 파괴적 행동 존재
- 의도가 있는 자살시도를 한 적이 있음
- 자해나 자살시도를 하던 중에 제지를 당한 적이 있음
- 죽으려는 의도 없이 원하는 것을 얻기 위해 스스로에게 해를 가하는 행동을 한 적이 있음(비자살적 자해)

코딩 노트

- 조사원은 과거에 자살시도를 했는지 여부와 자살시도의 치명성, 시도의 징후를 포함하여 이전 시도를 둘러싼 상황을 고려하는 것이 중요하다.
- 자해와 자살시도는 어느 정도 이상으로 생명에 치명성이 있어야 한다.

H2. 고용상태와 적응과 관련된 만성이력

근거

자살에 대한 영향요인에 관한 연구는 경제학적 접근과 사회학적 접근으로 나눌 수 있는데 자살의 경제학에 대해서는 거의 모든 실증연구가 Hamermesh와 Soss (1974)의 틀을 따르고 있다(Marcotte, 2003). 이에 따르면, 자살 결정 요인은 소득, 실업, 그리고 연령 이 세 가지이다. 또한, Neumayer(2004)와 노용환(2006)의 연구에서는 실업률이 높을수록 자살률이 낮은 것으로 나타났다. 그러나 경기 상승 시기의 고된 노동과 직업관련 스트레스가 오히려 자살을 촉발시킬 수 있으며, 반대로 실업은 어려운 처지에 놓인 가족들의 결속력을 강화시켜 자살을 감소시키는 요인으로 작용할 수 있다는 연구도 있지만 일반적으로 고용상태가 불안정하거나 실업 상태에서의 자살률이 높다(김재원, 2013; 김재원, 권순만, 2014)고 할 수 있다. 실업상태 혹은 소속된 집단이 없는 경우, 그로 인한 외로움과 소속감 부재로 인해 자살로 이어질 수 있다(김종운, 박선영, 2018; Joiner, 2005).

고용된 상태라 해도 적응 여부 또한 자살과 강한 상관이 있다. 대인관계, 사회적 대처 기술 등이 부족한 경우 자살과 연관이 있으며, 자살을 예측하는데 중요한 요인이 된다(배은주, 2010; 김미점, 조한익, 2015; 서인균, 이연실, 2017).

지표

- 기초교육 혹은 의무교육에 준하는 교육을 받지 않음
- 의무교육 이후의 교육이나 직업훈련 등을 전혀 받지 않음
- 초, 중, 고, 대학, 군대 혹은 직장생활에서 적응문제로 기능에 문제가 있었던 경우
- 장기간 빈번한 실업, 이직, 해고, 실직이 있는 경우, 특히 준비된 직업 없이 이직 등이 빈번한 경우
- 직업(혹은 학업) 기능에 문제가 있는 경우
- 실업상태가 고용상태보다 확연히 긴 경우
- 고용상태에서 사회적 대처기술이 부족하였던 경우

- 일 하기를 꺼리거나 능력부재로 심각한 경제적 문제
- 최근의 문제

코딩 노트

- 인생전반(학교, 직장, 군대 등)에서 적응문제로 인해 자해 혹은 자살시도를 하였는지 고려해야 한다.
- 자해 혹은 자살시도로 중, 고등학교, 대학교 혹은 군대나 직장에서 관심의 대상이 되었었는지 고려해야 한다.
- 실업상태가 고용상태보다 확연히 기간적으로 길어서 대상자가 그로 인한 스트레스를 받고 있었는지 고려해야 하며, 특히, 우울, 무기력감, 절망감 등을 호소하였는지 고려해야 한다.
- 만일 지속적으로 좋은 업무 수행 능력으로 동료와의 좋은 관계를 보여주고, 고용자의 규칙 및 규정에 적응하며, 고용이 지역사회의 정식 고용과 비슷하다는 근거(즉, 정해진 시간 혹은 근무, 파트타임과 같이 책임이 주어진 경우)가 있다면 평가가 낮을 수 있다.

H3. 자살 관련 가족력과 관련된 만성이력

근거

연구에 따르면 자살한 사람들의 직계 친족들의 자살위험이 높다(황순찬, 2015; Brent et al., 1998, 1989, 2003; Qin, Agerbo, & Mortensen, 2002; Runeson, & Åsberg, 2003; Trémeau, Staner, Duval, Corrêa, Crocq, Darreye, & Macher, 2005). 또한, 자살한 친족이 정서장애를 가지고 있는 경우에 자살위험이 훨씬 더 높다(Tsuang, 1983; Kia-Keating, Glatt, & Tsuang, 2007; Pawlak et al., 2016; John et al., 2016).

자살에 대한 가족력에 유전적 요인이 있을 수 있다는 가설이 있다(Roy, 1992; Polvi, 1997; Pawlak, et. al., 2016). 일반인의 자살자료 분석 연구에서는 가까운 사회적 관계 내에서 자살을 경험하였거나 가까운 사람의 자살생각이 연구 대상자가 자살을 생각할 확률을 높였으며, 가족 중 자살시도를 한 경우에도 유의미하게 높았다(전석균, 박봉길, 2014). 이는 사회 인구학적 배경을 통제한 후에도 유의미한 것으로 나타났다(이민아, 김석호, 박재현, 심은정, 2010; 권호인, 고선규, 2016). 그리고 전라도 지역에서 실시한 심리부검연구에서는 전체 표본의 50%가 자살 가족력이 있는 것으로 관찰되었다(이만석 외, 2015).

지표

- 자살을 한 가족이 있음
- 자살을 한 가족이 기분 장애가 있었음
- 자살 시도를 한 가족이 있음
- 자해를 한 가족이 있음(죽을 의도를 가짐)
- 가족 중 우울증, 조증, 기타 정신질환 병력을 가진 사람이 있음

코딩 노트

- 자살에 대한 가족력이 있는지, 만약 그렇다면 그 가족 구성원이 정서장애를 가지고 있었

는지 여부를 평가하는 것이 중요하다.

• 가족 구성원이 특정한 기분장애를 가지고 있었는지 여부를 알지 못할 수도 있다. 그러므로 가족 구성원과 기분장애로 나타낼 수 있는 그들의 행동에 대해 물어보는 것이 중요하다.

• 자살한 가족이나 지인이 있는 경우 심각한 수준에서 'Y'를 고려할 필요가 있다.

H4. 대인관계와 관련된 만성이력

근거

대인관계 내에서 겪는 부정적인 경험은 자살행동에 영향을 주는 중요한 요인이다(Joiner, 2005; Van orden et al., 2010). 여러 연구들에서 외로움, 사회적 위축, 혼자 사는 것, 사회지지 체계의 빈약, 해체된 가족 형태, 배우자와의 이혼이나 사별 등이 포함하는 사회적 고립이 자살에 있어서 강력한 예측요인이라 하였다(설희원, 2015; Conwell, Duberstein, & Caine, 2002; Van Orden et al., 2010; 보건복지부, 2016). 또한 한국 자살 사망자의 특징을 살펴본 연구에서 자살자는 고민이나 걱정을 공유할 수 있는 사람이 소수이거나 주변 친구 관계가 제한적이라는 점을 발견하였고, 자살과 관련성이 있는 가장 중요한 변인 중 하나를 주변인과의 관계 형성이라고 보았다(서종한 등, 2012: 박수진, 김종남, 2017).

Durkheim(1897)은 기혼과 미혼, 자녀의 유무를 기준으로 자살률을 분석하였고 자녀가 있는 경우에 그렇지 않은 경우보다 자살률이 낮다는 연구 결과를 통해 자살에 있어 가족이 중요한 영향력을 미친다는 것을 보여주었다. 국내에서는 김효창과 손영미(2006)의 노인 자살자 특성과 자살 유형에 대한 연구에서 자살자의 75%가 부부싸움과 같은 부부 관계 갈등으로 노인 자살이 촉발되었음을 밝혔다. 또한, 사별, 혹은 별거, 이혼 등으로 인한 대인관계의 단절은 노인(김은주, 육성필, 조윤정, 2016)의 자살과 높은 상관이 있으며, 초기성인(조윤정, 육성필, 김은주, 2018)의 대인관계에 문제가 있는 경우 또한 외로움, 절망감, 우울에 이어 자살과 매우 밀접한 관련이 있다. 대인관계는 이성(적) 관계와 비이성적(가족 및 사회적) 관계 두 가지로 나누어 생각해볼 수 있다.

지표: 이성적 관계

• 배우자와의 문제, 결별, 외도 등 문제 발생 혹은 악화
• 기혼 혹은 동거 중에 심각한 갈등

- 법률혼 또는 사실혼 상태에서 소송 중이거나 단절 과정
- 결혼을 전제로 한 이성과의 단절
- 배우자나 동거인의 외도로 인한 고통
- 일방적으로 이혼, 이별 통보를 받음
- 갑작스러운 가족과의 연락 단절
- 최근 문제

지표: 비이성적 관계(가족을 포함한 기타 사회적 관계)

가족

- 어려움을 경험할 때 도움을 줄 가족이 없음
- 가족 혹은 심리적 지원을 해 줄 누군가가 없음
- 가족의 해체(이혼, 사별, 가족 구성원의 죽음 등)
- 최근 문제

친구, 동료

- 친구 혹은 동료와의 심각한 갈등
- 친구나 동료들과 어울리지 않고 늘 혼자 생활함
- 스스로 소외감, 외로움, 고립감을 많이 느낌
- 스스로 정서적으로 거리를 두거나 고립화를 자초함
- 최근 문제

코딩 노트

- "이성적 관계"는 본질적으로 성적인 관계를 포함하며 공동 거주, 일부일처제, 혹은 장기적 헌신에 대한 기대를 의미한다. 관계 형태가 이성애인지, 동성애인지와는 무관하다. 관계의 합법적 상태(혼인 vs. 사실혼) 또한 무관하다.
- "비이성적 관계"는 가족, 친구, 및 지인(동료, 이웃)과의 개인적(직업과 무관하거나 비상업적) 관계를 말한다.
- 조사원은 대상자의 평소 대인관계에 대해 파악해야 한다.
- 혼자라는 것이 사회적 기능에서 문제가 있었는지 파악해야 한다.
- 따돌림 경험으로 외상이 있었는지 파악하며, 따돌림 경험이 대상자가 소속된 대부분의 집단에서 이루어졌는지 파악해야 한다.

H5. 약물과 알코올 사용으로 인한 기능손상과 관련된 만성이력

근거

약물남용과 자살위험 사이의 관계에 대한 연구들에 따르면 특히, 남성들(중앙심리부검, 2016; 오수인, 2018)이 약물남용으로 자살위험이 증가한다는 연구 결과들이 있다(Trine et al, 2009; Kaplan, 2013; Takeuchi, 2017).

또한, 물질남용과 우울증의 조합은 자살행동의 위험을 더욱 증가시킨다(정승화, 2017; 이슬아 등, 2012; 배미남, 2018). 윤명숙(2011)의 연구에서 음주행위가 많을수록 자살생각이 증가한다는 것과 알코올 중독자의 자살생각에 음주가 정적으로 유의미한 영향(이진희 등, 2016)을 미친다는 것을 확인하였다. 특히, 음주상태에서는 충동성(김종혁, 육성필, 2017)의 위험이 존재하고 우리나라 심리부검의 결과에서 살펴보면 자살시도 상태에서 50% 이상이 음주상태였음을 알 수 있으며(2016, 중앙심리부검), 음주상태 자체가 자살의 직접적 원인이라기보다는 음주상태에서 다른 요인과 복합적으로 작용하는 경우가 높다. Joiner(2005)는 음주 자체가 직접적인 자살 촉발요인이라기보다는 자살행동에 영향을 줄 수 있는 매개 혹은 조절효과를 가질 수 있다고 지적하였다.

지표

- 주변 사람에게 술/약물과 관련된 문제가 있다는 이야기를 들어본 적 있음
- 과도한 약물/알코올 사용
- 만성적인 약물/알코올 사용
- 다양한 물질 사용
- 신체 혹은 정신건강에 문제가 나타남
- 일상생활에서 문제를 겪고 있음
- 직업과 관련한 문제를 겪거나 경제적 상태에 해로운 영향
- 약물/알코올 문제로 인해 치료가 필요한 상태
- 약물/알코올로 인한 문제에 대해 인식이 없는 상태
- 최근 사용

코딩 노트

- 중증도의 손상(moderate impairment): 단기간 자신 혹은 타인에 대한 책임을 이행하지 못함
- 심각한 손상(severe impairment): 장기간 자신 혹은 타인에 대한 책임을 이행하지 못함
- AUDIT 등의 알코올의존평가의 과거검사결과를 참고할 수 있으며 정신건강 관련 전문가의 경우 관련 질문(면담가이드 참고)을 통하여 해당 증상의 손상 여부를 판단할 수 있다.

H6. 주요 정신병력과 관련된 만성이력

근거

정신과 병력은 일반적으로 자살행동 위험의 증가와 상관관계가 있다(Blaauw, Kerkhof, & Hayes, 2005). 물질남용장애(특히 남성), 정동장애 그리고 조현병과 같은 특정 범주의 정신장애는 높은 자살률과 연관이 있다(이홍식, 2009; 정승화, 2017; Sherman & Morschauser, 1989; Suicide Prevention Resource Center, 2011). Clark와 Fawcett(1992)가 지역사회의 자살 샘플을 조사한 결과, 이들 중 40~60%가 주요 우울증, 20%는 만성 알코올 중독이었으며, 10%는 조현병을 앓고 있는 것으로 조사되었다.

Weierich와 Nock(2008)는 경계선 성격장애 환자의 경우 비자살적 자해 행동과 연관이 있다고 밝혔다. 국내 연구에서도 우울증이 개인적 변인 중 가장 강력한 자살사고의 위험요인으로 자살생각에 영향을 미치고 있음을 발견하였고(이구상 등, 2012; 이수정, 문수정, 이지민, 연규진, 2015), 우울과 반사회적 성향을 함께 가지고 있는 사람이 우울이나 반사회적 성향 중 하나만 가진 집단이나 통제집단보다 절망감과 자살생각이 높았다(설희원, 2015). 타살집단과의 사례-대조 비교 연구에서도 자살 집단의 정신질환 진단 비율이 3.43배(승산비) 높게 나타났다(서종한 등, 2012). 특히 일반인과 마찬가지로 지난 10년간 교도소 내 자살 사망 수용자 중 36.3%가 정신질환이 있었다(서종한, 2018).

정신질환이 자살의 직접적 원인, 즉 인과관계로 볼 수는 없지만 강력한 상관관계를 나타내므로 자살위험을 예측하는 강력한 요인으로 볼 수 있다.

지표: 일반적

• 정신건강 전문가에게 치료를 받은 적이 있음
• 정신과 진단을 받은 적이 있음
• 정신건강 기관 및 정신병원에 입원한 적이 있음
• 정신과 약물을 복용한 적이 있음
• 이중 진단을 받은 적이 있음
• 최근 급성단계로 전환

지표: 정신병적 장애

· 급성 양성 증상(환각, 망상)
· 정신증적 삽화 중 흥분, 분노, 혹은 적대감
· 정신증적 증상과 관련된 고통(불안, 공포, 스트레스)

지표: 주요 기분장애

· 우울, 자괴감, 혹은 무기력감으로 특징지어지는 우울증
· 기분장애로 인한 자해 행동
· 기분장애로 인한 실제 자살시도(죽고자 하는 의도)
· 기분장애로 인한 심각한 자살 사고(죽고자 하는 의도, 치명적인 계획)

지표: 경계선 성격장애와 반사회성 성격장애

· 정서적으로 강렬하고 감정기복이 있고 불안 혹은 괴로움
· 대인관계상 불안하고, 의존적이거나 양가적
· 자아감이 약하거나 불안정하거나 혼란스러움
· 고압적, 반항적, 적대적 행동
· 무책임하고 무모하고 성급한 행동
· 충동적

지표: 기타 정신장애

· 지적 기능 손실(지적장애)
· 적응 행동에 어려움
· 사회적 상호작용에 어려움
· 사회적 관계에 대한 관심이 줄어듦
· 말하기 혹은 언어 구사의 어려움
· 계획, 기억, 주의, 충동조절 그리고 논리력 등의 작업 기능 손실

코딩 노트

· 주요 정신장애 진단은 ICD-10, DSM-5과 같은 공식적인 동시대의 분류체계를 따라야
  한다. 만일 주요 정신장애가 DSM-5의 정신장애 일반 기준과 Version 3에 명시되어

있는 주요 정신장애에 모두 부합한다면, 본 항목을 코딩할 때 DSM-5의 향후 연구 조건 (Conditions for Further Study in DSM-5)(예: 태내 알코올 노출로 인한 신경행동 장애)을 고려해야 한다.

- DSM-5 용어인 정신병적 장애는 정신 분열병증 스펙트럼 장애 및 그 외 정신병적 장애 를 나타낸다.
- DSM-5 용어인 주요 기분장애는 양극성 및 관련 장애, 우울장애, 그리고 물질/약물로 인한 양극성 및 관련 장애 혹은 주요 우울 혹은 조증 에피소드로 특징지을 수 있는 우울 장애를 나타낸다. 기분장애는 주요 우울 혹은 조증 에피소드로 특징지을 수 없지만 위험 요인이 "잠정적으로 혹은 부분적으로" 존재한다는 근거에 기반하여 고려될 수 있다.
- DSM-5 용어인 정신장애는 지적, 인지적 혹은 사회적/대인관계 기능에 현저히 손상을 입히는 신경발달장애 및 신경인지장애를 포함한다(예: 지적장애, 자폐 스펙트럼 장애, 주 요 신경인지장애).
- 정신장애를 코딩할 때에는 두 가지 혹은 더 많은 하위 위험요인과 관련되어 있어 보일 지라도 한 가지의 하위 위험요인만 코딩해야 한다. 하위 요인을 코딩을 할 때에는 첫째, 정신병적 장애, 둘째, 주요 기분장애, 그리고 셋째, 기타 주요 정신장애로 우선순위를 정 한다. 예를 들어, 정신병적 기분장애는 주요 기분 장애 하위 요인이 아니라 정신병적 장 애 하위요인으로 코딩해야 한다.
- 물질 사용으로 인한 심각한 심리적 기능손상(예: 물질/약물로 인한 장애)은 H5를 코딩할 때 고려해야 한다.
- 성격장애의 진단은 ICD-10, DSM-5와 같은 공식적인 동시대의 분류체계를 따라야 한다.
- 성격장애의 특성은 물질 사용, 주요 정신질환 혹은 성적일탈 증상과 동반하여 나타날 수 있다.
- 성격장애의 진단 기준 역치 아래의 특성은 존재유무에서 유를 나타내는 "P"로 코딩 한다.
- 여기서 성격장애는 경계선 성격장애와 반사회성 성격장애만을 나타낸다.
- 정신장애를 진단 내릴 수 있는 법적인 자격이 있는 조사원은 가능하면 직접적인 평가를 바탕으로 본 요인을 코딩해야 한다. 물론 과거 평가나 진단을 포함한 차트 혹은 기록에 의존할 수도 있다. 그런 경우에는 자신의 코딩에 "확실함"이라고 표기해야 한다.
- 정신장애 진단을 내릴 수 있는 법적인 자격이 없는 조사원들은, 믿을 만한 정보라면 과거 평가 및 진단자료에 근거하여 위험요인을 코딩해야 한다. 그런 경우에는 그들의 코딩이 "확실함"이라고 표기해야 한다.
- 조사원들이 평가대상자를 대상으로 직접 평가할 수 없고, 과거 평가 및 진단의 차트와 기 록 신뢰도가 다소 제한되어 있을 때는 위험요인과 밀접한 관련이 있을 것이라고 생각되 는 것을 모두 보고하고 코딩해야 한다. 그런 경우에는 그들의 코딩이 "잠정적"이라고 표

기해야 한다.

• 주요 정신장애의 존재유무와 관련된 신뢰할만한 자료가 없다면, 위험요인에 "생략"으로 코딩을 하고 "확실한" 혹은 "잠정적"이라고 표기할 필요는 없다.

• 과거 이력에 근거하여 코딩을 하고, 장애가 현재 진행 중인지 혹은 호전상태(in remission) 인지에 영향을 받지 않는다.

H7. 충동적 태도와 공격적 행동과 관련된 만성이력

근거

Polvi(1997)는 심리학 및 약물학적 영역 연구 모두에서 충동성과 높은 자살시도 혹은 자살완결의 위험성 간에 정적 관계가 나타났다고 보고하였다(김규식 등, 2014; Corruble, Damy, & Guelfi, 1999). 김종혁, 육성필(2017) 연구에서는 충동성 수준이 높을수록 Joiner(2015)의 습득된 자살실행력 수준이 높아지는데, 이는 높은 수준의 자살행동으로 이어질 수 있다는 것을 의미한다. 또한 충동성이 습득된 자살실행력을 거쳐 자살행동에 영향을 미칠 때 사회적 지지에 의해 조절되는 것으로 확인한 것처럼, 대인관계 혹은 사회적 지지, 자원이 부족한 경우 자살과의 상관이 높다.

그리고 Verona 등(2001)의 연구에서는 특히 교정시설의 경우 과거 자살시도 전력이 있는 남성 수용자의 경우에 충동성, 공격성, 자극추구, 반사회적 행동 성향이 높게 나타난다는 것을 밝혔다(김용호, 2017; Fruehwald et al., 2003). 그러나 이 관계는 복잡하고 잘 이해되지 않는다. 일부 연구자들은 이러한 관계를 폭력이 매개한다고 보고하였으나(Brown et al., 2005; Verona & Patrick, 2005), 다른 연구자들은 충동성과 자살 위험성의 관계는 폭력성을 제외하여도(partialled out) 이 관계가 나타난다는 것을 확인하였다(Plutchik & van Praag, 1995).

특히 우울-반사회적 성향의 집단인 경우 특성분노를 많이 경험하였고 무망감과 자살생각이 그렇지 않은 집단보다 가장 높게 나타났다(이규휘, 2009; 이봉건 등, 2012). 서종한 등(2018)의 연구결과에서도 수용자 중의 자살 사망자들을 살펴보면, 충동성과 공격성 등과 연관이 있는 것으로 나타났다. 또한 자살 직전 보였던 촉발 위험요인이 충동성(김갑숙, 전영숙, 2012)과 관련되어 있으며, 위험추구 31%, 폭력적 행동 34.5%, 감정표출 41%, 극적인 기분변화 44.8% 등과 연관이 있었다(서종한 등, 2018).

지표: 충동적 태도

* 주변 사람들에게 충동/즉흥적이라는 이야기를 들은 적이 있음
* 주변 사람들에게 폭력적이라는 이야기를 들은 적이 있음
* 생각하지 않고 떠오르는 대로 행동하고 후회함
* 무모하게 행동함
* 폭력 전과가 있음
* 시작한 일을 끝까지 완수하지 못하고 중간에 그만둠
* 폭력적인 언어/행동을 보임
* 주변 사람들과 말다툼이나 싸움이 잦아 법적 문제에 연루가 되기도 함
* 분노/화를 조절하지 못함
* 최근에 나타남

지표: 공격적 행동

* 전반적인 생애기간에 폭력적인 태도를 보임
* 사회적 규범 혹은 관습을 피하거니 비웃음
* 타인에게 상해를 입히거나 이를 보면서 즐거워하거나 만족해 함
* 금전적 혹은 물질적 이득을 얻기 위해 폭력성을 정당화함
* 폭력 범죄조직 등에 지속적으로 관여함
* 다른 사람을 무시하거나 얕봄
* 시간이 지남에 따라 심화됨
* 최근에 나타남

코딩 노트

* 조사원은 공격적 행동에 대한 이력과 가능성분만 아니라 충동적인 태도에 대한 이력과 잠재성을 평가해야 한다.
* 특히 과거 폭력전과 혹은 상습적인 특성이 보이면 충동적 태도의 관련성을 고려해야 한다. 일관성 있는 행동이나 경향성의 패턴에 근거해야 하지만 충동적 태도의 존재유무는 행동으로 추론해볼 수 있다(즉, 범죄조직에 연루되거나 반사회적인 동료들과 어울리며 무기를 소지).
* 음주, 약물과 함께 공격적인 행동을 하는지에 대해 고려해야 한다.
* 조사원들은 광범위하긴 하지만 범죄에 우호적인 태도, "범죄에 관한 자기개념", 범죄 혹은 그 외 반사회적인 행동에 대한 긍정적인 태도(즉, 기관에서 규칙위반), 범죄 혹은 다른

반사회적 행동에 대한 용인이나 허용, 사법집행, 형사사법 혹은 사법제도나 관료들을 상당히 무시하거나 부정적인 태도 등 이와 관련된 생각을 하고 있는지 고려해봐야 한다. 만일 그렇다면, 이러한 태도와 행동에 공격적 요소가 있는지 조사해야 한다.

- 극단적 징후로, 반항(사회규범과 관습에 순응하지 않음)도 공격적 태도를 반영하는 것일 수 있다. 예를 들어, 공격적 태도에서 폭동이 시작될 것이다.
- 다른 사람의 고통을 즐기는 것은 공격적 행동에 해당한다(예: 가학증).
- 이 요인은 현재 공격적 행동의 존재유무와는 무관하게, 생애 전반에 걸쳐 충동적 태도와 공격적 행동이 존재하는지를 의미한다.

H8. 외상경험과 관련된 만성이력

근거

Maria-Jose 등(2012)은 정신장애 환자를 대상으로 외상경험과 자살시도에 대한 연구를 하였다. 그 결과 아동기 학대 경험은 47%, 심리적 학대 경험은 67.6%로 나타났다. 이들 중 PTSD 진단에 부합한 경우 그렇지 않은 경우보다 2배 가량 높은 자살시도 경험을 보고하였다(김보미, 유성은, 2012; 장은량, 유성은, 2014). 특히 정신과적 질병과 공병을 보일 경우 자살시도가 더 높게 나타났다(McFarland et al., 2006; Oquendo et al., 2003, 2005; Phillips et al., 2005; 정지영, 2014).

대인외상(김보미, 유성은, 2012)의 경우 아동기 학대를 포함하여 역기능적 양육 경험을 한 사람, 즉 부모의 이혼, 부모의 폭력, 부모의 자살과 정신질환을 경험한 사람은 그렇지 않은 이들과 비교했을 때 아동·청소년기와 성인기의 평생 자살시도 율이 1.5배 이상 높았으며, 아동기 외상경험이 7번 이상 반복된 사람의 경우 평생 자살시도율이 아동청소년기에는 약 50배, 성인기에는 약 30배 가량 높은 것으로 나타났다(Dube et al., 2001). 국내 연구에서도 학교에서의 아동 및 청소년기의 대인외상(최정현, 2013; 박은아, 조혜정, 이재경, 2016) 경험, 가정 내 정서적 학대나 방임 등이 결국 우울을 매개로 자살생각에 직·간접적인 영향을 미친다고 보고하였다(김은정, 김진숙, 2008; 이경희, 김지영, 2013; 박모란 외, 2015; 고유나, 2016; 이지언, 정익중, 2013; 추경진, 최종옥, 2015; 윤명숙, 김서현, 2012; 윤명숙, 박아란, 2015; 이기범, 주해원, 현명호, 2015).

특히, Sarchiapone와 동료(2011)의 보고서에 따르면 특히 교정시설 내 자살생 각을 하는 남성 수용자들이 그렇지 않은 수용자에 비해 더 높은 아동기 외상을 경험(김영화, 2010)하였다. 또한 Blaauw 등(2002)의 연구에서도 수용자를 자살 고위험과 대조집단을 구분하여 비교할 경우, 고위험 집단에서 더 많은 아동기 외상을 경험하였다는 결과를 보여주었다(Connelly, R., & Palmer, E. J., 2005).

이 위험요인의 "부정적 사건과 경험"은 피해경험/외상과 역기능적인 양육경험으로 분류할 수 있다. 피해경험/외상은 아동기 혹은 청소년기 시절에 신체적, 심리적, 성적 학대를 당했거나 그 외에도 신체적인 폭행이나 성폭행을 당한 경우 또는 납치나 갈취처럼 두려움을 유발하거나 안전을 침해하는 방식으로 피해를 당한 적이 있는 경우를 의미한다. 심각한 폭력을 목격하거나, 따돌림을 당하거나, 스토킹을 당하거나, 사고로 인한 부상과 같이 다른 유형의 잠정적인 외상 경험 역시 이 항목에 포함된다. 심각하거나 발달시기 전반에 걸쳐 나타난 피해경험을 특히 더 중점적으로 고려해야 한다. 부모 또는 보호자가 선택한 행동이나 생활방식이 양육경험의 핵심인데, 폭력 등 역기능적인 양육경험은 추후 십대와 성인기에 다양한 문제의 원인이 될 수 있다. 빈약한 애착 관계(강압적, 방임적)를 형성하거나, 반사회적 행동(부모의 범행 혹은 약물 사용, 가정 폭력)을 본받거나, 불안정한 가정환경(잦은 이사, 과밀 주거, 보호기관 양육) 혹은 아이들에게 발달적 결함(임신 중 흡연이나 물질사용)의 원인이 되는 모든 부모 행동을 포함한다.

지표: 피해경험/외상

- 아동기(12세 이하)에 부모/주양육자에게 성적, 심리/정서적, 신체 학대 혹은 방임
- 청소년기(13-17세)에 부모/주양육자에게 성적, 심리/정서적, 신체 학대 혹은 방임
- 아동기(12세 이하)에 부모가 아닌 사람에게 성적, 심리/정서적, 신체 학대 혹은 방임
- 청소년기(13-17세)에 부모가 아닌 사람에게 성적, 심리/정서적, 신체 학대 혹은 방임
- 심각한 아동학대(지속적, 반복적, 만성적인 심각한 상해)
- 가정폭력을 목격하거나 노출됨
- 부모가 아닌 사랑하는 사람(즉, 형제자매, 그 외 가족, 친한 친구)에게 가해지는 심각한 폭력을 목격함
- 따돌림 당한 경험
- 그 외 아동기에 대인간 혹은 폭력 피해를 경험함
- 그 외 청소년기에 대인간 혹은 폭력 피해를 경험함
- 성인기 대인간 혹은 폭력 피해경험(18세 이상)
- 그 외 외상 경험(군에서의 사고 경험 등)
- 전반적인 발달 기간에 걸친 피해경험이나 외상경험

지표: 부정적인 자녀 양육 경험

- 강압적이거나 규율이 지나치게 엄격한 양육 방식
- 불안정한 가정
- 부모의 비폭력 범행
- 평가 대상자가 10세 이전, 부모가 유죄선고를 받거나 혹은 부모의 전과
- 부모의 폭력범행(배우자 폭력 제외)

- 아동기 혹은 청소년기에 부모의 죽음
- 17세 이전에 부모 중 한 명과 분리
- 부모의 물질사용 문제
- 위탁 가정 연계
- 보호기관 양육
- 심각한 부모 갈등을 자주 목격함

코딩 노트

- 피해경험/외상으로 인해 심각한 신체적 혹은 심리적 손상이 발생했거나 피해경험이나 외상이 전반적인 발달 기간에 걸쳐 발생했거나 최소 두 번 이상의 아동기 신체적 학대나 오토바이 사고와 같은 기타 외상 경험을 했거나 그 정도가 심각하다면 "Y"로 코딩한다.
- 정신장애 진단(예: DSM-5 용어로 외상 및 스트레스 관련 장애)을 내리기 위해서는 유해사건이나 외상 사건을 신중하게 고려하여 평가하는 것이 중요하다.

H9. 유명인 및 사회적 이슈와 관련된 만성이력

근거

광범위한 언론 보도, 가족의 거부, 혹은 공개적인 경멸의 가능성은 일부 개인들이 견디기에 힘들 수 있다(Sherman & Morschauser, 1989, 이승선, 김연식, 2008, 박종익, 김영주, 이수정, 2013). 특히, 사회저명인사로서 자신의 위치와 체면을 중시하는 사람은 구금에 대한 강한 수치심과 불명예로 자살을 하기도 한다(송현동, 2011, 곽대경, 2012, 김옥기, 2015, 김찬호, 2016). 만일 수용자가 사회 혹은 그의 가족들에게 존경받는 위치에 있다면, 자신의 체포로 당황하거나 굴욕적으로 느낄 자신이나 가족을 보게 되는 경우에 자살위험성이 증가할 수 있다(연성진, 안성훈, 2014).

지표: 대중 이목

• 언론에 사건이 보도된 적이 있음
• 사회적으로 이목을 끄는 범죄
• 사건으로 인해 공개적/사회적으로 심한 비난을 받음

지표: 존경받는 위치

• 가족 내에서 권위적인 위치에 있었음
• 직장/사회에서 권위적인 위치에 있었음
• 사회에서 권위가 있거나 명예로운 위치에 있었음
• 가족들이 전혀 예상치 못한 상황에서의 법적 문제가 야기됨

코딩 노트

• 조사원은 범죄가 대중의 이목을 이끄는지(사건이 매우 크게 보도) 혹은 충격적인지를 평가해야 한다.
• 수치심, 억울함, 모멸감, 절망감 등 자살과 관련된 정서를 가지고 있었는지 고려해야 한다.
• 추가적으로, 사건이 대상자의 사회, 가족, 혹은 직장 중 하나 이상의 입지에 영향을 주었는지 여부를 결정하기 위해 대상자의 위 영역 내에서의 위치가 평가되어야 한다.

H10. 치료 또는 관리 반응과 관련된 만성이력

근거

자살시도, 자해시도 전력이나 자살사고는 향후 자살 예측에 있어 강력한 요인이 된다는 것이 다수의 연구에 의해 밝혀졌다(Sherman & Morschauser, 1989; 서종한 등, 2012). 따라서 과거 자해 혹은 자살시도로 상담 혹은 치료를 받고 있었는지 확인해볼 필요가 있다. 또한 정신질환 치료에 대해서도 고려해야 한다(박종익, 김영주, 이수정, 2013; 김옥기, 송문호, 2015).

상담, 통원치료, 혹은 입원치료 등 어떤 형태의 치료형태였는지 그리고 그 개입(상담, 통원치료, 입원치료)에 반응은 어떠하였는지도 고려해야 한다. 또한, 치료 중에 알코올 혹은 약물 등을 재사용하였었는지도 반드시 확인해야 한다.

특히 자살과 가장 깊은 관련성을 갖는 우울증에 대해 높은 관심을 보여야 하는데, 우울 증세가 지속되는 경우 무력감과 죽고 싶다는 생각을 지속적으로 하게 되므로 약물치료 혹은 복용을 거부하거나 반응성이 떨어질 수 있고 이런 경우, 자살에 직접적으로 영향을 미칠 수 있다(도상금, 최진영, 2003).

지표

- 치료개입이나 관리 프로그램 참여를 거부함
- 프로그램이나 개입을 중도 포기함
- 예정된 약속이나 회기에 피하거나 지각함
- 프로그램 시행을 간섭하거나 방해함
- 다른 개입이나 관리 활동에 순응하지 않음
- 개인이나 집단 프로그램에 참여하지 않거나 프로그램 진행자와 어울리지 않음
- 동기나 노력이 거의 보이지 않음
- 약 복용에 순응하지 않음
- 개입이나 관리의 효과성을 의심하는 말을 함
- 개입이나 관리에 참여하지 않을 것이라고 함
- 가식적으로 혹은 거짓으로 성실한 척 참여함(즉, "좋아 보이게" 시도함)
- 개입이나 프로그램의 목적을 방해하는 행동에 관여함(즉, 물질남용 치료 중 물질을 사용함)

코딩노트

• 상담 및 치료 중 회기에 성실히 참여하였는지 확인해야 한다.
• 상담 및 치료 중 알코올, 약물을 다시 시작하였는지 확인해야 한다.
• 처방받은 약을 꾸준히 복용했는지 확인해야 한다.
• 치료순응도가 좋지 않아 입원을 하였는지 확인한다.

E1. 최근 중요한 상실

근거

Sherman과 Morschauser(1989)는 심각한 상실을 경험하는 것이 자살의 위험을 증가시키는 요인이라고 주장하였다. "(자신에게) 중요한 사람의 죽음, 중요한 관계의 상실, 건강함을 잃음, 사회적 또는 경제적 지위 변화 등은 개인의 감정과 행동을 크게 바꿀 가능성이 있다."

백기동(2013)의 연구에 따르면, 질병이 있는 경우가 없는 경우보다 자살생각이 높았으며, 주관적으로 느끼는 건강상태가 나쁠수록 자살생각을 더욱 많이 한다는 것을 발견하였다. 또한 건강상태가 자살위험에 간접적으로 영향을 미칠 수 있으며, 건강상태가 우울에 직접적인 영향을 미치고 그로 인해 자살위험이 높아진다는 것을 발견하였다(강희숙, 김근조, 2000).

Joiner 등(2007)은 대인관계 욕구의 결핍과 사회적 체계에서의 고립, 대인관계 왜곡현상이 지속되면 사람들이 자살생각을 할 수 있다고 보고하였다. 청소년, 대학생, 노인 등 다양한 연령을 대상으로 실시한 연구들에서도 주변 대인관계 및 가족관계에서 스트레스를 경험하거나 갈등을 겪거나 고립감을 느끼는 경우에 자살생각이 증가할 수 있음을 보여주었다(Wilson et al., 1995; Van orden et al., 2008; 이지연 등, 2005, 이민아 등, 2010). 자살 촉발사건을 살펴본 연구에서 부인의 가출, 이혼소송, 출소 후 가족과의 연락 두절, 아들 내외가 자신을 떠남, 부부싸움, 고부 간의 다툼 등으로 인해 대인관계가 상실된 경우에 자살이 발생한 것으로 나타났다(김효창, 2006).

한편 고용상태 역시 자살에 영향을 미치는 요인으로 알려져 있는데, 특히 중고령층의 경우에는 실직을 하였거나 은퇴를 경험하는 경우에 자살 위험이 높은 것으로 나타났다(Kposowa et al., 2001). 서종한 등(2012)의 연구에서는 실직뿐만 아니라 직업을 갖고 있더라도 앞으로의 불안정성 때문에 느끼는 지나친 걱정이 자살과 관련된 위험요인으로 작용함을 보여주었다. 따라서 조사원은 최근 중요한 상실을 평가함에 있어 평가대상자가 **급격한 건강 상실, 심각한 관계 단절/갈등/상실, 급작스러운 실직과 경제적 손실**을 경험했는지 확인하고 이를 중점으로 고려하여 판단해야 한다.

지표

- 최근 (신체/정신)건강에 심각한 문제가 발생
- 최근 배우자(유사관계 포함)에게 이혼 및 이별 통보
- 최근 가족 및 지인과 심각한 갈등이나 관계단절
- 최근 가족 및 지인의 죽음
- 최근의 상실을 중요하게 생각
- 최근의 상실로 심리적 혹은 행동적 변화
- 최근 재정적 어려움
- 환경변화로 인한 심한 좌절 및 갈등(동료, 환경, 근무시간, 직종변환 등)
- 상실에 대한 과도한 걱정

코딩 노트

- 조사원은 대상자가 상실을 경험했는지에 대한 여부와 대상자가 이러한 피해를 개인적으로 심각하게 받아들이는지에 대한 여부를 평가해야 한다.
- 다시 언급하지만, 어떤 것이 상실이라고 여겨지는지와 어떤 것이 중요하다고 여겨지는지에 대한 것은 개인에 따라 다르다. 이 주제는 대상자의 인식이 중요하다.

C1. 최근 정신증과 이로 인한 사고장애

근거

이 위험요인은 H6(만성요인)에서 정의한 정신병력이 최근에 활성화 된 적이 있는지와 관련이 있다. 많은 연구에서 정신증과 사고장애와 관련된 자살 위험성을 보고하고 있다(Hales & Yudofsky, 2002; 남윤영, 2003; Tidemalm et al., 2008; 최재원, 2010; 함근수 등, 2014). Fremouw 등(1990)은 정신병이 자살의 주요한 위험을 나타내고 이 관계는 정신병이 조현병이나 정서장애의 부차적인 것인지 여부와는 독립적이라고 결론을 내렸다. Patterson(1983, as cited in Sherman & Morshauser, 1989, p. 122)은 "어떤 정신병이든 판단이나 합리적인 사고가 심각하게 손상되거나 망상이나 환각을 경험한다면 환자에게 위험을 초래할 수 있다."고 언급하였다. Joiner 등(2008)의 연구에서도 정신과 진단 여부가 자살 위험성을 증가시킬 수 있으며 특히 경계선 성격장애, 조현병, 우울증, 조울증, 알코올 관련 약물중독이 가장 빈도가 높았고 반복적인 자살 시도, 자살에 대한 두려움 둔감화, 자살행위의 치명성 증가 등으로 자살 가능성이 높아진다고 보고하였다. 그러므로 특정한 정신병이나 사고장애의 증상은 자살위험의 예측에 중요한 요인이라고 볼 수 있다. 이 위험요인이 과거에 존재했더라도 현재 또는 최근에 활성화 된 적이 있는지 확인해야 한다. 조사원은 **정신증이 존재하는지, 정신증으로 인한 사고장애**가 나타나는지 확인해야 한다. 조사원은 이외에 **기타 다른 정신장애**(예: 신경발달장애(지적장애))가 존재하는지 확인해야 한다.

지표

- 급성 양성 증상(예: 환각, 망상)
- 혼미 혹은 혼란 증세
- 기이한 행동
- 고통, 초조함이나 불안과 관련된 증상
- 최근 환각 및 망상에 따라 행동한 적이 있음
- 증상이 현실 검증력을 방해함
- 증상이 스스로 돌보는 능력을 방해함
- 지적 기능의 결함
- 계획, 기억, 주의, 충동 통제, 추론하기를 포함하는 실행기능상의 결함

코딩 노트

- C1(최근 정신증과 이로 인한 사고장애)에 관한 내용은 H6(정신병력과 관련된 만성이력)에 자세히 서술하였으므로, 조사원은 이 증상에 대해 평가를 할 때 H6를 참고하여 코딩을 한다.
- 조사원은 대상자가 현재 정서장애에 대한 기준에 충족되는지와 더불어 그가 사고장애의 증상을 겪고 있는지를 확실하게 판단해야 한다. 사고장애와 정신병적 증상을 평가할 때, 대상자가 어떤 증상이든 경험하고 있다는 것을 부정하는 경우에 임상적 판단을 사용하는 것은 조사원에게 중요하다.
- 실제 정신병적 증상이나 이로 인해 사고장애를 경험하고 있는 것으로 보인다면 조사원은 이에 대한 대상자의 거부를 무시할 수 있다. 여기에는 비정상적인 사고 내용, 과대 성향, 환각, 지남력 상실, 개념의 와해, 기이한 행동, 의심, 정서적 위축, 그리고 비정상적인 독특한 행동과 가식이 포함된다.
- 이 위험요인은 가능하다면 정신장애 진단을 내릴 수 있는 합법적인 자격을 갖춘 조사원이 평가 대상자를 직접 평가해서 코딩해야 한다. 물론, 조사원은 과거 평가 및 진단이 포함된 차트나 기록이 상당히 많이 필요할 수도 있다. 이 경우, 조사원은 "확실한"에 코딩할 수 있다.
- 정신장애 진단을 내릴 수 있는 합법적인 자격을 갖추지 못한 조사원은 이 위험요인을 신뢰할 만한 차트나 기록에 있는 과거 평가 및 진단에 근거하여 코딩해야 할 것이다. 이 경우, 조사원은 "확실한"에 코딩할 수 있다.
- 조사원이 평가 대상자를 직접 평가하는 것이 불가능하거나, 차트와 기록에 있는 과거 평가 및 진단을 신뢰하기에 다소 의심스러운 경우에, 코딩한 위험요인과 존재유무 간에 밀접한 관련이 있다고 생각하는 점을 최대한 자세히 보고해야 한다. 이러한 경우에, "잠정적인"으로 코딩해야 한다.
- 조사원이 현재 주요 정신장애에 관한 신뢰할만한 정보가 없을 때는, "확실한"이나 "잠정적인"으로 코딩할 필요 없이 "생략"으로 코딩하면 된다.

C2. 최근 우울증 증상과 수면장애

근거

우울증 증상과 자살 위험 간의 중요한 관계는 현재까지 많은 연구를 통해 입증되어 오고 있다(Beck et al., 1993; Dumais et al., 2005; Palmer & Connelly, 2005; Sommers-Flanagan & Sommers-Flanagan, 1995; Weishaar & Beck, 1992; Holma et al., 2010; 전홍진, 2011; 서종한 등, 2012; Chesney, Goodwin, & Fazel, 2014). **Tanney**(1992)는 우울증의 두 가지 하위유형인 주요 우울증, 정신증적 우울증과 자살행동 간의 강력한 관계가 있음을 보고하였다. 마찬가지로 그는 자살과 관련이 있는 가장 중요한 정신질환이 정서장애라고 보고하였다. **Balazs** 등(2006)은 조울병과 자살위험 간의 강력한 관계에 대해 기록하였다. 자살경향성을 평가하는 데 있어 위험요인으로써 절망감과 마찬가지로 우울증의 증상을 고려하는 것은 중요하다. 국내 연구에서도 우울이 자살생각에 직접적이고 결정적인 영향을 미칠 수 있으며, 다른 변수들이 자살생각에 영향을 미치는 것을 매개한다고 보고되었다(엄현주, 전혜정, 2014; 육성필, 2002). 또한 에너지상실, 수면장애, 식욕방해, 체중저하, 복부통증, 두통, 성에 대한 관심부족, 대인관계 약화, 자기 파괴적 자살행동과 유사자살 등이 자살 외에 우울로 인한 장애로 나타나고 있다(최정윤, 2000).

수면시간과 수면의 질이 역시 자살생각과 연관되어 있다는 연구결과들이 있다. 황은희와 박민희(2016)는 성인의 수면시간과 자살생각과의 관련성에 대해 연구하였는데, 그 결과 1~5시간의 짧은 수면을 취하는 경우에 6시간 이상 수면을 취하는 경우와 비교하여 자살생각을 하는 위험이 1.33배 높았고, 다른 연구들에서도 짧은 수면시간이 자살생각과 관련이 있으며, 특히 불면증으로 인해 하루 5시간 이하의 수면을 취하는 사람들의 경우 자살위험이 높다고 보고하였다. 또한 수면의 질이 낮은 경우에도 자살 위험을 증가시킨다는 연구결과가 있다(Blasco-Fontecilla et al., 2011; 이원철, 하재혁, 2011; Turvey et al., 2002).

지표

- 불행하거나 우울하다고 느낌
- 불행하거나 우울함을 자주 느낌
- 불행하거나 우울한 느낌이 오래 지속
- 식욕의 증가나 감소를 경험
- 일상 활동에 대한 흥미나 즐거움 저하
- 집중력 저하

- 무망감에 대한 언급
- 의욕상실 및 무기력감
- 수면장애
- 수면제 복용
- 비언어적 행동(무표정, 눈 마주치기 회피 등)
- 최근 발생 혹은 악화

코딩 노트

- 조사원은 가장 최신의 진단체계(DSM-5, ICD-11 등)에 따라 수감자가 우울장애에 대한 진단적 기준을 충족하고 있는지에 대해 평가해야 한다.

A1. 개인적 지지

근거

사회적 지지는 자살위험을 줄여주는 보호요인으로 작용할 수 있는 반면, 사회적 지지나 정서적 유대의 결핍은 많은 서로 다른 집단에서 자살위험요인으로 확인되었다(Compton et al., 2005; Greening & Stoppelbein, 2002; Polvi, 1997; Thompson et al., 2002; Conwell, Duberstein, & Caine, 2002; 구교옥, 2011; 서종한, 2012; Gooding, et al, 2013; 홍예진, 박주희, 2015). 사회적 지지는 가족 및 친척, 주변지인 및 이웃, 전문가 등으로부터 받을 수 있는 사랑, 존중, 인정, 상징적 혹은 물질적 도움 등을 포함하고 있다(박지원, 1985; 구교옥, 2011). 자신이 살고 있는 사회적 환경에서 가족이나 다른 사람들에게 긍정적 및 정신적 지지 자원을 받을 때 삶에 대한 희망이나 욕구가 높아지는 반면(구교옥, 2011), 외로움, 사회적 위축, 지지체계 결핍, 상실 등 다양한 측면의 사회적 고립감은 자살행동으로 이어질 수도 있다(설희원, 2014; Hall-Lande, Eisenberg, et al., 2007; Jacobs & Teicher, 1967; Trout, 1980).

서종한 등(2012)의 연구에서도 자살과 관련된 가장 중요한 변인으로 주변인과의 관계형성을 꼽았는데, 자살자의 경우에는 주변에 자신의 고민이나 걱정을 공유할 수 있는 사람이 없거나 극히 소수였음을 보고하였다. 사회적 지지는 상실, 신체적 혹은 정신적 질환, 실직 및 경제력 상실을 경험한 사람들을 자살로부터 보호해주는 요인으로 밝혀졌으며(Brown, Vinokur, 2003), 가족의 지지와 응집력이 높아지면 우울과 자살생각이 감소하며, 친구와 가족 관계에서 긍정적인 사회 지지체계가 있는 경우 자살행동을 유의미하게 낮춰줄 수 있다는 연구결과가 있다(김효정, 정미애, 2010; Hirsch, Barton, 2011).

지표

- 필요할 때 정서적 지지를 받을 수 있는 가족이 없음
- 필요할 때 정서적 지지를 받을 수 있는 친구 및 동료가 없음
- 가족 및 지인과의 연락 단절
- 경제적 지원을 해줄 수 있는 사람이 없음

- 누군가에게 지지를 요청하는 것이 불편하거나 쉽지 않다고 느낌
- 도움의 거절(의료적 치료를 포함한 일체의 도움 거절)
- 지지를 받을 수 있는 사람이 존재하지만 그들이 얼마나 지지적일지 불확실
- 지지를 받지 못하는 것에 대한 걱정과 불안

코딩 노트

- 조사원은 평가대상자를 지지해줄 수 있는 누군가가 있는지에 대해 평가해야 하고, 대상자가 실제로 그렇게 해 왔는지는 상관없이 지지를 요청한 것에 대해 편안함을 느끼는지 평가해야 한다.
- 개인적 지지에 대한 개인이 느끼는 자기-인식이 중요하다.

A2. 최근 불안정성

근거

이 위험요인은 대상자의 **정서, 인지, 행동** 기능에서 심각하고 불안정한 적응 상태를 반영한다. 불안정성에서 가장 대표적으로 나타나는 자살위험요인은 절망감과 죄책감이다. 절망감은 자살위험의 가장 강력한 지표 중 하나이다(Sherman & Morscha-user, 1989). 절망감과 자살행동 간의 관계는 정신질환과 대상자 집단에서 반복적으로 나타났다(Chapman et al., 2005; Heisel, Flett, & Hewitt, 2003; Ivanoff & Jang, 1991; Mils & Kroner, 2004; Palmer & Connelly, 2005). **Weishaar**과 **Beck**(1992)은 자살행동과 절망감의 관계에 대해 입증한 문헌들을 검토하였고, 절망감이 우울보다 자살행동과 더 강한 관련이 있다고 결론지었다. 그들의 행동에 과도한 죄책감을 느끼는 개인들은 지나친 죄책감을 표현하지 않는 사람들보다 더욱 미래에 대한 절망감을 느끼는 경향이 있다. 미국자살학협회에서는 자살의 경고 신호를 쉽게 기억하고 평가할 수 있도록 열 가지의 위험징후를 선정하고, 머리글자를 따서 'IS PATH WARM'이라는 약어를 만들었다(Juhnke et. al., 2007). 각 머리글자는 ① Ideation(자살사고: 스스로 목숨을 끊고 싶다고 하거나 다치게 하고 싶다는 생각을 표현), ② Substance abuse (약물 남용: 약물 남용 혹은 약물 사용의 증가), ③ Purposelessness(목적 상실: 삶의 목적 의식이 없음, 살 이유가 없다는 표현), ④ Anxiety(불안: 불안하고 초조하여 편히 쉬지 못하고 잠을 제대로 자지 못함), ⑤ Trapped(갇힌 느낌: 현재 상황에서 벗어날 수 없다고 생각), ⑥ Hopelessness(무망감: 미래에 대해 희망이 없다고 생각, 부정적 신념), ⑦ Withdrawal (철회: 가족, 친구, 타인으로부터 멀어지고자 함), ⑧ Anger(분노: 쉽게 화를 내거나 화를 통제하지 못함), ⑨ Recklessness(무모함: 결과를 생각하지 않고 위험한 행동을 함), ⑩ Mood changes(감정의 변화: 급격하게 기분이 변화함)를 의미한다. 이러한 자살 위험 요인들을 보이는 사람들은 자살 충동을 더 쉽게 가질 수 있고, 자살이 최선의 선택이라고 여길 수 있다(Gerald A. et al., 2007).

불안정성 요인 중 자살 위험에 많은 영향을 미치는 인지영역 지표에는 대표적으로 '짐이 된다는 인식 혹은 짐스러움'이 있다. 짐이 된다는 인식은 실업, 가족 갈등 및 신체질병을 포함하며 이러한 부정적 사건이 가족 등 다른 사람에게 짐스러움으로 여겨지기 때문에 자살과 관련이 있다(Van Orden, Witte, Cukrowicz, Selby, & Joiner, 2010). 짐이 된다는 인식은 자신이 무기력하고 무능하다는 지각에서 비롯되며, 무력감이 지속되면서 타인에게 짐이 된다는 생각을 하게 되고, 결국에는 자신이 죽는 것이 가족이나 주변 사람들에게 더 나을 수 있다는 왜곡된 사고를 하게 된다(Joiner, Van Orden, Witte, Selby, Riverio, Lewis, & Rudd, 2009). 추경진과 이승연(2012)의 국내 연구에서는 짐이 된다는 인식이 자살에 미치는 영향력을 알아보았고, 짐이 된다는 인식이 자살 생각뿐만 아니라 절망과 우울에도 직접적인 효과를 미쳤으며, 짐이 된다는 인식이 절망과 우울을 매개하여 자살생각에 미치는 간접효과도 유의미하게 나타났음을 보여주었다.

지표: 정서 불안정성

- 미래에 대한 희망이 없어 보임
- 미래에 대한 계획이 없음
- 인생에 긍정적인 것들이 없다고 생각
- 과도한 절망감
- 무망감 혹은 낙담
- 주변도움추구 포기
- 고립/회피/철수

- 쾌감/즐거움 상실(우울감)
- 무기력감
- 정서적 상태의 급격한 변화(평소 우울하고 초조하던 사람이 갑자기 밝아지고 차분해짐)
- 잦은 감정 표출
- 초조하거나 긴장
- 불안감/공황증세

지표: 인지 불안정성

- 과도한 죄책감
- 죄책감으로 일상생활에 부정적 영향(식사, 수면 등)
- 자기처벌

- 자신에 대한 부정적 평가(자신이 나쁘고 악하다고 생각)
- 주의집중을 잘못하거나 유지할 수 없음
- 왜곡된 귀인양식
- 짐이 된다는 인식

지표: 행동 불안정성

- 갑작스런 분노나 공격성의 표출
- 가만있지 못하고 안절부절함
- 충동적이거나 위험/무모한 행동
- 자기-파괴적인 행동
- 비자살적 자해
- 폭력적 행동

코딩 노트

- 조사원이 죄책감의 수준이나 미래에 대한 절망감을 평가하기 위한 시도로 개방형 질문을 사용하는 것은 유용하다. 과도한 죄책감이나 미래에 대한 절망감에 대한 이슈는 초기 면담의 다른 부분에서 나타날 수 있으므로 조사원은 다른 맥락에서 이러한 부분을 주의 깊게 경청해야 한다.

A3. 스트레스와 대처

근거

스트레스는 살아가면서 누구나 겪는 것이고 무조건 부정적이라고 볼 수는 없으나, 스트레스가 과도한 경우에는 신체건강과 정신건강에 부정적인 영향을 미치며 불안, 우울, 긴장, 절망 등을 경험할 수 있다(박은지, 2014). 한 연구에서는 자살을 시도한 사람들이 자살을 시도하지 않은 우울한 사람들보다 1.5배, 통제집단보다 4배나 많은 스트레스 경험을 보고한다고 밝혔다(Wang et al., 2007). 유현(2018)의 연구에 따르면 자살사고와 스트레스가 유의미한 상관관계를 가지는 것으로 나타났다. 청소년의 경우에는 과도한 학업스트레스가 자살에 영향을 미치며, 단일 스트레스를 경험한 뒤 즉각적으로 자살 행동을 선택하는 경향을 보여주었고(김기환, 전명희, 2000; 김진혁, 2003), 중년성인의 경우에는 생활스트레스 중에서도 직업안정성 스트레스와 경제관련 스트레스가 자살생각에 영향을 미친다는 것을 보여주었고 스트레스 대처 방안이 낮을수록 자살생각을 많이 한다고 보고되었다(박효미, 이혜순, 2013). 노인의 경우에는 단일한 스트레스 사건이 아닌 경제적 어려움, 친구 혹은 배우자의 사망, 건강문제, 가족문제 등의 다양한 생활스트레스 요인이 자살생각에 영향을 미친다는 것이 발견되었다(이미애, 남기만, 2007).

하지만 스트레스가 있는 모든 사람들이 자살생각을 하는 것은 아니며, 여기서 중요한 것이 스트레스 대처이다(Wang et al., 2007). 자살생각을 많이 하거나 자살을 시도한 사람들은 스트레스 사건에 대처할 수 있는 기술이나 전략을 덜 발달시키고 덜 사용하는 경향을 나타냈다(Kaslow et al., 2002; 하정희, 안성희, 2008 재인용). 스트레스 대처방식은 크게 두 가지 유형으로 나눌 수 있다. 먼저 문제중심적 대처방식은 스트레스 상황에서 문제에 직면하거나 계획을 세워서 문제를 해결하고자 하는 등 스트레스 상황을 직접적으로 변화시키고자 한다. 반면 정서중심적 대처방식은 스트레스 상황을 다룰 수 있는 전략이 모호한 경우 스트레스를 회피하거나 감정을 완화하는 등 간접적인 방식을 통해 스트레스를 해결하고자 하는 것이다(Eschenbeck, et al., 2007). 자살 행동을 한 정신과 입원환자를 대상으로 한 연구에서 환자들이 문제중심적 대처방식보다 정서중심적 대처방식을 더 많이 사용한 것으로 나타났다 (Puskar, Hoover, Miewald, 1992).

지표

• 스트레스 요인이 존재(헤어짐, 가족이나 친구의 죽음, 재정적 어려움, 고용의 어려움, 건강상태 악화 등)
• 평가 대상자가 위 스트레스 원으로 인해 실제 심각한 스트레스를 경험

• 스트레스 원을 피하거나 이로 인한 결과를 최소화하기 위해 대처 전략을 사용할 것 같지 않음
• 부적절한 대처 전략들을 사용할 가능성이 높음
• 과거 스트레스 사건에서 제대로 대처한 적이 없음

코딩 노트

• 스트레스는 주관적인 현상이므로 특정 개인에 대하여 평가할 필요가 있다. 그리고 대상자가 현재 스트레스 수준을 얼마나 보이는지와 과거의 스트레스 수준과 어떻게 비교할 수 있는지에 대해 평가해야 한다. 조사원은 지금껏 대상자가 사용한 대처체계와 그런 대처가 그들에게 실제 얼마나 성공적이었는지 평가할 필요가 있다. 이를 통해 그들이 최근 경험하는 스트레스를 어떻게 대처할 것인지도 이해할 수 있게 된다.
• 급성 및 만성적 신체질병을 가지고 있다면, 평가대상자가 그로 인해 얼마나 고통을 받고 있는지 일상생활이 얼마나 불편한지 확인한다. 또한 신체질병에 대한 적절한 치료를 받고 있는지 혹은 직원에게 도움을 지속적으로 요청하고 있는지 검토한다.

A4. 자살 사고 및 의도

근거

자살자와 비자살자를 구별하기에 가장 정확한 방법은 각 개인의 자살사고를 조사하는 것이다(Sherman & Morschauser, 1989). 자살사고는 자살을 행하려는 생각이나 사고로서 자살행위 자체와는 다르지만 종종 자살 과정의 첫 단계에 해당된다(Beck et al., 197. Weishaar와 Beck(1992)에 따르면 *"자살위협, 자살에 대한 집착, 죽음을 원한다는 직접적인 표현, 자살계획의 간접적인 지표"*로 자살사고를 좀 더 포괄적인 수준으로 보기도 했다(p. 468). 국내 연구에서도 자살사고가 자살행위나 자살시도와는 다른 속성을 지니지만 논리적으로 그에 앞선 것으로 자살을 예측하고 자살의도를 반영하는 중요한 변인임을 확인하였다(이현지, 김명희, 2007). Sommers－Flanagan와 Sommers－Flanagan(1995)은 조사원이 개인의 자살률을 평가할 때 *"우울증, 자살사고, 자살계획, 자기 통제력 수준, 자살의도"*(p. 42)에 초점을 맞추어야 한다고 주장하였다. 마찬가지로 연구에서 개인의 자살사고 빈도, 기간 및 강도를 조사해야 할 필요가 있다고 하였다. 또한 자살사고는 자살을 실행하기 전에 발생하는 사고과정이며, 자살사고가 높은 집단에서 낮은 집단보다 자살을 시도할 가능성이 6배나 높았다고 보고되었다(Fergusson, woodward, horwood, 2000; Kuo, Gallo, Tien, 2001). Franklin 등(2017)이 실시한 메타 연구에서는 자살을 세 번째로 잘 예측하는 변인이 자살사고임을 확인하였다.

자살의도와 자살행동 사이에는 밀접한 관련이 있음이 검증되었고, 자살의도를 이해하는 것은 자살위험을 이해하거나 예방하는 데 도움이 된다는 것이 밝혀졌다. (Sommers－Flanagan & Sommers－Flanagan, 1995; Weishaar & Beck, 1992; 김현순, 김병석, 2008). 자살의도는 "죽음을 원하는 강도와 집착"(Weishaar & Beck, 1992, p. 468)이라고 말한다. 개인의 자살의도 수준을 알아보는 것도 중요하다(가능하다면 1점에서 10점 수준의 척도를 통해; Sommers－Flanagan & Sommers－Flanagan, 1995). 국내에서도 자살의도가 높은 경우에 자살을 상황이나 문제를 해결하는 뚜렷하고 수용가능한 해결책이라고 믿는다는 연구결과가 있다(용미주, 2011). 또한 자살의도가 높은 집단이 낮은 집단보다 자살시도 가능성이 높고, 자살의 전조 증상이라 볼 수 있다고 보고되었으며(엄태완, 2007; 권오균, 2013), 자살의도의 수준과 자살행동의 치명성이 양의 상관관계를 보인다는 것이 밝혀졌다(임미래 등, 2015). 서종한 등(2012)도 자살 의도와 관련된 사전 암시를 60.4% 가량 사망 전에 표현한다고 보고하였다. 한편으로 다른 지표에도 주의를 두는 것이 중요하다. 예를 들어, Kumar 등(2006)은 남성, 독신, 정신장애(특히 우울증)로 고통 받고 있는 경우에 높은 자살의도를 가지고 있다고 하였다.

지표: 자살사고

- 최근 자신을 다치게 하거나 죽일 생각을 함
- 최근 자살에 대한 생각을 멈추지 못함
- 최근 빈번한 자살 사고
- 최근 치명적 자살 사고
- 최근 자살을 생각하는 시간이 늘어남
- 최근 자살에 대한 간접적 언급(예: "장기기증 절차에 대해 물어봄")
- 최근 자살에 대한 직접적 언급(예: "죽고 싶다.")

지표: 자살의도

- 자신을 해치려는 생각에 대한 강한 정서적 반응. 즉, 상당히 혼란스럽거나(침습적이거나 원하지 않는 강한 정서반응), 매우 보상적임(즉, 긍정적이거나 만족스러운 강한 정서반응)
- 자신을 해치려는 구체적이고 현실적이며 실현 가능한 생각 및 계획
- 자신을 해치려는 강한 욕구나 충동 혹은 의도를 표현
- 최근 자신을 해치려는 생각이 심화
- 주변정리(개인 사물함 정리 및 동료에게 귀중품을 줌)
- 유서 작성

코딩 노트: 자살사고

- 조사원은 자살사고에 대해 평가할 때 직설적으로 말해야 하며, 자살사고를 가지고 있는지를 대상자에게 직접 물어보아야 한다. 자살사고의 유형, 빈도, 유지시간과 강도를 모두 평가해야 한다.

코딩 노트: 자살의도

• 자살사고와 마찬가지로 조사원이 자살의도에 대해 직접적이지만 세심하게 물어보는 것이
중요하다.

A5. 자살 계획

근거

자살 계획은 자살생각이 구체적인 행동으로 나가기 전 방법, 장소, 도구, 구조성 등을 머릿속에 떠올리는 단계이다. 다시 말해, 자살계획은 자살을 구체화하려는 생각이나 사고로서 자살과정의 중간 단계이며, 자살을 실행에 옮기게 하는 유발요인으로 여겨질 수 있다(Beck et al., 1979).

개인의 자살계획 평가는 자살방법, 자살도구 이용 가능성, 특수성, 치명성의 네 가지 요인으로 이루어진다(Hatton & Valente, 1984; Sommers–Flanagan & Sommers –Flanagan, 1995). Hatton과 Valente(1984)는 "우리 문화(미국)에서 가장 치명적인 자살 방법은 총을 쏘는 것이고, 두 번째로 가장 치명적인 방법은 목을 매는 것, 세 번째로 치명적인 방법은 (칼 등으로) 손목을 긋는 것이다."(p. 73)이라고 보고하였다. 또한 Joiner 등(2003)은 자살계획에 관련된 요인이 자살 시도력과 자살로 인한 실제 죽음과 긴밀한 관련성이 있다고 하였다. 김지훈과 김경호(2013)는 우울이 상대적으로 높고, 자아존중감이 낮은 경우에 자살계획을 구체화시킨다는 연구결과를 제시하였다. 한편, 연령에 따라 고령화될수록 자살계획을 더욱 치밀하게 세우고 주변 사람들에게 이를 숨기는 경향이 있다(Szanto et al., 2001). 이는 문동규(2012)의 연구에 따르면 나이가 많을수록 오랜 시간 동안 자살에 대한 장점이나 단점에 대해 신중히 생각하고, 자살이 합리적이라고 판단하면 치밀하게 자살을 실행하기 때문이라고 설명한다.

지표

- 현재 자살 계획을 가지고 있음
- 자살 방법, 도구, 시간, 장소 등이 구체적임
- 자살도구 소유(이용 가능성)
- 자살방식이 치명적임(예: 목매기)
- 자살계획의 실현 및 성공 가능성이 높음
- 최근 치명적 자살 사고
- 자살을 생각하는 시간이 늘어남
- 최근에 나타남

코딩 노트

• 높은 치명성: 자살 행위와 죽음 사이의 시간 간격이 짧은 방법 또는 자살 행위에 따른 의학적 개입 가능성이 낮은 자살 방법. 대표적인 예는 목을 매는 것 또는 총기 사용 등이 있다.

• 중간 치명성: 자살 행동과 죽음 사이의 시간 간격이 적당히 긴 방법 또는 자살행동에 따른 의학적 개입의 가능성이 중간 정도이거나 높은 자살방법. 이러한 방법의 예는 약물 과다복용 또는 손목을 긋는 것 등이다.

• 만약 대상자가 조사원과 (자살시도를 하지 않겠다는) 약속을 할 의지가 있는 경우에는 문서 등의 방식으로 분명히 해야 한다. 또한, 대상자의 자살계획(방법, 수단, 가용성 등)을 주변 사람들에게 알려야 한다.

A6. 자살시도와 처치

근거

이 위험요인은 최근에 급성으로 자살시도 및 자살시도 중 저지 혹은 개입 등의 처치가 있었는지와 관련이 있다. 앞서 제시한 자살생각과 계획을 거쳐 첫 번째 자살시도가 일어나고 자살 시도가 반복되면서 종국에는 죽음에 이르는 순서를 따르게 된다(전홍진, 2011). 김정진(2009)은 대학생을 대상으로 한 연구에서 자살에 가장 영향력이 높은 예언변인이 자살시도라는 것을 밝혔다. Cooper 등(2005)의 연구에서는 자살시도 후 4년 이내에 자살을 다시 시도한 사람들의 자살 위험도가 일반인과 비교하여 약 30배 증가한다고 보고하였으며, 세계보건기구에 따르면 20번의 자살시도가 있으면 이 중 한 번의 자살이 발생한다는 결과를 제시하였다(WHO, 2009). Szanto 등(2001)에 따르면 고령화될수록 좀 더 치밀하게 자살을 계획하거나 주변 사람에게 이를 숨기려는 경향이 있다고 하였다.

자살시도는 실제로 죽을 의도가 있었는지에 따라 크게 자살시도(suicide attempts)와 비자살적 자해(non-suicidal self-injury)로 구분할 수 있다. 비자살적 자해의 기능에 관한 연구(Nock, 2009)는 사람들이 일반적으로 자해를 할 때, 다음의 네 가지 측면에서 그 기능이 서로 다르다고 이야기하고 있다. 우선, 내적-부적 강화(intrapersonal-negative reinforcement)는 자신의 부정적인 감정이나 사고를 줄이는 기능을 한다. 두 번째, 내적-정적 강화(intrapersonal-positive reinforcement)는 쾌감 상실 또는 무감각을 경험할 때 감정과 감각을 느끼려는 기능을 한다. 세 번째, 사회적-부적 강화(interpersonal-negative reinforcement)는 자신이 바라지 않는 사회적인 상황에서 벗어나고자 하는 기능을 한다. 마지막으로, 사회적-정적 강화(interpersonal-positive reinforcement)는 다른 사람과 대화를 하거나 도움을 얻고자 하는 기능을 한다(Nock, 2009; Nock & Prinstein, 2004, 2005). 이러한 비자살적 자해는 통증이나 두려움에 둔감해지게 만들고, 결국 자살시도를 실행할 수 있는 능력을 갖추도록 돕는다(Joiner, 2007).

자살시도와 함께 나타날 수 있는 요인 중 하나의 시도로 누군가로부터 이를 저지당하거나 시도 이후 개입을 통해 처치를 받은 경우가 있다. 자살시도 과정 뿐 아니라 자살시도 자체가 좌절된 경우 자살시도자는 반복해서 자살을 시도하려는 경향이 있다(Joiner, 2010). 2017년 응급실 기반 자살시도자 사후관리사업 결과(보건복지부와 중앙자살예방센터, 2017)에서 자살시도자의 35.2%가 과거에 자살을 시도한 경험이 있었고, 75.3%가 1주일 이내 다시 자살시도를 할 계획이 있다고 응답하였으며, 대부분 6개월 이내에 다시 자살계획이 있다고 응답하였다.

지표: 자해 및 자살시도

- 최근 자살 시도
- 최근 빈번한 자살 시도
- 최근 치명적 자살 시도

- 최근 자해 시도
- 최근 빈번한 자해 시도
- 최근 치명적 자해 시도

코딩 노트

- 조사원은 대상자에게 최근에 급성으로 나타난 최근 급성(갑자기 특정 사건으로 인한 촉발)으로 자살 시도를 한 경우 혹은 자살시도 중 자살시도 과정에서 누군가에 의해 처리, 저지, 혹은 개입을 받은 경우를 확인할 필요가 있다.
- 만약 대상자의 자살시도가 비자살적 자해 행동이라면 이를 통해 얻고자 하는 것이 무엇인지 탐색해야 한다.

부록 1

심리부검 자살전문가 토론 사례

1957년 9월 15일, LA 세인트루이스에 사는 한 65세 남성이 자신의 침실에서 죽은 채 발견되었다. 38구경 리볼버 총알이 전두엽을 관통한 것이 사인이었다. 흉기인 총은 고인이 사냥을 할 때 사용하던 것이었고 혈중 알코올 농도는 0.12였다. 외견상 마치 자살처럼 보였다. 그러나 고인의 부인, 이웃, 친구들은 모두 입을 모아 자살일리가 없다고 주장했다. 주변 사람들에 의하면 사망자는 활기차고 헌신적이고 뚜렷한 독립심이 있으며 도덕적인 기독교인이었다.

사건 이후 인터뷰를 한 사람은 사망자의 부인, 고용주, 외과의사, 그리고 절친한 친구 5명이었다. 내용은 상당 부분 일관성이 있어 보였다. 사망자는 35년간 결혼 이후 지금의 아내와 함께 지내왔다. 딸이 한 명 있었지만 결혼 후 출가한 상태였고 사망자의 집에서 얼마 떨어지지 않은 곳에 살고 있었다. 부부는 결혼생활 내내 같은 집에서 떨어지지 않고 살았다.

남편은 45년 동안 같은 직장에서 감독관의 일을 했고 원래는 사고가 나기 한달 전에 은퇴하기로 예정되었지만, 후임자 교육을 위해 5~6개월 간 직장에 그대로 남게 되었다. 주변 사람들에 의하면 망자는 활기차고 헌신적이고 독립심이 있으며 고집스러울 정도로 완벽을 추구하는 남성이었다. 주변 사람들이 한결같이 그를 존경하거나 칭찬일색으로 증언했다. 그를 세상의 소금에 비유하며 아주 훌륭한 친구라며 치켜세웠다. 면담 대상자 모두가 그의 죽음이 자살이 아닐 가능성을 제기했다.

그는 취미 생활에 활동적인 사람이었고 꽃과 화단, 정원을 잘 가꿨다. 운동도 좋아했는데 친구들과 어울려 골프를 정기적으로 치기도 했다. 사냥도 즐겼는데, 최근 아내의 병이 악화되면서 몇 년 동안 거의 운동을 하지 못한 상태였다. 망자는 개인적으로 몇 자루의 총을 소장하고 있었다. 사건에 쓰인 총도 오랜 기간 그가 가장 아끼며 보관해 온 것이었다. 집회소에서 왕성하게 활동했는데 정기적으로 관례상 신입 회원들을 가르치면서 많은 시간을 보낸 곳이기도 했다. 사회적으로 활발하게 참여했지만, 그렇다고 해서 음주가무를 즐기는 사람은 아니었다. 오로지 음주는 집에서 친구들하고만 가끔 하이볼(일종의 칵테일)을 하며 즐겼을 뿐이다.

사망자와 부인은 수입에 맞게끔 생계를 꾸려갔고 특별히 경제적 문제는 없어 보였다. 은퇴 이후의 삶에 대한 계획이 충분해 보였고 회사에서 나오는 수입금과 연금을 볼 때 문제없이 안정적으로 생활할 수 있는 수준이었다. 보험관련 문제는 없었고 단 한번 생명 보험 정책에 따라 수혜를 받았던 적이 있었다.

부인은 늙고 쇠약해 보였으며 지난 몇 년간 대상 포진에 심하게 걸려 고생을 하고 있는 상태였지만 최근 병세가 호전되어 거의 회복되는 과정이었다. 부인이 병을 앓는 동안 망자는 주변 사람에게 외로움을 호소했다. 부부 간에 결혼 생활은 매우 좋았다고 하며 서로 문제가 있을 때는 늘 남편과 허심탄회하게 상의하며 지냈다고 했다. 다만 부인은 눈치가 없고 우유부단한 성격이 있어 어떤 상황이든 이해하지 못하는 측면도 있어 보였다고 했다.

사망자의 건강상태를 살펴보면, 한쪽 눈 시야에 심한 문제가 있었고 이것으로 인해 약간의 스트레스를 느낄 정도였다. 부인은 그가 약 두 달 전부터 한 차례의 우울증을 보였는데 그것은 아마도 은퇴를 앞두고 있기 때문이라며 짐작했다. 부인에 따르면 사망자가 우울해질 때는 감정 자체를 부인하거나 회피하려고만 하는 사람이라고 했다. 보통 그의 우울감은 약 2주간 지속되었고 그 이후에는 평상시와 다름없는 행복한 사람으로 돌아오곤 했다. 담당 의사는 특히 그가 한쪽 눈 실명상태임에도 신체 건강 상태는 양호했다고 했다. 정보제공자들 중 아무도 그가 시각장애가 있다는 사실을 몰랐고 모두들 그가 신체장애를 그들에게 철저히 감춘 것에 놀라워했다.

의사는 그가 몇 년 전에는 시력감퇴로 인해 한쪽 눈을 잃었지만 나머지 눈은 그럭저럭 잘 기능하고 있었다고 했다. 하지만 약 두 달 전에 다른 쪽 눈 시력마저도 점차 잃기 시작했고 그러면서 약간의 우울증을 호소했다. 의사는 그의 시력 손상이 심각한 상태라고 보았지만 경과는 아주 좋았다고 했다. 이 손상이 근시 뿐 아니라 난독증과 관련되어 있었지만 완전히 시력 상실을 보일 만큼은 심각해 보이지는 않았다.

사망자가 죽던 날 아침, 그는 일찍 일어나 여느 때처럼 친구들과 골프를 쳤고 좋은 성적으로 라운드를 마감했다. 특이한 일이나 상황은 없었다. 여느 때처럼 행복한 모습이었다. 골프를 마치고 오전 11시 30분경 귀가했고 정원에서 부인과 함께 꽃꽂이를 했다. 그리고 오후 1시쯤 드라이브인 식당에서 점심을 먹고 집으로 돌아온 후 꽃꽂이를 마저 끝냈다. 그날 오후 4시쯤 사망자의 집에 친구가 방문했고 집회소가 지원하는 자선 이벤트에 대해 이야기를 나눴다. 사망자는 기뻐하며 그에게 할당된 티켓을 이 이벤트에 팔 수 있겠다며 좋아했다. 당시에는 이상할 만한 것들이 전혀 없어 보였다. 함께 술 한 잔을 마셨고 가볍게 서로 마음이 통하는 대화를 이어갔다. 오후 5시 30분쯤 친구가 떠나자 사망자는 게임룸에 들어갔고 부인은 저녁을 준비하기 위해 부엌으로 향했다. 식사를 준비하는 동안 남편이 어디 있는지 알지 못했는데 부인이 기억하기로 차 폭발음 같은 것을 들었지만 특별히 그 소리에 관심을 기울이지는 않았다고 했다. 식탁에 음식을 차려놓고 남편을 불렀지만 대꾸가 없어 그를 찾기 위해 정원으로 가보았지만 찾을 수가 없었다. 집 주변을 이리저리 둘러보다가 결국 안방 침대에 누워 있는 그를 발견했다. 곧바로 이상한 낌새를 느낀 부인은 가장 가까이 있던 딸에게 전화를 했고 급하게 달려온 딸이 그제야 경찰서로 신고했다.

자살전문가 심리부검 토론[11]

1956~57년 134건의 연속적인 자살사건이 세인트루이스에서 발생했다. 위 사건도 그 중 하나였다. 연속된 자살에 주정부 당국은 철저한 조사에 들어갔다. 구조화된 면담 방법을 통하여 자살피해자에 관련된 메인 정보제공자와 평균 2.3명의 보조 정보제공자를 면담하고, LA 카운티 부검 사무실과 LA 자살예방센터 그리고 행동과학팀이 면담 결과와 사건 관련 자료를 철저히 검토했다.

이 조사 결과를 바탕으로, 당대의 유명한 심리학자와 정신과 의사들이 자살 사건 분석에 들어갔다. 그들은 바로 프레첼, 팩, 하이리그, 파브로, 리트먼, 알렉산더, 클러그먼, 마크스, 월드, 그리고 그린이었다. 전문가들은 위 사건을 두고 사망의 종류를 밝혀내기 위해 한자리에 모여 심리부검을 실시했다.

---

11) Bulletin of Suicidology, 1970, No. 7−Fall, 27−33; National Institute of Mental Health에서 인용.

사망자의 총기관리에 대하여

팩   : 어디에 총을 뒀습니까?

프레첼 : 침실에 당시 사망자가 소지했던 총을 보관했습니다.

팩   : 그 날 자신의 총을 청소했던 것일 수도 있지 않았을까요?

프레첼 : 주변에 총을 청소하는 어떤 도구도 발견할 수 없었습니다.

하이리그: 부인은 일어난 일을 어떻게 설명했습니까?

프레첼 : 부인은 단언컨대 그가 사냥을 준비하기 위해 총을 손질하는 와중에 발생한 것이라고 믿습니다. 명백한 점은 그가 피스톨을 항상 몸에 지니고 다녔다는 겁니다. 그녀의 설명이긴 하지만 그가 사냥을 나가는데 필요한 계획이나 생각의 일부분이라고 하더군요.

파브로 : 그의 집에선 총이 항상 장전되어 있었나요?

프레첼 : 부인의 진술로는 사망자가 그랬는지는 잘 모른다고 합니다. 만약 했다면 아마도 최근 이웃집에 도둑이 든 것 때문에 그랬을 것이라고 하더군요.

리트먼 : 그럼 이제 순서대로 한번 진행을 해 볼까요? 누군가가 스스로 쏜 총에 죽었다면 특별한 경우를 제외하고는 보통은 자살이라고 이야기하죠. 이를테면, 심각하게 약물에 중독된 상태이거나 총을 어떻게 다룰지 잘 모르는 경우이거나, 미성년자이거나 총에 결함이 있는 경우이죠.

이 사람은 미성년자는 아니고 그 다음 남는 것은 약물 중독과 총 결함 가능성이 있습니다.

프레첼 : 총기를 잘못 다루었다고 이야기 할만한 이유는 없는 듯 보이는데 실제로 총기류를 평소에도 아주 잘 다뤘고 특히 이 총기에 경우에는 가장 잘 다뤘습니다.

사망자의 알코올과 관련된 문제, 불길함

리트먼 : 자, 그럼 그 다음 부분은 알코올 문제와 연결 지을 수 있을 것 같네요. 주변 사람에 따르면 사망자가 거의 금주가로 알려져 있고 마시더라도 아주

소량만 마셨다고 합니다. 혈중 알코올 농도를 보면 보통 작은 잔에 네 번 정도나 큰 잔에 두 번 정도 마신 것으로 나왔습니다. 아마도 그가 금주가 였더라면 이 정도의 음주량으로도 정신적인 혼란이 왔을 수도 있습니다. 하지만 저의 첫 가설은 우리에게 말하는 것보다 더 많은 양의 알코올을 섭취했을 수도 있다는 점입니다.

프레첼 : 저의 느낌도 비슷합니다, 왜냐하면 부인의 진술에 따르면 그날 음주와 관련된 행동에 대해 아는 바가 없었다고 했지만 그가 친구들과 함께 하이볼(위스키 같은 독한 술에 소다수 등을 섞고 얼음을 넣은 음료)을 여러 잔마셨다고 확인해 주었습니다.

알렉산더: 여기서도 부인이 사망자에 대해 정말 잘 모른다는 이야기가 될 수 있고 또는 최소한 그녀가 그에 대해 알고 있는 모든 사실에 대해 말하지 않았을 수도 있다는 점입니다. 어떤 분들은 결혼 생활에 다른 면이 존재했을 수도 있다는 의구심을 제기하기도 했습니다.

프레첼 : 흥미로운 점은, 그가 누구에게도 자신이 한쪽 눈으로만 볼 수 있다는 이야기를 하지 않았을 뿐 아니라 외견상 심각한 시력문제가 있다고 밝히지 않았다는 겁니다.

리트먼 : 한 번 더 이 점이 이상하다고 짚어 드립니다. 알코올 섭취가 이 사건에서는 새로우면서 불길한 느낌을 가져다주는 것 같습니다. 심각한 시력 손상을 겪고 있는 사람이 음주를 하지 말아야만 한다는 의료지시 같은 건 없었나요? 그렇다면, 의료적 조언을 따르지 않았다는 증거가 될 수 있습니다.

프레첼 : 의사로부터 그 내용에 대해서 들은 바는 없습니다.

눈 상태, 심각성을 아무도 몰랐나?

클러그먼: 눈 상태에서 좀 더 상세히 이야기 해 줄 수 있나요? 그가 시력을 잃고 있다는 사실 말고는 알고 있는 구체적인 정보가 없습니다.

알렉산더: 시력감퇴와 부종인데 일반적으로 노년에 발생하는 것으로 사실 신체적 퇴화가 있다고 봅니다. 이 과정은 서서히 나타났고 시력이 괜찮은 한쪽 부분이 부풀어 올랐고 이로 인해 망막의 동맥과 혈액 순환에 변화를 가

져 왔습니다.

하이리그: 이 때문에 운전하지 못했습니까?

프레첼 : 의사 말에 따르면 그렇지 않았답니다. 그의 문제는 근시 중 하나이고 운전은 원시와 관련된 것이기 때문입니다.

알렉산더: 죽음 직전에 차를 몰았습니까?

프레첼 : 그렇습니다.

파브로 : 놀라운 점은 그가 지역사회 내에서 직장이나 가정에서의 위치, 존경, 칭찬을 나타내는 정보가 놀라울 정도로 많았다는 점입니다. 하지만 여전히 그에게 의문스러운 점으로 여길만한 몇 가지 정보가 있는데, 사실 그의 친구 중 어느 누구도 그가 시력이 좋지 않다는 사실을 몰랐을 뿐 아니라 알코올 중독 가능성에 대한 의문점이 있다는 점입니다. 제가 궁금한 점은 다른 출처나 정보제공자에게서 얻을 수도 있는 그만의 다른 성격 기술 정보들이 있냐에 관한 것입니다.

심리부검의 지향점...... 삶과 죽음의 재구성

리트먼: 이 점에 대해서 좀 더 자세히 기술하겠습니다. 심리부검이 지향하는 특별한 목적을 보면, 자살 즈음해서 자살에 이를 만큼 그가 심리적으로 정말 취약했는지 혹은 50년 동안 성취 지향적인 삶을 살아온 관점에서 무엇이 그를 죽음에 이를 만큼 손상시켰는지에 대해 우리가 어떻게 재구성해 나갈 수 있을까요?

이것이 결손가정에서 온 것일까요? 부모로부터 버림받은 것일까요? 부모가 일찍 죽었나요? 물어야 할 많은 질문들이 있지만 불필요하게 그들에게 물을 필요는 없습니다. 우리가 물어보고 초점을 맞춰 보아야 할 것은 최근 경험했던 스트레스입니다. 그에게 요구되어 왔던 것에 사망자는 충실히 부응하며 부끄럽지 않게 살아 온 것처럼 보입니다. 최근 은퇴를 앞두고 있었기 때문에 그의 미래는 더 이상 그에게 많은 짐을 지우는 것처럼 보이지도 않습니다. 성공에 대한 욕구도 오히려 줄어들고 있었습니다. 종교와 철학적 입장에서 본 그의 생사에 대한 전망은 어떻습니까? 그의 건강은 얼마나 나빴습니까? 그의 부인은 그에게 어떤 도움을 주었습니까?

프레첼: 보통 어떤 사람과 이야기 할 때 그 사람의 성격에 대한 어떤 느낌 같은 것을 받게 됩니다. 내가 정보제공자들로부터 얻었던 느낌은 그가 너무나도 힘든 일관성을 유지하려 했던 전형적인 형태의 남자라는 점입니다. 그는 항상 상냥하고 긍정적인 사람으로 회자되고 있습니다.

현실은 전혀 그렇지 않아 보였는데 말입니다.

그의 성격, 강박적 성향, 높은 자존심

하이리그: 아마도 우리가 그의 성격에 대해 놓치고 있는 부분이 있을지 모릅니다. 분명한 점은 그 자신 스스로가 무기력하거나 의존적인 상태에 빠져들게 하는 사람은 아니라는 것입니다. 오히려 그는 자급자족적이거나 판단컨대, 대단히 적응을 잘할 수 있는 성격의 소유자라는 겁니다. 그는 프리메이슨 집회에서 회원들에게 도덕률에 대해 가르쳤고 끈기 있게 잘 맡아왔으며 병든 아내를 그동안 잘 돌봤습니다. 하지만 자신의 병에 대해서는 이야기하지 않았습니다. 자신의 의사에게조차도 시력이 걱정된다고 이야기하지 않았던 것으로 보아 이에 대해 매우 염려했을 수도 있지만 자존심이 강한 사람이었습니다.

이 점을 통해 보면 자신이 겪는 우울증에 대해서 이야기하지 않았을 겁니다. 은퇴와 관련된 걱정에 대해서도 의구심을 가질 수도 있구요. 아무도 그 사실에 대해 자세히 알지 못하는 듯 했습니다. 여기 바로 이 사람이 스스로를 의존적인 위치에 밀어 넣지 않았을 뿐 아니라 도움이 필요하다는 이야기도 하지 않았습니다.

알렉산더: 그의 과거를 볼 때 두 가지 관련된 성격 특성이 있음을 알 수 있습니다. 하나는 '부인(否認)'입니다. 눈 질병에 대한 사망자의 태도나 자신의 우울증을 다루는 방식에서 '부인'이 심각하게 나타나는 것을 볼 때 알 수 있습니다.

다른 하나는 '강박적 성격'을 가지고 있는 사람일 수도 있다는 점입니다. 지금까지 오랜 기간 습관적으로 직업 훈련에 참여해 오고 있었고 그것으로부터 많은 만족을 느꼈습니다. 사람들은 사망자 스스로가 어떤 능력을 가지고 있다고 생각하고 있었기 때문에 현재 삶의 위치나 직업에서 벗어나는 것, 이를테면 은퇴하는 것이 그와 같은 강박적인 성격을 가지고 있는 사람에게는 상상조차 할 수 없는 것일지 모른다고 이야기했습니다. 그런데 사고의 가능성에 대해서는 생각해 보지 않았습니까? 시력 상실 때문에 총기를 다루는 데 부주의했던 것일 수도 있지 않습니까?

리트먼 : 네. 그것도 하나의 가정입니다만, 어떤 증거를 요구해야 할까요? 어떤 사람이 사고를 당할 것 같은가요? 우리는 과거에 있었던 사건·사고 이력을 찾아보고 있습니다. 미끄러졌거나 부주의한 남자, 총기를 당장 치우지 않았던 남자, 장비를 잘 못 다뤘던 남자, 스릴감처럼 위험한 것을 즐겼던 남자를 찾고 있습니다만, 이 남자의 경우는 사고 없이 상당히 안정적이고 꾸준하게 총기를 다루었습니다.

안정적 일상…… 하지만

하이리그: 사망자는 아침마다 바깥에 나가서 골프를 즐겼던 사람입니다.

리트먼 : 네. 그렇습니다. 비록 느리긴 하지만 꾸준하면서도 일관성 있게 자신만의 페이스를 갖고 살았던 주도적인 사람입니다. 여태껏 단 한 번의 사고를 보이지 않은 유형의 사람이기도 하구요. 추정컨대 만약 그를 잘 알아왔던 사람에게 여태껏 그가 실수로 총을 떨어뜨린 적이 있는지 묻는다면 혹은 총을 가지고 실수를 한 적이 있는지 묻는다면 아마도 그들 모두가 '자살만큼이나 불가능한 일'이라고 말할 겁니다. 저 또한 이 부분이 쉽게 이해가 되지 않습니다. 아마도 누군가가 그를 쐈을 수도 있습니다.

프레첼 : 그래요. 그의 상사도 강조하면서 말하기를 완전히 의존할 만한 사람, 주의 깊은 사람이었다고 누차 이야기했습니다. 습관적으로 꼼꼼했던 사람이었고 사고나 행동에서 이상한 변화가 없었던 사람이라고 합니다.

타살 의문점

월드　：개인적으로는 타살에는 의문점이 든다고 말씀드리고 싶습니다. 명백히 이
　　　　해되지 않는 상황에서 어떤 논리를 찾으려는 사람에게 나타나는 경우처럼
　　　　이 상황도 마찬가지라고 생각합니다. 부인의 경우도 이전에 이웃에 도둑
　　　　이 들었다는 이야기를 주변 사람들로부터 들었을 때 타살에 대해 사전 암
　　　　시를 이미 받은 상태였습니다. 이런 형태의 이야기는 종종 실제 그곳에 없
　　　　었던 미스터리한 사람을 만들어 내기도 하고 이 미스터리한 방식으로 실제
　　　　누가 들어와서, 상처를 주고 유유히 빠져 나갔다고 생각할 수도 있습니다.

알렉산더: 저는 좀 반대로 말해보고 싶군요. 그는 시력에 심각한 결함이 있는 상태이고
　　　　어느 정도 취기가 오른 상태에서 스스로가 무기나 도구를 잘 다룰 수 있다는
　　　　지나친 자신감에 취했을 수도 있습니다. 이런 상태에서 총구를 들여다보거나
　　　　검사하는 조건이라는 그림을 간략하게 그려 봅시다. 그 자신조차도 그가 안정
　　　　된 상태에 있다며 상황을 잘못 판단한 상태에서 순간 총을 놓치면 우연히 격
　　　　발했을 수도 있습니다.

마크스　：다른 측면에서 이야기해보면, 앞서 설명된 것처럼 그는 아주 자상한 사람
　　　　입니다. 그가 부인을 생각했다면 가장 끔찍한 방식으로 스스로 생을 마감
　　　　했을까요? 그 시간대는 분명 최악의 방식으로 홀로 남겨진 부인에게 나쁜
　　　　영향을 주었을 겁니다. 모든 것에 그렇게 세심했던 한 사람이 모든 이에
　　　　게 그랬던 것만큼이나 부인을 신경 썼다면 어떤 식으로 부인에게 충격을
　　　　덜 주는 방향으로 죽음을 준비했지 않았을까요? 이를테면, 누군가 그 곳
　　　　에 오게끔 해서 부인을 돌보게끔 하지 않았을까요?

알렉산더: 그가 남겨 놓은 노트도 없었고 그가 돌봐줬던 부인에게서도 작별을 고하
　　　　는 어떤 단서도 발견할 수 없다는 점은 마치 퍼즐을 맞추는 데 추가적인
　　　　정보를 주지 못하는 것처럼 정말 아쉽습니다.

그가 남겨 놓은 증거...... 결국 수렴되는 곳은 어디인가?

리트먼: 매우 좋습니다. 그렇다면 증거를 다시 한 번 찾아보시죠. 작별을 고한다면 그가 어떤 식으로 남겼을 것 같은가요? 아마도 자상한 남편은 보통 '안녕, 잘 있어.'라고 했겠지만 분명 그의 경우도 그럴까요? 심리부검에서 나타난 것처럼 이 점은 우리가 생각하거나 추정하는 것과 실제 사실을 아는 것 간의 차이점입니다. 사실 많은 사람이 유서를 남겨 놓지는 않습니다. 세 사람 중 두 사람이 유서를 남겨 놓지 않고 많은 사람들이 유서를 남겨 놓는 의식 절차를 포기합니다. 과연 그의 경우는 어떨까요? 유서, 분리, 중단에 대해서 그는 어떤 사람일까요?

프레첼: 그는 좀처럼 작별을 나누는 사람은 아니었습니다.

파브로: 부인은 그가 시력이 좋지 않다는 사실을 알고 있었나요? 부인에게 이 사실을 물어 봤습니까?

프레첼: 의사와 이야기를 마친 이후 부인과는 다시 접촉하지는 않았습니다. 그녀가 명백하게 알고 있는 것은 남편의 한 쪽 눈에 약간의 문제만 있다는 정도입니다. 제 느낌은 그녀가 그 사실에 대해 잘 몰랐고, 다시 말해 그의 눈 상태에 대해 구체적인 사실을 알고 있지 못한 듯 보였습니다. 그녀가 거짓말 한다고는 생각되지는 않는데 제 생각에는 분명 그녀가 잘 모르고 있었습니다.

파브로: 만약 부인이 사고사라고 주장하며 사고 진단서를 얻는 데 관심을 보인다면 남편이 유일하게 한쪽 눈만 시력이 있었다는 사실은 부인의 입장을 지지할 수 있는 가장 가능성 있는 이야기 중 하나입니다. 하지만 여태껏 이런 사실이 사망 방식을 밝히는 데 전혀 이용되지 않았다는 점이 놀라울 정도이구요.

프레첼: 부인은 그 정도로 사망의 방식에 대해 주장하는 식은 아닙니다. 부인은 자신의 생각을 어떻게 입증을 해야 될 지 잘 모르고 있었습니다. 우울한 상태였고 늙고, 무기력해 보였으며 운명처럼 힘들어 하며 괴로워했습니다. 현재 부인은 그 정도로 생각할만한 여력을 보이지는 않아 보입니다.

적극적 자살

리트먼 : 찰스 에드워즈(Charles Edwards)가 확고한 자살(assertive suicide)이라
고 명명했던 사례에서 자살과 관련된 개인의 목표달성 능력이 자살을 시
도하여 죽음에 이른 모든 사람들에 있어 긍정적으로 작용했음을 알게 되
었습니다.

파브로 : 말씀하신 내용이 자살 실행자(implementer)라는 개념을 떠올리게 하네
요. 사망자는 자존감이 심각하게 손상된 상황과 처지에 다시 적응할 필요
가 있었습니다. 하지만 여기서 사망자는 스스로 그것을 원치 않음을 느꼈
을 겁니다. 혹은 그러기에는 너무 치쳤다고 생각했을 수도 있을 겁니다.

리트먼 : 사망자가 겪은 스트레스는 앞으로 전맹 시각장애인이 될 수 있다는 심각
한 두려움, 계속되는 우울증과 함께 찾아온 퇴직 정도입니다. 사망자가 보
였던 치명성은 일종의 '경직성'과 극도의 '안정성'과 관련되어 있어 보입니
다. 극도의 '안정성'을 가져온 그의 삶이 자살의도와 행동과 관련된 요인
이 될 수도 있나요?

월드 : 자살에 대해서 요인이 될 수 있습니다.

파브로 : 네. 그렇습니다. 특별히 변화 가능성이 있을 것 같은 순간이에요.

리트먼 : 잠시 유보된 퇴직이 어떻게 사고나 자살과 관련이 있을 수 있나요?

팩 : 사망자는 변화를 경험하며 힘든 나날을 보내고 있었습니다. 지금껏 살아온
그의 삶은 변화와는 전혀 상관이 없었구요.

월드 : 사고와 관련 있는 변화는 책임의식 그리고 심해지는 최근의 변화는 결혼
생활이나 직장에서 더 높아지게 되었죠. 즉, 증가되었다고 볼 수 있죠. 자
살과 연관된 스트레스는 상실 혹은 박탈, 위협적일 정도의 자존감 저하를
불러일으킵니다. 제가 보기에는 오히려 자살과 관련된 스트레스 측면에서
은퇴 국면이 더 많은 것을 말하고 있다고 생각합니다.

리트먼 : 자, 그럼 총기를 사용한 사실에 대해서는요? 총기 사고를 머릿속에 그려
보면 일반적으로 뭔가를 함께 하고 있는 사람들 중에 발생할 것 같지 않
아요. 사고를 불러일으킬 만한 사람들 간의 어떤 상호 작용이 있을 것 같
은데 이를테면, 친구가 총을 주변에 던지거나 싸움을 하거나 과시적으로

총을 돌리거나 하면서 말이에요.

알렉산더: 이런 사건은 아마추어에게 더 흔한 일입니다. 하지만 전문가나 숙달된 사람들에게서는 다른 사람이 없는 곳에서도 훨씬 더 능숙하게 다룰 수 있습니다.

리트먼 : 총기 전문가들은 "총기 사건을 결코 일으킬 수 없다."고 합니다.

알렉산더: 심지어 음주 상태이거나 한쪽 눈이 결함이 있는데도 말입니까? 제가 궁금한 점은 사망자가 가졌을지 모르는 과도한 자신감 속에서 과연 자신이 안전한지의 여부조차도 명확하게 알아채고 있는지 의아하다는 것입니다. 자, 여기에 장전된 총을 두고 있는 남자가 있습니다. 자신감이 있고요. 이런 정황들을 보면 최고의 전문가들이 가질 법한 사고를 떠올리게 하는군요. 왜일까요?

리트먼 : 그들 스스로 넘지 말아야 할 선을 넘으면서 그렇게 되는 것으로 보입니다. 자동차 경주 선수들조차도 같은 방식으로 사고가 나구요. 이런 사고들은 전문가 스스로가 공포스러운 상황을 찾는 과정에서 발생한다고 봅니다. 선생님이 제기하는 부분은 아마도 사망자가 어떤 이유로 총을 가지고 나왔다는 것이지요? 단순히 총기 청소를 하기 위해서가 아니라, 아니면 총기를 살펴보려고 가지고 나왔을 가능성도 있지요.

파브로 : 글쎄요, 그 이상일 수 있습니다. 보고서를 보시면 사망자는 보통 총을 장전해 두지는 않았습니다. 더 정확하게 말하면 그냥 총알을 넣어 두었을 뿐입니다.

프레첼 : 부인은 이 부분에 대해서는 오히려 확신을 하지 못합니다. 그녀의 말을 빌리자면 그녀 자신을 정작 총을 싫어했고 총기에 관심을 주지 않았다고 합니다.

리트먼 : 사망자는 총을 베개 밑에는 두지 않았습니다.

프레첼 : 침실에 있는 서랍에 보관해 두었습니다.

하이리그: 사냥을 가려고 했구요.

프레첼 : 일주일 정도 후에요.

파브로 : 오랫동안 총을 사용하지 않았습니다.

리트먼 : 그래서 당시 총을 꺼내 왔다는 것이 이상했습니다.

하이리그: 아마도 사냥을 위해 총을 점검하고 있었을지도 모릅니다.

알렉산더: 나머지 총도 장전되어 있습니까?

프레첼 　: 아닙니다.

그린 　　: 이마 부위에 화약자국을 남기려면 이마에서 얼마나 멀리 떨어져만 합니까?

리트먼 　: 7−8cm 정도입니다. 자, 한번 생각해 보시죠. 그 스스로도 총을 보는 것
이 어려웠을 겁니다. 일상적인 행동으로 총구를 이마에 화약이 탈정도로
가까이 대는 것은 어려울 겁니다.

프레첼 　: 그 총에는 6개의 탄알이 있습니다. 다시 말해, 하나를 제외하고 나머지
모두 장전되어 있었습니다.

알렉산더: 더 이상 제 주장을 고집하고 싶지가 않군요. 추론컨대, 총기에 대한 전문
가로서 그에게서 나타나는 강박적이면서도 세심한 성격은 사고의 가능성
에 대해 상당 부분 회의심을 갖게 하네요. 설령 그가 음주 상태, 시력에
서의 결함, 근본적으로 드는 다른 의문점을 고려하더라도 말입니다. 하지
만 사망자를 그렇게 의존했던 자신의 부인을 그렇게 갑자기 떠났어야 하
는 점은 의문으로 남습니다.

프레첼 　: 부인의 병과 의존성에 대한 그의 분노와 적개심이 자살으로써 분출되지
않았을까요?

밝혀진 죽음의 뒷면

리트먼: 그럼 여기서 한번 요약을 해보도록 하죠.

프레첼: 사망자는 65세의 남성입니다. 주도적인 성격을 가진 분으로 아주 높은 안
정성, 엄격성, 그리고 강박성을 가지고 있었습니다. 일관성 있게 스스로를
독립적이며, 자급자족이 가능하며 항상 행복하고 쾌활한 사람으로 묘사했
습니다. 그에게서 중요한 부분은 일을 한다는 점입니다.

하지만 최근 그는 심각한 신체 질병 이를테면, 시력을 모두 잃을 수 있다는
가능성, 그리고 은퇴를 앞두고 자살 스트레스를 느꼈을 겁니다. 그가 이런
생애 사건을 잘 대처했다는 증거는 없습니다. 죽기 전 두 달 가량 짧은 우
울 기간을 가졌다는 보고서가 있구요. 하지만 아무도 이 점에 대해 주의를

기울이지 않았습니다. 그는 좋아하는 총으로 자신의 머리를 쏜 후 치명적인 상처를 입고 죽은 상태에서 발견됐습니다.

이런 점을 종합적으로 고려해 볼 때 전형적인 자살로 보입니다.

결론

자살자 세 사람 중 두 사람이 유서를 남기지 않는 경향이 있음을 고려할 때, 고인처럼 감정을 드러내지 않는 사람이 유서를 남기지 않는 것은 있을법한 일이다. 항상 유능하고 존경받는 모습을 유지해온 고인에게 은퇴와 실명 위험이라는 변화는 커다란 스트레스 요인이 되었을 것이다. 총기 사용에 능숙한 고인은 자살을 실행할 능력과 결단력이 충분했다.

주변인들의 생각과는 달리, 이 사건은 '전형적인 자살 사건'이라는 것이 전문가들의 결론이었다.

부록 2
심리부검 워크시트

Psychological Autopsy Protocol ‖ Institute Rating Scale: IRS
심리부검 프로토콜 Ver. 1.0 기관평가용 ‖ 조사원 워크시트
저자:

사망유형 평가와 자살원인 분석을 위한 구조화된 전문가 판단 가이드[1]

1단계: 관련 정보

자살 사망자 ㅣ 사례정보

사건번호(#):
이름:
나이:
성별:
거주지:
작성일:

면담 ㅣ 정보제공자 요약

이름	면담경로	성별	나이	연락처	관계	면담장소	면담날짜	조사원
								1) 2)
								1) 2)
								1) 2)

검토정보 출처 및 내용

■ 형사사법기관
―

■ 감정기관
―

■ 의료기관
―

■ 수용기관

－

평가기술 노트:

■ 존재(전생애 기반): Y는 위험요인이 분명히 존재 / P는 부분적으로 존재(존재에 관한 증거가 뒤섞여 있거나 미결론) / N은 위험요인이 명확히 없음.

■ 관련성(최근 자살관련성 기반): H는 위험요인이 최근 있으며 그 위험성이 존재하여 자살과 관련성이 있음 / M는 위험요인이 현재 어느 정도 있으나 위험성과의 관련성은 명확하지 않음 / L은 위험요인이 최근 존재하지 않으며 자살과 관련성이 현저히 떨어짐.

■ 참고자료: 부록 A(필수 & 추가적 위험요인 구분) & B(생활 스트레스).

면담 | 변사현장 및 자살행동 정보

■ 사망과 관련된 특징
－ 사망장소와 고인의 관계
－ 구조 가능성을 나타내는 증거
－ 구조 회피를 위한 사전 행동 증거
－ 자살 계획 증거
－ 선택한 자살방식에 대한 친숙성

■ 각종 기록내용 요약
－ 정신 및 신체 질환과 관련된 각종 보고서
－ 경찰 수사보고서

---

1) 본 평가는 구조화된 전문가 판단 모델을 기반(SPJ)으로 한 근거기반(Evidence－based) 워크시트임.

    － 119/112 초동수사 및 구조기록

    － 사진 자료

    － 검시 및 부검기록 보고서

    － 법적 기록

■ 자살과 관련된 언어학적 특징－자살유서 내용

    － 유서 1(작성일, 내용, 자살의도와 이유):

    － 유서 2(작성일, 내용, 자살의도와 이유):

    － 유서 3(작성일, 내용, 자살의도와 이유):

    － 자살노트:

    － 글 작성:

    － 서적:

    － 자살과 관련된 언어적 분석:

■ 유족 등 주변인 참고인 진술내용

■ 사망 전날 발생된 사건에 대한 재구성

■ 최종 현장분석결과

면담 | 전생애 심리사회적 이력 요약

■ 가족력 & 18세 미만 어린 시절 경험

■ 고용 & 적응 & 군 등 의무복무 기간 중 문제

■ 대인관계 평가
- 이성(사실혼, 결혼 관계에서 배우자와 동거자 간)
- 비이성(이성적 관계 이외의 가족 및 지인 등)

■ 정신/신체 건강
- 신체질병
- 기분변화
- 우울증상 평가
- 그 외 정신장애

■ 알코올 & 약물 관련 문제

■ 법적 문제

■ 치료 및 개입

면담 | 최근 주요 이슈 요약

평가 기간: 맥락: ☐ 내   ☐ 외

- **대인관계**
- 이성(사실혼, 결혼 관계에서 배우자와 동거자 간)
- 비이성(이성적 관계 이외의 가족 및 지인 등)

- **고용 & 적응 & 군 등 의무복무 기간 중 문제**

- **알코올 및 약물 관련 문제**

- **건강관리 변화**
- 신체건강 관리 변화
- 정신건강 관리 변화

- **생활스타일 변화**
- 전형적인 문제처리 패턴
- 자기 손상 행동(예: 자기 가해 행동 등)
- 자기로 인한 위기를 포함한 빈번한 위기(예: 우울증으로 인한 결근 등)

- **스트레스와 대처**
- 전형적인 문제처리 패턴
- 자기 손상 행동: 자기가해 행동, 음주 및 약물복용 등
- 일상생활에 위기를 가져오는 행동: 우울증으로 인한 지각 및 결근, 법적인 문제에 노출 등

- ■ 의미 있는 상황 발생과 영향
- − 의미 있는 인간관계 상실 및 사별
- − 실직, 퇴학 등
- − 경제적 상실 또는 변화
- − 법적인 문제
- − 갑작스런 건강상실 등

- ■ 충동적 태도와 행동적 문제
- − 무책임한 행동, 자기손상, 부적응적 행동

- ■ 치료 및 개입 변화

면담 | 자해 및 자살 행동 이력(과거 및 최근)

☞ 전생애 기간 중 발생한 자살 및 자해 행동 이력에 대한 패턴을 상세히 기술하시오.

총 횟수:

기술:

	1	2	3
언제(시간)			
어디서(위치, 맥락)			
어떻게(방법, 치명성)			
왜(동기, 의도, 목적)			
만성도(빈도)			
심각도(결과)			
심화(궤도)			
개인적 반응(당시 및 현재 인지, 정서, 행동적 반응)			

면담 | 최근 촉발 자극(자살 취약 시, 증가된 위험 기간)

☞ 최근 자살사망과 관련된 촉발 사건과 패턴을 기술하시오.

기술:

	1	2	3
촉발 사건의 내용			
이전에 촉발 사건과 관련 있는 사건			
촉발 사건의 유형			
촉발 사건이 끼친 영향 (기능적 손상: 인지, 정서, 행동적 영향)			
사건이 자살에 직/간접적인 영향			

2 & 3단계: 위험요인 존재와 자살 관련성 판단	
전생애 문제 이력 ∣ 만성 요인	평가
만성요인 1. 자해 및 자살 시도력 a. 자살 시도 이력-특별히, 반복된다면 b. 자살 의도 c. 자해 경력	존재 □ O □ N □ P □ Y 관련성 □ O □ L □ M □ H
만성요인 2. 고용상태와 적응 a. 고용 b. 적응수준	존재 □ O □ N □ P □ Y 관련성 □ O □ L □ M □ H
만성요인 3. 자살 관련 가족력 a. 가족 내 자살/자해 행동 이력(시도와 완료 등) b. 가족 내 정신병력(알코올 남용력 포함) c. 가족 내 우울증	존재 □ O □ N □ P □ Y 관련성 □ O □ L □ M □ H
만성요인 4. 대인관계 a. 이성(예: 배우자, 동거녀, 여자 친구 등) b. 비이성(예: 그 이외의 가족, 동료)	존재 □ O □ N □ P □ Y 관련성 □O □L □M □ H

만성요인 5. 약물 혹은 알코올 사용과 이로 인한 기능손상	존재 □ O □ N □ P □ Y 관련성 □ O □ L □ M □ H
만성요인 6. 정신병력　　　　　　　□ 확실한　□ 잠정적인 a. 정신병적 장애 b. 주요 기분 장애 c. 성격장애(경계선, 반사회성) d. 기타 정신장애(예: 지적장애)	존재 □ O □ N □ P □ Y 관련성 □ O □ L □ M □ H
만성요인 7. 충동적 태도와 공격적 행동 a. 충동(부주의한) 태도 b. 공격적 행동	존재 □ O □ N □ P □ Y 관련성 □ O □ L □ M □ H
만성요인 8. 외상경험 a. 18세 미만 피해경험과 외상(성적, 신체적, 정서적) b. 역기능적 양육경험(방임, 분리, 억압)	존재 □ O □ N □ P □ Y 관련성 □ O □ L □ M □ H
만성요인 9. 유명인 및 사회적 이슈	존재 □ O □ N □ P □ Y 관련성 □ O □ L □ M □ H

	존재
만성요인 10. 치료 및 관리 반응 a. 적절한 치료 개입과 지속(정신과 입원, 약물치료, 통원치료, 심리치료) b. 관리에 대한 반응(약물중단/거부, 치료중단, 낮은 치료반응)	□ O □ N □ P □ Y 관련성 □ O □ L □ M □ H
※ 추가적 위험 요인(들), 기술	존재 □ O □ N □ P □ Y 관련성 □ O □ L □ M □ H
최근 문제 이력 | 촉진/촉발 요인 & 임상 요인 평가 기간:	평가
촉진/촉발요인. 최근 중요한 상실 경험 a. 급격한 건강 상실 b. 심각한 관계 단절·갈등·상실 c. 급작스러운 실직	존재 □ O □ N □ P □ Y 관련성 □ O □ L □ M □ H
※ 추가적 상황/촉발 위험 요인(들), 기술	존재 □ O □ N □ P □ Y 관련성 □ O □ L □ M □ H
임상적 요인 1. 최근 정신증과 이로 인한 사고장애 　　　　　□ 확실한　□ 잠정적인 a. 정신증 b. 정신증으로 인한 사고 장애 c. 기타 정신장애(예: 지적장애)	존재 □ O □ N □ P □ Y

	관련성 □ O □ L □ M □ H
임상적 요인 2. 최근 우울증 증상과 수면장애 a. 우울증상 b. 수면장애 등	존재 □ O □ N □ P □ Y
	관련성 □ O □ L □ M □ H
※ 추가적 임상 위험 요인(들), 기술	존재 □ O □ N □ P □ Y
	관련성 □ O □ L □ M □ H
최근 혹은 직전문제 이력 | 급성 이력 평가 기간:	평가
급성요인 1. 개인적 지지	존재 □ O □ N □ P □ Y
	관련성 □ O □ L □ M □ H
급성요인 2. 최근 불안정성 a. 정서(예: 초조감, 수치심, 불안, 무기력감, 쾌감 상실, 인식된 　중압감 등) b. 인지(예: 절망감, 자책감, 왜곡된 귀인, 주의산만, 환각 등) c. 행동(예: 좌불안석, 공격성, 충동성, 무모성, 자기파괴성 등)	존재 □ O □ N □ P □ Y 관련성 □ O □ L □ M □ H

급성요인 3. 스트레스와 대처	존재 □ O □ N □ P □ Y 관련성 □ O □ L □ M □ H
급성요인 4. 자살 사고 및 의도 a. 자살사고 b. 자살의도	존재 □ O □ N □ P □ Y 관련성 □ O □ L □ M □ H
급성요인 5. 자살계획 혹은 리허설 a. 자살계획(도구준비, 장소물색 등) b. 사전 리허설	존재 □ O □ N □ P □ Y 관련성 □ O □ L □ M □ H
급성요인 6. 자살시도와 처치 a. 자살시도 b. 자살시도 중 처리(저지) 혹은 개입	존재 □ O □ N □ P □ Y 관련성 □ O □ L □ M □ H
※ 추가적으로 자살에 기여한 급성 위험요인(들), 기술	존재 □ O □ N □ P □ Y 관련성 □ O □ L □ M □ H

3단계: 생활사건과 스트레스 영향 평가[2]

- **최근 촉진 혹은 촉발 자극**(자살 취약 시, 증가된 위험 기간)[3]:
  - 최근 사망자에게 정서, 행동, 언어에 급격한 변화를 준 선행 사건이 있었는가?
    - 선행사건이 있었다면 전·후 사망자의 변화가 있었는가?
    - 사망자의 정서, 행동, 언어의 변화는 무엇이었고 어느 정도의 심각성을 보였는가?

  - 선행 사건이 여러 건이었다면 개별 기술하고 영향을 평가하라.

사건 전 기능 ⇨	사건 ⇨	최근 기능 ⇨	향후 기능
	기여 과실	방해 요인?	
정신건강	객관적인 심각성	DSM-V 중 장애	예후
신체건강	주관적인 심각성	공존이환 등	관해
약물남용	감정적 반응	부차적 장애	치료
관계	사건에 대한 반응성	반추/분노	지원
사회적 지지	죽음에 대한 두려움	치료	기저율
개인성격	알려진 가해자	인지적 장애	
과거외상	분노	흥미상실	
일상스트레스		일상적 기능	
갈등		대인관계	
		꾀병	
	↖ 빈도 만성도 심각성 시작점 기간	↗	

- 과거 위험요인의 원인이 되거나 악화시킨 어떤 현실 혹은 예측된 사건이 있었는가?
  - 부끄러움, 죄책감, 절망, 모멸감, 받아들일 수 없는 체면 및 상태 손상
  - 법적 문제(자유 손실), 경제적 어려움, 거절 / 절망감
- 최근 타인 자살에 대한 노출(친구, 지인, 대중매체 유명인 등)이 있었는가?

---

2) Oier et al. 2001; Koch et al., 2012.
3) Precipitating or Triggering Stimuli _ Heighten Period of Risk if Vulnerable to Suicide.

4단계: 사망유형 구조화와 사례개념화[4)]

「전문가를 위한 한국형 심리부검」에 기초, 주요 자살관련 위험요인을 확인하고 사망유형(자살, 타살, 사고사, 자연사)을 탐색하라.

- 위험요인을 개념적으로 일관성 있게 묶는 것이 가능한가?
- 위험요인들 중 사망에 근본적 원인으로 작용하는 위험요인은 무엇인가?
- 어느 위험요인이 가장 큰 위험요소로 작용하고 있는가?
- 아래 표를 이용하여 만성 요인, 임상 요인, 촉진/촉발 요인, 급성 자살관련 요인을 확인하고 사망유형을 구조화 하라.

	만성 (10)	촉진/촉발 (1)	임상 (2)	급성 (6)
자살 관련 위험 요인	☐ †자해 · 자살 시도	☐ †최근 중요한 상실	☐ 최근 정신병적증과 사고장애	☐ 개인적 지지
	☐ 고용	☐ 기타: 기술	☐ †최근 우울증	☐ 불안정성
	☐ 자살관련 가족력		☐ 기타: 기술	☐ 스트레스와 대처
	☐ 대인관계			☐ †자살 사고/ 의도
	☐ 알코올 기능손상			☐ †자살 계획 및 사전 리허설
	☐ 정신병력			☐ †자살 시도 및 처치
	☐ 충동적 태도 & 공격적 행동			☐ 기타: 기술
	☐ 외상경험			
	☐ 유명인 & 사회적 이슈			
	☐ 치료 및 관리 반응			
	☐ 기타: 기술			† 필수 위험요인

필수 위험요인 & 추가 위험요인[5]

위험성 수준/ 요인	만성(10)	촉진/촉발(1)	임상(2)	급성(6)
자살관련성 낮음 (+)	3 >			1
자살관련성 보통 (++)	7 >	1	1	2 or 3
자살관련성 높음 (+++)	≥ 7 (필수포함)	1 (필수포함)	2 (필수포함)	≥ 4 (필수포함)
자살 위험성	☐ 낮음 ☐ 보통 ☐ 높음			
사망자에 대한 높은 자살 위험성 판단 시 권고사항	(1) 자살관련성 높음 판단 시 필수 위험요인을 최소 하나 이상을 포함 (2) 필수 위험요인 1개인 경우, 추가 위험요인 7개 이상을 포함 (3) 필수 위험요인 2개 이상인 경우, 추가 위험요인 3개 이상을 포함 (4) 그 외 연령대별 가중 자살위험요인을 고려 ※ 필수 위험요인이 포함되지 않더라도 위험요인이 충분하다면 자살위험성이 　 높다고 판단			

전체적으로 필수 및 추가 위험요인을 고려해 볼 때 자살 가능성은 어느 정도인가?

■ 자살과 관련된 필수 요인과 추가 위험요인은 충분히 나타내고 있는가?

■ 동기 요인, 탈억제 요인, 불안정화 요인과 같이 이론적으로 인과적 역할을 하는 위험요인을 확인할 수 있는가?

■ 자살 가능성이 낮다면, 가능한 사망 유형은 무엇으로 평가할 수 있는가? 그 근거는 무엇인가?

---

4) 서종한, 2015; 서종한, 2018.
5) 근거자료: 서종한 등, 2012; 서종한 등, 2018; 김경일 등, 2013, 2014; 조이너, 2005.

최종 전문가 소견		
의견	**평가**	**상세 기술**
자살 의도와 치명성 • 자살에 대한 의도 수준 • 자살에 대한 치명성 수준 [불명확한 정보, 비가용 정보, 누락 정보를 고려했을 때 이 의견은 얼마나 제한적인가?]	☐ 낮음 ☐ 보통 ☐ 높음	CHECK-UP: **높은 자살의도에 대한 요인 기술** • ☐ **낮음** ☐ **보통** ☐ **높음**: 결과에 대한 의식적 이해(죽음이 자기 손상이나 파괴적 행동으로 인해 발생할 수 있음을 스스로 인식) • ☐ **낮음** ☐ **보통** ☐ **높음**: 목적(끊임없이 고통스런 삶에 대한 대안으로 죽음을 추구) • ☐ **낮음** ☐ **보통** ☐ **높음**: 기대(자기 손상 행동에 의한 치명적 결과를 의도적으로 기대) • ☐ **낮음** ☐ **보통** ☐ **높음**: 실행(자살 수법 혹은 높은 치사율을 보이는 자살 방식을 선택하고 실행) • ☐ **낮음** ☐ **보통** ☐ **높음**: 구조 혹은 개입 가능성(개입과 구조 가능성을 최소화하거나 방지하기 위해 주의 깊게 자살 시간과 장소를 선택) • ☐ **낮음** ☐ **보통** ☐ **높음**: 계획(적극적인 준비를 나타내는 증거들을 통해 사전계획을 했음을 명백하게 알 수 있음. 끈 등의 도구를 산다든지 약을 모은다든지 등) • ☐ **낮음** ☐ **보통** ☐ **높음**: 대화(직간접적으로 가족 등 주변사람들에게 자살 의도를 암시)
자살관련 결정적 선행사건 • 자살에 직접적인 연관성을 보이는 선행사건 • 특정 사건 이후 피해자의 기능에 현격한 변화 [불명확한 정보, 비가용 정보, 누락 정보를 고려했을 때 이 의견은 얼마나 제한적인가?]	☐ 낮음 ☐ 보통 ☐ 높음	**(촉진촉발) 최근 중요한 상실경험** • 최근 피해자의 기능에 현격한 변화를 가져다 준 사건은? • 기능손상에 대한 대응은 어떠했고 향후 기능은 어떻게 예측? • 사건 후 심각한 자해를 입힐 수 있다는 계획을 구두나 서면으로 언급한 적이 있는가?
자살 가능성 • 자해가 심각한 수준 혹은 생명 위협 수준의 신체 손상의 심화 혹은 전개되어 사망에 이른 가능성	☐ 낮음 ☐ 보통	☐ **자살 치명성과 의도는 명확한가?** ☐ **필수 위험요인을 포함하고 있는가?** ☐ **추가적인 위험요인이 5개 이상 포함하고 있는가?** ☐ **심각하거나 생명을 위협하는 자해와 연관된 특정 위험 요인이 있는가?**

• 자살로 인한 사망의 가능성 [불명확한 정보, 비가용 정보, 누락 정보를 고려했을 때 이 의견은 얼마나 제한적인가?]	☐ 높음	☐ 과거 심각한 수준의 자해를 했다는 증거가 있는가? ☐ 심각한 자해를 입힐 수 있다는 계획을 구두나 서면으로 언급한 적이 있는가?
자살이유와 동기 • 자살에 영향을 준 위험요인을 구분하여 자살과 관련된 이유 혹은 동기에 대해 기술		• 동기 혹은 원인으로 작용하는 위험요인? • 자살행동을 억제하지 못하게 하는 위험요인? • 합리적인 의사결정을 못하게 하는 위험요인? • 만성적 위험요인 중 지속적으로 자살에 영향을 준 요인과 자살 전 선행된 위험요인은? • 자살행동에 기여한 위험요인과 급성적으로 영향을 준 위험요인은? • 자살행동을 촉진/촉발시킨 위험요인은?
대안적으로 설명할 수 있는 다른 사망 유형 • **타살, 사고사, 자연사 판단불능** • 다른 사망유형을 판단한 직접적인 이유? • 판단 불능인 이유?	☐ **타 살** ☐ **사고사** ☐ **자연사** ☐ **판단불능**	사망유형을 판단한 이유는 무엇인가? •
자살 사망자 개입의 적절성 사정 • 자살위험성 수준에 따른 개입 적절성을 평가 • 자살위험성 수준에 따른 재평가 혹은 재검토의 적절성	☐ **낮음** **(부적절)** ☐ **보통** ☐ **높음** **(적절)**	자살위험성에 따른 사례 우선화와 그에 따른 개입의 적절성 • 심각한 자기파괴적 행동(자해) 위험성 평가와 개입의 적절성 • 임박한 자살가능성에 따른 조치와 개입의 적절성

		자살사례 (재)검토 기간과 점검의 적절성 •
		기타 의견 •
향후 자살예방 관리 전략과 제안 • 자살예방을 위한 모니터링 전략은? • 자살예방을 위한 치료개입 전략은? • 자살예방을 위한 관리감독 전략은? • 주변인의 개입과 지원과 도움이 적절했는지? • 신체적 안전을 향상시키기 위한 강제적 조치, 강제입원은? • 자살예방을 위한 보호요인은 무엇인가? • 기타 의견		모니터링(사망자에 대한 관찰과 보호는?) • •
		치료개입(사망자에 대한 치료와 개입은?) • •
		관리감독/통제(이동, 교제, 소통, 활동에 대한 통제?) • •
		자살위험군 안전계획과 강제적 보호조치(자살하려는 사람의 위급한 행동에 대해 강제적 혹은 물리적 보호조치는?) • • •
		보호요인탐색(본 사례에서 자살행동을 억제할 수 있었던 보호요인은?) • • •

부록 3
알코올 의존평가(AUDIT)

알코올 의존평가(AUDIT)_ 사망자 기준	
G14-1. 술은 얼마나 자주 마십니까?	(0) 전혀 마시지 않음 (1) 월 1회 이하 (2) 월 2~4회 (3) 1주일에 2~3회 (4) 1주일에 4회 이상 (88) 모름 (99) 거부
G14-2. 평소 술을 마시는 날 몇 잔 정도나 마십니까?	(0) 1~2잔 (1) 3~4잔 (2) 5~6잔 (3) 7~9잔 (4) 10잔 이상 (88) 모름 (99) 거부
G14-3. 한번 술을 마실 때 소주 1병 또는 맥주 4병 이상 마시는 음주는 얼마나 자주 하십니까?	(0) 전혀 없음 (1) 월 1회 미만 (2) 월 1회 (3) 1주일에 1회 (4) 매일 같이 (88) 모름 (99) 거부
G14-4. 지난 1년간, 술을 한번 마시기 시작하면 멈출 수 없었던 때가 얼마나 자주 있었습니까?	(0) 전혀 없음 (1) 월 1회 미만 (2) 월 1회 (3) 1주일에 1회 (4) 매일 같이 (88) 모름 (99) 거부

G14-5. 지난 1년간, 평소 할 수 있었던 일을 음주 때문에 실패한 적이 얼마나 자주 있었습니까?	(0) 전혀 없음 (1) 월 1회 미만 (2) 월 1회 (3) 1주일에 1회 (4) 매일 같이 (88) 모름 (99) 거부
G14-6. 지난 1년간, 술 마신 다음날 아침에 다시 해장술이 필요했던 적이 얼마나 자주 있었습니까?	(0) 전혀 없음 (1) 월 1회 미만 (2) 월 1회 (3) 1주일에 1회 (4) 매일 같이 (88) 모름 (99) 거부
G14-7. 지난 1년간, 음주 후에 죄책감이 들거나 후회를 한 적이 얼마나 자주 있었습니까?	(0) 전혀 없음 (1) 월 1회 미만 (2) 월 1회 (3) 1주일에 1회 (4) 매일 같이 (88) 모름 (99) 거부
G14-8. 지난 1년간, 음주 때문에 전날 밤에 있었던 일이 기억나지 않았던 적이 얼마나 자주 있었습니까?	(0) 전혀 없음 (1) 월 1회 미만 (2) 월 1회 (3) 1주일에 1회 (4) 매일 같이 (88) 모름 (99) 거부
G14-9. 음주로 인해 자신이나 다른 사람이 다친 적이 있었습니까?	(0) 없었음 (2) 있지만, 지난 1년 내에는 없었음 (4) 지난 1년에 있었음 (88) 모름 (99) 거부

G14-10. 친척이나 친구 또는 의사가 술 마시는 것을 걱정하거나 술 끊기를 권유한 적이 있었습니까?	(0) 없었음 (2) 있지만, 지난 1년 내에는 없었음 (4) 지난 1년에 있었음 (88) 모름 (99) 거부
G15. 알코올 혹은 약물 남용 예방 프로그램에 등록한 경험이 있었습니까?	(1) 예 (2) 아니오 (88) 모름 (99) 거부
G16. 알코올 혹은 약물 남용으로 인해 가족들이 프로그램이나 상담을 이용한 경험이 있었습니까?	(1) 예 (2) 아니오 (88) 모름 (99) 거부
G17. 알코올 이외의 약물을 상습적으로 복용한 경험이 있습니까?	(1) 예 (2) 아니오 (88) 모름 (99) 거부
G17-1. '예'라면 약의 종류는 어떤 것이었습니까?	
G17-2. '예'라면, 약물 중독은 어떤 수준이었습니까?	(1) 약간 생활에 영향을 미치는 상태 (2) 어느 정도 생활에 영향을 미치는 상태 (3) 심각한 상태 (88) 모름 (99) 거부

부록 4
심리부검 결과보고서

심리부검 분석결과 보고서

[※ 조사원은 전문 조사원과 공동으로 토의 과정을 거친 후 최종 보고서를 작성하도록 하며 전문조사원은 면담조사와 보고서 작성 등 심리부검 진행 과정을 감독해야 한다.]

*** (사례명 혹은 케이스 번호 등) 사례

1. 사건 개요
사건에 대한 전반적인 요약을 육하원칙에 의거하여 요약·기술하도록 하고 공식적인 수사기록 등을 참고하여 세부사항을 확인하여 제시하도록 한다.

2. 목적과 정의
심리부검의 목적에 대해서 기술하도록 한다. [자살이 확실시 된다면] 자살의 원인 규명, 사망의 형태 규명(타살, 자살, 사고사, 자연사), 혹은 의문사 규명 등 그 이유와 목적이 다양할 수 있다.
- '자살' 정의: 자살은 사망자가 죽음에 대한 분명한 의지를 갖고 자살행위를 완료한 것으로 한다.
- 타살 정의: 타살은 사망자의 자의가 아닌 제 3자의 고의적인 혹은 고의가 없는 가해행동으로 인해 사망한 것을 말한다.
- 사고사 정의: 추락, 충돌, 낙뢰, 익사 등의 사고 또는 재해에 의해 사망한 경우를 말한다.
- 자연사 정의: 고령으로 인해 조직과 기관에 변화가 일어나 신체의 생활력이 자연히 쇠퇴해 사망한 경우를 말한다.

3. 각종 심리부검 관련 분석에 활용했던 자료와 획득방법

• 정보 획득 방법(예: 면담 등) 기술
• 참고 기록파일(의료기록, 수용자 관련기록, 변사사건기록, 119/112 등 구조기록)
• 자살유서(예: 유서 1, 유서 2, 유서 3 등)
• 현장에서 남겨진 개인 사진 자료, 과거 직업 관련 기록(예: 15년)
• 법적 기록(예: 범죄 및 수사기록 / 군기록 / 부검기록 등 일체)

[변사사건 관련 기록: 수사기록 등을 통해 사망자에 대한 신원정보, 사건경위와 장소 및 시기, 사건 발생 시 개입과정에 대해 자세히 기술되어 있다. 사건 진행 과정에 대한 명확한 경위를 파악하기 위해서는 이 자료를 활용하여 면담에서 모호하거나 빠진 정보에 대해서 확인해 볼 수 있다. 사건경위 과정에서 자살로 판단하기에 석연치 않은 부분이 있다면 자살 사망자가 명확히 의도와 치명성을 충분히 보였는가를 중점으로 관련 정보제공자를 면담하도록 한다. 이런 측면에서 사건기록 일체는 심리부검의 중요한 시작점을 제시해 줄 수 있다.]

[사망현장: 자살 사망자가 발견된 곳의 특징을 보고 그 사람의 정신적 상태나 성격을 추론해 낼 수 있다. 그리고 주변에 남겨진 메모장이나 일기장 등은 자살의 가능성을 이미 생각해 두고 있었다는 증거로 볼 수 있다. 방에 숨겨진 사진, 글귀, 일기장 등을 유심히 살펴 볼 필요가 있고 사망 당시 취한 행동의 부자연스러움과 인위적 위장 요소가 있는지도 세밀하게 살펴 볼 필요가 있다.]

[개인소지품: 자살 사망자의 물품 이를테면, 잡지, 책 등이 담고 있는 사망환상과 자살계획이나 일기, 시, 짧은 글귀를 통해서 자살 의도를 유추해 볼 수 있다. 특히 개인이 소장했던 책이나 물품을 주변 사람들에게 이유 없이 나누어 주었다면 결정적인 증거로 볼 수 있다. 특히 설령 자살유서가 발견되지 않았더라도 남겨진 글귀나 글의 특성을 바탕으로 유추해 볼 수 있다, Shneidman과 Farberow(1961)는 진짜 유서와 가짜 유서를 비교하였는데, 가짜 유서의 불편한 진술은 약간 부정적이었던 반면, 진짜 유서는 조금 더 강한 정서 예를 들어, 증오, 복수, 요구나 자기 비난 등이 많이 담겨져 있는 게 특색이었다.]

[부검 혹은 검시 결과: 부검기록은 법의조사관이나 검시관이 변사자를 대상으로 실시한 부검을 한 기록을 말하며 부검의 목적, 사인, 사망유형에 대한 정보를 제공하고 있다. 또한 독성학적 연구를 통해 사망 당시 사망자가 복용한 약물 수준이 적절했는지를 결정하는 데 중요한 정보를 줄 수 있다.]

[수형자기록: 이 기록에는 자살 사망자에 관한 포괄적인 자료들을 담고 있다. 특히 과거 심리검사결과자료, 수형기록, 분류등급기록, 생활사건기록, 수용 중 적응기능, 징벌 등의 내용을 담고 있다. 배경정보로는 가족력, 사회성, 교육수준, 범죄기록, 심리학적 평가 등이 있다. 필요할 경우 보라미 시스템에 등록되어 있는 정보와 함께 자료의 객관성 확보를 위해 교차 점검할 필요가 있다. 실제 분류표에 기록되어 있는 내용과 시스템 내 등록되어 있는 수용자 정보 간에 차이가 있을 수 있기 때문에 관련 자료를 종합적으로 보고 판단해야 한다. 기록 정보를 검토하면서 역사적으로 자살 사망자가 가졌던 위험요인이 무엇인지 탐색적 방식으로 세밀하게 찾아보아야 한다.]

[의료기록: 의료기관 진료 정보들을 검토해야만 하고 특히 특이한 진단 증세와 내용, 불치병 발병, 급격히 악화된 증상, 불규칙적인 약물 처방, 지나친 진료나 진료 회피, 추천된 약물 처방에 대한 순응도와 반응도를 중심으로 살펴보아야 한다. 특히 정신건강 관련 부분이 가장 중요하다고 볼 수 있다. 정신증과 그것으로 인한 사고 장애와 적응문제, 정신진단 정보, 치료와 적응적 기능에 대한 검토가 필요하다. 정확하지 않은 의료기록으로 인한 편견을 최소화하기 위해서 검토 시기는 가급적 빠를수록 좋다. 의료기록상 자해 등 자기 파괴적 행동과 같은 급성위험성 징후를 제대로 확인했는지 그에 대한 적절한 치료와 대응이 이루어졌는지를 면밀하게 살펴보아야 하는데, 다만 사망자가 이차적 목적, 즉 이득을 목적으로 자해를 했는지 눈여겨서 조사해야 한다.

사망시점까지 사망자에 대한 정신건강기록들을 연대기적으로(혹은 순차적으로) 검토해볼 필요가 있고 특히 자살사고, 표현, 위협, 시도 혹은 저지 등에 대한 기록을 중심으로 이루어져야 한다. 이런 과정을 통해서 평가자가 개별 자살시도가 보였던 의도, 수법, 치명성과 주변의 다양한 환경 등을 평가해 볼 수 있게 된다. 확인된 사실을 바탕으로 자살 당시의 사망자의 무기력감, 자기 파괴적 성향, 충동적 탈억제와 이차적 목적을 위한 조작적 자살 동기(유사자살)를 찾아낼 수 있게 된다. 가족자살력과 가족 중 정신병력 등도 함께 연관시켜 살펴볼 필요가 있다.

심리치료가 이루어졌다면 어떤 과정을 밟았는지 순응도와 반응도는 어땠는지도 검토해 보아야 한다. 반응도와 순응도 특히 약물치료와 관련해서는 진료 차트나 의료기록지 등을 통해 확인해 볼 수 있고, 약물 저항, 거부 등을 체크할 필요가 있다. 자살시도나 자해행동 이후 진료가 있었다면 어떤 진단과 처방을 받았는지 순차적으로 살펴보아야 하고 진료결과 진단명이 달라졌다면 이유가 무엇인지 그리고 그에 따른 경과는 어땠는지 조사할 필요가 있다. 특히 심리결과를 주목해서 수용자의 충동성, 심리내용, 감정 등 정서상태, 쾌감상실, 재발 등에 대한 내용은 눈여겨보아야 한다.

4. 정보제공자 녹취(증언) 기록 목록
• 유가족(예: 부모, 형제, 삼촌 등)
• 다른 관계자(직장 상사, 회사 동료 등)

5. 사망과 관련된 특징
• 위치와 사망자의 관계
• 구조 가능성 증거
• 구조 회피를 위한 조치 증거
• 자살 계획 증거
• 자살 선택 방식에 대한 친숙성
• 사건분석결과(총기사망일 경우 탄도학적 증거와 특징, 목맴의 경우 현수점, 높이, 목 부위의 형태 등)
• 부검/검시 보고서(약물검사, 독극물 확인, 기타 검시상황에서 확인된 상흔 등) 주요 결과

» 만일 존재한다면, 과거 자살시도 위치: 위치와 사망자의 관계, 구조 가능성, 구조 회피를 위한 조치 증거, 자살 계획 증거 등 치명성 평가

최종 사건현장분석결과:
• 타살 혐의점은 없는가?
• 범죄와 연관될 가능성은 무엇인가?

■ 사망자 사회인구학적 특징과 요약

1. 가족력 & 초기 경험
• 결혼상태, 종교, 입양 혹은 생물학적 가족상태
• 가족의 폭력행동, 부자연스런 죽음, 가족 간의 결속 혹은 지원 정도
• 다문화 가정, 귀화, 이민 등
• 가족 관련 자살 행동 이력: 가족 자살 이력/정신과적 이력/문제행동/우울증/대인
  관계 등

2. 고용 & 적응
• 사회경제적 상태와 최근 변화(예: 중산층; 실직, 무직, 퇴직; 집 소유; 빚 부채 등)
• 직업 상태, 경제적 상태
• 군경력(군 생활 적응, 학대, 상훈, 전쟁 참여, PTSD, 성폭력 등)
• 직업(유형과 수, 직장 내 반복적 문제, 생애어려움 평가, 기본적인 행동 확인 등)
• 교육(교육수준, 학교 내 문제, 특이한 관심 등)

3. 대인관계 평가
• 전반적인 사회관계망 평가: 이성과 비이성관계를 중심으로
• 관계평가: 가까운 친구, 부모·형제·가족·친척, 직장상사와 동료, 정신건강종사
  자 등
• 주변인 친밀감 수준, 사망에 대한 주변 사람의 반응
• 결혼 및 이혼 등, 친족(자식) 관계, 특정인을 향한 분노와 적개심 등
• [최근의 변화와 관련성]_____

4. 정신과적 이력
- 처방받은 정신과 약물(예: 항우울제, 신경안정제, 항불안제 등)
- 정신과 입원, 정신과 진단 및 치료, 심리치료
- 감정기복과 정신과적 진단 종류
- 우울증상(몸무게, 우울감, 기억력, 피로감, 불면증, 침체감, 성욕, 식욕변화, 소화 기능 변화 등)
- [최근의 변화와 관련성] 감정변화(면담내용기반)_____

5. 약물 및 알코올 문제
- 약물 남용 이력
- 음주 관련 이력[알코올 관련 가족력(부모 알코올 중독, 도박 등), 섭취량, 음주 시작 동기, 음주 블랙아웃 경험, 음주운전 경험, 음주관련 폭력 경험, 음주관련 가정폭력 경험, 음주 관련 이외 경험 등]
- 이외 사용된 약물(복용했던 모든 약물 확인; 마리화나)
- [최근의 변화와 관련성] 남용 중단 혹은 시도_____

6. 신체건강상태
- 병원기록자료 확인(신체건강: 만성 통증, 말기암 판정, 초기 치매 판정, 신장투석 등)

7. 치료 접근성
- 치료 시도와 형태, 지속성, 예후
- 의료서비스에 대한 장벽(보험문제, 간병인 부재 등)

8. 최근 생활스타일 변화 & 충동적 행동과 무모한 태도
- 생활양식·특성(전형적인 문제처리 패턴, 자기 손상 행동[예: 자기 가해 행동 등]
- 자초한 위기를 포함한 빈번한 위기[예: 우울증으로 인한 결근 등])
- 완벽주의(특별히, 우울 맥락에서)
- 과거 외상적 경험과 피해의식
- 정서적 반응성(예: 폭력성 혹은 충동적 행동 등)

- 지나친 화 혹은 불제불능의 공격성적 행동
- 지나친 위험추구 행동

9. 최근 스트레스와 대처
- 불안감 노출, 제한(억제) 사고와 터널 비전, 무망감, 무기력감, 무가치감 표현, 정신상태
- 우울감, 우울증세 표출
- 스트레스 요인(최근 상실, 단절/갈등, 실직/이직/학업, 경제적, 형사적, 강등/승진, 이사 등)
- 스트레스 반응과 대처

10. 자살과 관련된 증상과 행동
- 이전 자살행동 기술(구체적으로_____)
- 이전 자살관념과 의도와 치명성
- [최근 존재여부] _____

11. 자살 촉진/촉발요인
- 의미 있는 상황 발생과 영향
- 중요상실(예: 가족의 죽음 등)
- 일상사/직장 활동 혼란

전문가 요약 기술:

■ 사망유형 분류를 위한 자살관련 위험요인 심층 분석

Ⅰ. 자살 및 자살 행동 위험 요인, 만성 위험요인
　　(삶의 전반에 걸쳐 자살 위험성 증가 요인)

만성요인 1. 자해 및 자살시도력
• 자살 시도 이력(특별히, 반복된다면)
• 자살 의도, 이전 자살 관념
• 자해 경력

만성요인 2. 고용상태와 적응
• 고용 및 경제적 상태
• 교육 수준
• 적응 상태

만성요인 3. 자살관련 가족력
• 가족 내 자살행동 혹은 자해이력
• 가족 내 정신병력(알코올 남용력 포함)
• 가족 내 우울증

만성요인 4. 대인관계
• 이성(관계에서의 문제)
• 비이성(관계에서의 문제)

만성요인 5. 약물 혹은 알코올 사용을 인한 기능손상
• 알코올 및 약물 남용
• 이로 인한 인지력/기억력/이해력/판단력/망상 혹은 환상/위험추구행동 등

만성요인 6. 정신병력

- 정신병적 장애
- 주요 기분장애
- 성격장애(경계선, 반사회성)
- 기타 정신장애
  - 정신분열 스펙트럼 및 기타 정신증적 장애
  - 신경발달장애(지적 장애 등)
  - 양극성 및 관련 장애
  - 우울장애
  - 불안장애
  - 강박 및 관련 장애
  - 외상 및 스트레스 사건 관련 장애
  - 신체증상 및 관련 장애
  - 급식 및 섭식장애
  - 수면 및 각성장애
  - 파괴적, 충동통제 및 품행장애
  - 물질 관련 및 중독장애
  - 성격장애(반사회성 성격장애, 경계선 성격장애 등)
  - 공존이환
  - 그 외

만성요인 7. 충동적 태도와 공격적 행동

- 폭력 행동 이력
- 충동 · 부주의한 행동 이력
- 지나친 위험추구 행동

만성요인 8. 외상경험

- 초기 외상(트라우마) 혹은 학대(성적 혹은 신체적)
- 방임 및 강제적 분리 등 역기능적 양육 경험

만성요인 9. 유명인 및 사회적 이슈

만성요인 10. 치료 및 관리 반응
- 적절한 개입과 지속(정신과 입원, 약물치료, 통원치료, 심리치료 등)
- 관리에 대한 반응도(약물 중단 혹은 거부, 치료 중단, 낮은 치료 반응 등)
- 최근 정신병원 입원 후 퇴원

기타 만성 위험요인
- 성적지향에 대한 자기 혹은 가족 내 허용성 부재
- 낮은 자존감과 높은 자기혐오(자살에 대한 관대한·수용적 태도, 타인 자살사망 노출)

촉진/촉발요인 1. 최근 주요 고려사항
- 급격한 건강 상실
- 심각한 관계 단절 갈등 상실 등
- 급작스런 실직 등

기타 촉진/촉발요인
임상적 요인 1. 최근 정신증과 이로 인한 사고장애
- 정신증
- 정신증으로 인한 사고 및 인지 장애
- 기타 정신장애

임상적 요인 2. 최근 우울증 증상과 수면장애
- 우울증
- 수면장애 등

기타 촉진/촉발 위험요인
급성요인 1. 개인적 지지
- 친밀한 인간관계 지속과 지원

- 사회관계망의 범위와 수준
- 치료 등 추구행동과 적극성

급성요인 2. 최근 불안정성

- 정서: 초조감, 수치심, 불안, 화(복수, 복수심), 공황, 쾌감상실, 좌불안석, 긴장감, 외로움, 극적인 기분변화, 무망감, 인식된 부담감, 갇혀진 느낌, 벗어날 수 없는 듯한 담담함
- 인지: 의심, 편집증(피해망상, 관계망상 등), 심각한 분열 혹은 해체 느낌, 환각, 자기혐오감, 인지적 제한(흑백논리, 대안사고 부재 등), 최근 터널비전 진단, 목적 및 의미 상실감, 망상 혹은 환상, 삶에 대한 이유 없음
- 행동: 회피적, 도움 축에 대한 부정적 태도, 부주의 혹은 지나친 행동 추구, 결과에 대한 생각 없이 충동적으로 행동하는 성향

급성요인 3. 스트레스와 대처

급성요인 4. 자살 사고 및 의도

- 자살사고
- 자살의도

급성요인 5. 자살계획 및 사전 리허설

- 자살계획
- 사전 리허설

급성요인 6. 자살시도와 처치

- 자살시도
- 자살시도 중 처리 혹은 개입

■ 생활사건과 스트레스 영향 평가

촉진/촉발 자극(자살 취약 시, 위험성이 고조된 기간 중): 부끄러움, 죄책감, 절망, 모멸감, 받아들일 수 없는 체면 및 상태 손상 등을 야기 혹은 촉발한 어떤 사건 혹은 예측된 사건이 있다면 무엇인가?

• 주요 상실 혹은 기타 상실들(관계, 직업, 경제, 명성, 자기관념, 가족 구성원, 이사, 특정 사람에게 중요한 모든 것 등)
• 중요한(혹은 중요하다고 지각했던) 주요 관계 중단
• 경찰과 관련된 법률적 어려움
• 외상으로 지각된 어떤 사건 경험
• 중요한 생애 변화(부정 혹은 긍정적인 측면, 예: 결혼, 출생, 승진 등)
• 가족 구성원 혹은 사랑하는 사람의 자살 완료 혹은 자살 행동
• 중요한 사망 혹은 상실과 관련된 기일, 기념일
• 지인 혹은 매체를 통해 알게 된 자살 이야기
• 최근 자살 준비 증거(예: 보험약관 갱신 등)
• 죽은 자와 함께 하고 싶다거나 다시 태어나고 싶다는 소망 표
• 최근 혹은 과거 진단: 만성, 치명 혹은 불치명
• 최근 신체/기능적 능력 감소
• 최근 치료: 협조, 최근 약물 처방 등 변화

[심리부검 전문가 지침서]를 참고하여 이 사건(발생된 혹은 발생될 수 있는)이 현재 혹은 최근의 기능에 어느 정도의 손상을 일으켰는지 구체적으로 사정하여 기술하라.

■ 사망유형 구조화(death mode formulation)와 사례개념화

사망유형 구조화는 사망자의 과거 임상적 증상, 성격특성과 위험요인, 특히 불안정한 생활양식과 관련된 점을 중심으로 평가할 필요가 있다. 현재까지 지속되어온 성격의 변화와 특성 이를테면, 심각한 좌절감, 충동성, 통찰력/판단 부족 등에 대한 내용을 다양하게 고려해야 한다.

사망유형을 분석할 경우 크게 자살 위험성과 가장 큰 관련성을 갖는 **만성적 위험요**

인, 임상적 위험요인, 촉진·촉발적 위험요인, 급성 자살관련 위험요인으로 구분하여 사례 분석을 구조화해야 한다(Fremouw, Preczel, & Ellis, 1990; 서종한 등, 2018). 기존 문헌을 기반으로 위험요인을 **필수위험요인**과 **추가적 위험요인**으로 구분하였다. 필수위험요인은 자살과 가장 긴밀한 관련성을 보이는 위험요인을 보이며 추가적 위험요인은 자살과 어느 정도 이상의 관련성을 보이는 위험요인을 의미한다.

- 필수위험요인(5): 자해 및 자살시도, 최근 중요한 상실, 최근 우울증과 수면장애, 최근 자살 사고 및 의도, 최근 자살 계획 및 사전 리허설
- 추가적 위험요인(14): 그 이외 위험요인

네 가지 유형의 위험요인을 묶어서 사망자의 사망유형이 무엇인지 죽음에 어떤 영향을 주었는지 설명할 수 있는 단순한 공식은 존재하지 않는다. 하지만 사망유형을 자살로 판단하기 위해서는 다음과 같은 조건을 권고하는 바이다.
사망유형이 자살로 판단되기 위해서는,

1. 필수위험요인이 하나인 경우 최소 7개 이상의 추가적 위험요인이 나타나야 하며,
2. 필수위험요인이 2개 이상인 경우 최소 3개 이상의 추가적 위험요인이 나타나야 하며,
3. 필수위험요인이 3개 이상인 경우 최소 2개 이상의 추가적 위험요인이 나타나야 한다.
※ 다만 위험요인이 포함되지 않더라도 충분한 수준의 추가적 위험요인이 나타날 경우 사망유형을 자살일 가능성이 높다고 판단할 수 있다.

[심리부검 전문가 지침서]를 참고하여,
전체적으로 필수 및 추가위험요인을 고려해 볼 때 자살 가능성은 어느 정도인가?
- 자살과 관련된 필수 요인과 추가 위험요인은 충분히 나타내고 있는가?
- 동기 요인, 탈억제 요인, 불안정화 요인과 같이 이론적으로 인과적 역할을 하는 위험요인을 확인할 수 있는가?
- 자살 가능성이 낮다면, 가능한 사망 유형은 무엇으로 평가할 수 있는가? 그 근거는 무엇인가?

■ 최종 전문가 의견 기술

1. 해당 사망 사건에 대한 높은 자살 의도와 치명에 대한 요인을 기술하여 평가하라.

- 결과에 대한 의식적인 이해(죽음이 자기 손상이나 파괴적 행동으로 인해 발생할 수 있음을 인식)
- 목적(끊임없이 고통스런 삶에 대한 대안으로 죽음을 추구)
- 기대(자기 손상 행동에 대한 치명적인 결과를 기대)
- 실행(자살 수법 혹은 높은 치사율을 보이는 자살 방식을 선택하고 실행)
- 구조 가능성(개입과 구조 가능성을 최소화하거나 방지하기 위해, 주의 깊게 자살 시간과 장소를 선택)
- 계획(적극적인 준비를 나타내는 증거들을 통해 사전 계획을 했음을 명백하게 알 수 있음. 이를테면, 끈 등의 도구를 산다든지 약을 모은다든지 등)
- 대화(직간접적으로 주변사람들에게 자살 의도를 내비침)

2. 사망사건과 관련하여 결정적 선행사건에 대해 기술하여 평가하라.

- 자살과 연관 지을 수 있는 선행사건이 존재하는가?
- 선행사건이 사망자의 기능에 현격한 손상을 일으켰는가?
- 선행사건이 사망자의 자살에 충분한 수준에서 영향을 줄 수 있는가?
- 최근 피해자의 기능에 현격한 변화를 가져다 준 사건은 무엇인가?
- 기능손상에 대한 대응은 어떠했고 향후 기능은 어떻게 예측가능한가?
- 사건 후 심각한 자해를 입힐 수 있다는 계획을 구두나 서면으로 언급한 적이 있는가?

3. (최종적으로) 자해/자살로 인한 사망유형 가능성을 기술하여 평가하라.

- 자살의 의도와 치명성, 선행사건을 고려하여 사망유형을 기술하라.
- 자살을 충분히 설명할 수 있는 필수위험요인과 추가위험요인을 포함하고 있는가?
- 자살 가능성이 높다면 19개의 위험요인을 동기, 탈억제, 불안정화 등 세 가지로 구분하여 그 자살 이유를 설명하라.

[자살이유와 동기는]
- 동기 혹은 원인으로 작용하는 위험요인?
- 자살행동을 억제하지 못하게 하는 위험요인?
- 합리적인 의사결정을 못하게 하는 위험요인?
- 만성적 위험요인 중 지속적으로 자살에 영향을 준 요인과 자살 전 선행된 위험요인은?
- 자살행동에 기여한 위험요인과 급성적으로 영향을 준 위험요인은?
- 자살행동을 촉진/촉발시킨 위험요인은?

4. 대안적으로 설명할 수 있는 사망 유형은 무엇인가?
- 타살, 사고사, 자연사 중 어느 쪽으로 판단할 수 있는가?
- 판단 근거나 이유는 무엇인가?
- 판단불능이라면 그 이유는 무엇인가?

5. 자살 사망자 개입의 적절성 사정
- 자살위험성에 따른 사례 우선화와 그에 따른 개입의 적절성?
- 심각한 자기파괴적 행동(자해) 위험성 평가와 개입의 적절성?
- 임박한 자살가능성에 따른 조치와 개입의 적절성?
- 자살사례 (재)검토 기간과 점검의 적절성?
- 기타 의견

6. 향후 자살예방 관리전략과 제안
- 모니터링(사망자에 대한 관찰과 보호는?)
- 치료개입(사망자에 대한 치료와 개입은?)
- 관리감독/통제(이동, 교제, 소통, 활동에 대한 통제?)
- 자살위험군 안전계획과 강제적 보호조치(자살하려는 사람의 위급한 행동에 대해 강제적 혹은 물리적 보호조치는?)
- 보호요인탐색(본 사례에서 자살행동을 억제할 수 있었던 보호요인은?)

전문가 이름과 날인(인)

부록 5

심리부검 면담 개인정보 수집·이용·제공에 대한 동의서

심리부검 면담 개인정보 수집·이용·제공에 대한 동의서

개인정보 보호법에 명기된 관련 법률상의 개인정보 처리자가 준수하여야 할 개인정보보호 규정을 준수하며, 관련법령에 의거하여 이용자 권익보호에 최선을 다하고 있습니다. 또한, 본 기관은 [개인정보보호법] 제15조에 의거하여 귀하의 개인정보를 수집·이용함에 있어 동의를 받고 있습니다.

1. 개인정보 수집항목: 주민등록증사본(주민등록번호)
2. 개인정보 수집목적
   심리부검 면담 대상자의 고유식별
3. 개인정보의 보유 및 파기
   면담 시 제공받은 개인정보가 불필요하게 되었을 때에는 지체 없이 해당 개인정보를 파기하며, 면담 시 제공받은 정보의 개인정보 보유기한을 5년으로 정하고, 보유기간이 경과하면 지체 없이 파기합니다. 다만, 다른 법령에 따라 보존하여야 하는 경우에는 그러하지 않을 수 있습니다.
4. 개인정보 제공 동의 거부 권리 및 동의 거부에 따른 불이익 내용 또는 제한사항
   귀하는 개인정보 제공 동의를 거부할 권리가 있으며, 동의거부에 따른 불이익은 없습니다.
   다만, 면담 후 서비스에 제약이 있을 수 있습니다.

위 고유식별정보 수집에 동의하십니까?
□ 동의함(아래 인적사항 작성)   □ 동의하지 않음(작성종료)

---

1. 개인정보 수집항목: 건강상태, 종교, 장애유형 및 장애등급, 이전 진단 및 상담사항, 과거 진단 및 치료 경력, 복용약 정보, 전과·범죄기록, 계좌번호, 가정환경 및 성장사가 담긴 상담내역 등

2. 개인정보 수집목적

   심리부검 연구 및 대상자 문제파악

3. 개인정보의 보유 및 파기

   면담 시 제공받은 개인정보가 불필요하게 되었을 때에는 지체 없이 해당 개인정보를 파기하며, 면담 시 제공받은 정보의 개인정보 보유기한을 5년으로 정하고, 보유기간이 경과하면 지체 없이 파기합니다. 다만, 다른 법령에 따라 보존하여야 하는 경우에는 그러하지 않을 수 있습니다.

4. 개인정보 제공 동의 거부 권리 및 동의 거부에 따른 불이익 내용 또는 제한사항

   귀하는 개인정보 제공 동의를 거부할 권리가 있으며, 동의거부에 따른 불이익은 없습니다.

위 민감정보 수집에 동의하십니까?

□ 동의함(아래 인적사항 작성)   □ 동의하지 않음(작성종료)

---

1. 개인정보 수집항목

   성명, 성별, 생년월일, 연락처, 학력, 소득, 일반적 경제상황, 가족관계, 직장, 근로경력 등 인적사항, 주거·경제·건강·사회관계

2. 개인정보 수집 목적

   심리부검 관련 연구, 통계처리를 위한 시스템 정보 입력, 심리부검 연구보고서 작성 및 발표, 유가족 대상 서비스 연계

3. 개인정보의 보유 및 파기

   면담 시 제공받은 개인정보가 불필요하게 되었을 때에는 지체 없이 해당 개인정보를 파기하며, 면담 시 제공받은 정보의 개인정보 보유기한을 5년으로 정하고, 보유기간이 경과하면 지체 없이 파기합니다. 다만, 다른 법령에 따라 보존하여야 하는 경우에는 그러하지 않을 수 있습니다.

4. 개인정보 제공 동의 거부 권리 및 동의 거부에 따른 불이익 내용 또는 제한사항

귀하는 개인정보 제공 동의를 거부할 권리가 있으며, 동의거부에 따른 불이익은 없습니다.

제약사항 1. 정확한 정보 미확인으로 인한 면담 후 서비스 제공 불가(면담 정보제공비 및 사후서비스)

위 개인정보 수집에 동의하십니까?

☐ 동의함(작성)　　☐ 동의하지 않음(작성종료)

본인은 위의 내용을 충분히 숙지하였으며, 심리부검 연구 및 자살 예방 정책수립을 위해 개인정보를 수집, 활용, 제공하는 것에 동의합니다.

아울러 본 동의서는 서비스 제공 목적을 위한 업무 외에는 사용하지 않을 것을 약속드리며, 철저히 비밀로 관리하여 타인에게 공개하거나 유출하지 않을 것임을 알려드립니다.

20　　년　　　월　　　일

본인 확인자　　　　　　　　　　(인 또는 서명)

(미성년의)보호자　　　　　　　　(인 또는 서명)

귀하

부록 6
심리부검 조사원 개인정보 보안 서약서

심리부검 조사원 개인정보 보안 서약서

나 (　　　　　)는 심리부검 면담을 수행함에 있어 면담 중에 알게 된 개인정보 및 기관의 업무와 관련된 정보에 대하여 업무 수행 중이나 업무 수행 후에도 비밀을 지킬 것을 서약합니다.

또한 심리부검 면담과정에서 수집한 면담내용과 개인정보의 보호를 위해 기관에서 정하는 "심리부검 면담 및 개인정보보호 내부관리 계획"을 준수할 것이며, 적정한 절차 없이 면담 내용 및 개인정보를 무단으로 조회, 유출하지 않을 것을 서약합니다.

본인은 개인정보보호와 관련한 비밀의 준수는 개인정보보호를 위한 법적 준수기준인 "개인정보보호법령"에 명시된 모든 조항과 "심리부검 면담 및 개인정보보호 내부관리 계획"에 관련된 모든 조항이 포함된다는 것을 충분히 설명 받고 숙지하였습니다.

만약, 이러한 서약에도 불구하고 업무상 알게 된 사항에 대하여 비밀을 누설하거나 정당한 사유 없이 조회, 유출, 오용할 경우, 형사상 민사상의 법률 조항에 의거하여 제재를 받을 수 있음과 인사상의 불이익을 받을 수 있음을 통고 받았으며, 이러한 제재에 대하여 이의를 제기하지 않을 것을 본인의 자의로 서약합니다.

일　　시:　　　　20　년　　월　　일

소　　속:

주조사원:　　　　　　　　　　　　(인)

보조면담:　　　　　　　　　　　　(인)

참고문헌

본 QR코드를 스캔하시면, '전문가를 위한 한국형 심리부검'의
참고문헌을 참고하실 수 있습니다.

찾아보기

ㄱ

가설적 가정 20

가족의 지지와 응집력 154

간섭효과 48

강제입원 119

강제적 보호조치 119

개별사례 103

개인물품 60

개인적 지지 154

개인정보동의 70

개인정보보호 59

개인정보보호법 59

건강기록 61

결정이론 프레임워크 110

결정적 선행사건 113

결정적 준거 30

경계선 성격장애 135

경계선 성격장애와 반사회성 성격장애 136

경찰청 직무집행법 4조 119

경험적 기준 31

고용상태와 적응과 관련된 만성이력 127

고정밀(rate－up) 기록 방식 55

공감적 반응 능력 72

공격적 행동 140

공무상 스트레스 78

공무상 재해 16

공무원연금법 제61조 제1항 79

과학수사 24

관련성 103

관련 정보수집 91

관리감독/통제 118

관리전략 117

관리전략 문제점과 시사점 114

관리전략 제안점 117

관리 프로그램 146

구조화된 형태의 질문 54

군 건강증진프로그램 24

군의문사 진상 규명 위원회 23

군집연구 41

근로기준법 시행령 제44조 제1항 79

근로복지공단 79

근접사 22

근접촉 21

금기와 낙인 18

급성 애도 49

급성 위험요인 63

급성요인 101, 111

급성요인(acute) 코딩 101

기능손상 133

기록(속기) 56

기록물 94

기분장애 137

기여요인 111

김훈 중위와 허 일병 사건 22

ㄴ

내적-부적 강화   166

내적-정적 강화   166

노출 효과   29

노출 효과 혹은 둔감화   29

ㄷ

다중 면담   44

대인관계   131

대조군을 사망으로 사용한 문헌   65

대중 이목   145

도구의 검증성   80

도버트 기준   76

도움요건   75

도움의 거절   155

동기요인   104

동료집단에 의해 검토   77

두려움 둔감화   150

ㅁ

Marilyn Monroe   28

만성요인   98

만성요인 최신화   99

만성적 요인(Historic 혹은 Chronic) 코딩
   98

만성적 위험요인   63

면담 구조화   50

면담 시기와 장소   48

면담 종결하기   57

면담 진행 과정   93

모니터링, 감시   117

모호한 죽음   19

문제중심적 대처방식   160

문화적 특성   49

문화적인 특성과 성차   49

미결된 죽음   19

ㅂ

반구조화 임상면담   53

반대심문   76

반영적 경청   72

방어흔   27

배심원   75

배심원이나 판사   81

범죄현장증거   27

법의조사관   42

법적기법   14

법적 이슈   74

법칙정립적   103

변사사건기록   60

변사현장   60

병원 의료과 진료 정보   61

보조 정보제공자   42

보호요인   111, 120

복장도착증   26

부둣가 추락 사건   12

부적절한 대처 전략   160

부정적인 자녀 양육 경험   144

북경 자살예방센터   34

분석사례의 정의   41

불안정성   156

불안정화요인   105

비이성적 관계   132

비자살적 자해   126

비전형적 죽음   19

비전형적 총기 상흔   21

전문가를 위한 한국형 심리부검 ●○ Psychological Autopsy Manual-User Guide

ㅅ

사고사　113

사고장애　150

사례 개념화　63

사례－통제 연구(case－control study)　14

사례개념화 및 자살동기분석　63

사례 우선화　114

사례 토론　35

사망 가능성　113

사망유형 구조화　108

사망유형 구조화와 사례개념화　108

사망자의 의지　13

사망진단서나 검시보고서　58

사생활보호 및 익명성　70

사용맥락과 대상자　85

사용상황과 적용　86

사회적－부적 강화　166

사회적－정적 강화　166

사후관리사업 결과　167

사후조사 과정　13, 15

산업재해보상보험법 제37조 1항　79

상당인과　78

상황·환경적 위험요인　63

상흔　21

생명윤리 및 안전에 관한 법률　69

생명윤리위원회(IRB)　53

생존 본능　29

생활사건 혹은 스트레스　107

서류 파기　65

성도착, 달리 분류되지 않은　25

세무 공무원　16

세부 지표목록　103

소속과 자격사항 등을 소개　94

소인요인　111

수사기록　60

수용시설기록　61

순차적 모듈　51

스트레스 대처　159

스트레스 사건　159

스트레스 수준　64

시행 절차 6단계　90

신뢰도와 타당도　50

심리부검　11

심리부검 순차도　39

심리부검 안내 리플릿　45

심리부검 조사 보고서　64

심리사회적 면담　92

심리적 소진과 스트레스　73

심층적인 교육과 수련　72

Shneidman　13

ㅇ

애도과정　18

애도서비스　57

Eli Robinson　11

Ebert 심리부검 가이드라인　34

LA 법의관실　13

LA 자살예방센터　13

약물과 알코올 사용　133

업무상 재해　77

역할을 재구성　15

연구 목적　89

연구자 윤리　73

연방증거법(FRE) 401　75

연방증거법(FRE) 702　75

연속적 연쇄사례　41

왜곡된 편향　46

외부 민간 심리부검 전문가　24

외상경험   142

외상후스트레스   46

외상후스트레스 장애   79

우울증 증상과 수면장애   152

위장   27

위험요인과 보호요인 모델   111

위험요인 부재   97

위험요인을 생략   97

위험요인 존재 유무 평가   96

위험요인 코딩 문항   95

위험요인의 존재 유무   96

유명인 및 사회적 이슈   145

USS Iowa 전투함 함포사격   20

의도   12

의료정보보호법   71

의문사(equivocal death)   12, 21

의사결정이론   104

이상탈의(paradoxical undressing)   28

IS PATH WARM   156

2차 피해   17

익형량테스트   77

인간의 존엄성과 자율성   69

인지 불안정성   157

인지억제 효과(cognitive restriction)   105

일반적 증거능력 검증   76

임상 요인   99

임상-과학적 조사 과정   12

임상적 위험요인   63

임상 훈련   72

ㅈ

자격과정 프로그램   71

자기구조 메커니즘   25

자기보고식 질문지   55

자기색정사   25

자기파괴행동   115

자료 열람과 방출   59

자료 추출 및 관리   62

자살가능성에 따른 조치   115

자살 가족력   129

자살 계획   164

자살 관련 가족력   129

자살 관련 위험요인과 코딩지침   125

자살동기분석   63

자살사고   161, 162

자살 사고 및 의도   161

자살생존자   17

자살시도와 처치   166

자살 위험 '관련성'   103

자살위협   161

자살 유가족   17

자살을 판결하는 최소한의 기준   30

자살의도   161

자살 의도와 치명성   112

자살판정에 관한 조작적 기준   31

자살행위   161

자연사   113

자위질식(autoeroticism)   25

자유기술   95

자해   126

자해 및 자살 시도와 관련된 만성이력   125

잠재적인 오류와 편견   48

재검토 설정과 검토 기간   116

재인(recognition)   50

저체온사(death due to hypothermia)   28

전 생애에 걸쳐 경험한   98

전문가 의견   97

절망감   156

접촉 총기 상흔　27
정기적인 (재)평가　116
정보 기록　93
정보 수집　91
정보의 중요한 출처　57
정보제공자　85
정보제공자 접촉과 방법　45
정보제공자 편향　46
정보제공자 피드백　73
정보제공자에 대한 접촉　45
정부 차원의 조사　14
정상적인 인식능력이나 행위선택능력　78
정서 불안정성　157
정서적 지지　155
정서중심적 대처방식　160
정신건강복지법 44조 2항　119
정신과 병력　135
정신과적 부검(psychiatric autopsy)　75
정신병적 장애　136, 137
정신적 억제력　78
정신증　150
정신질환의 진단 및 통계 편람　25
조사 그리고 법 의사 결정　88
조사원 역할　87
조사원 자격조건　87
조사원 전문성과 오류　47
조사원 트라우마　73
조사원 훈련　89
조사원 훈련과 전문성　47
조사원의 자격 및 훈련　71
조작적 자살 동기　62
존경받는 위치　145
주 정보제공자　42
주요 기분장애　136

주요 정신병력　135
주저흔　27
중립적인 입장　45
중요한 상실　148
즉각적 수준　101
증거능력　76
지속요인　111
지표: 이성적 관계　131
지표: 자살사고　162
지표: 자살의도　162
직계가족　44
질식게임　26

ㅊ
채점자간 신뢰도　51
책임조사관　41
촉발 자극　107
촉진/촉발요인　99, 111
최근 생활사건과 스트레스 영향 평가　107
최근을 기점으로 경험한　99
최종 전문가 소견　111
추가적 위험요인　109
충동적 태도　140
충동적 태도와 공격적 행동　139
치료 또는 관리 반응　146
치료/평가　118
치료개입　146
치료순응도　147
친밀감　47
친밀한 라포　54

ㅌ
타살(범죄혐의 있음)　113
탄의 경로　21

탈억제요인   105

터널비전   105

ㅍ

판단불능   113

판단자의 왜곡과 판단   21

편향   46

평가 간의 연관성   103

평가 기간   102

표준화된 질문   47

프라이 기준   75

프로토콜과 도구   40

피해경험/외상   143

핀란드 심리부검 연구   58

필수 위험요인   109

ㅎ

하위 문항 기능   102

Henry와 Greenfield   17

행동 불안정성   158

현장 훼손과 군 조사단의 은폐   23

회상오류   45

후향적 혹은 회상적 보고   43

공저자 약력

서종한
아주대학교에서 심리학 학사와 석사를 전공하고 사이먼프레이저대학교에서 임상법심리학 박사를 받았다. 전 중앙심리부검센터 공동 연구원으로 일했으며 현재 사이먼프레이저대학교 심리학과 정신건강법정책연구소 수석연구원으로 재직 중이다.

육성필
고려대학교에서 심리학 학사와 석사를 전공하고 서울대학교 정신과에서 임상심리학 레지던트과정을 수료 후 고려대학교에서 임상심리학 박사를 받았다. 현재 한국심리학회 자살예방 및 위기개입 분과 위원장이며 용문상담심리대학원대학교 위기관리전공 교수로 재직 중이다.

조윤정
숙명여자대학교에서 경영학과를 졸업하고 용문상담심리대학원대학교에서 위기관리전공 박사과정을 수료하였다. 전 중앙심리부검센터 팀장으로 일했으며 현재 QPR 자살예방연구소 연구원으로 재직 중이다.

홍현기
중앙대학교에서 심리학 학사와 석사를 전공하고 같은 대학교에서 임상심리학 박사과정을 수료하였다. 현재 국립과학수사연구원 연구원으로 재직 중이다.

김경일
고려대학교에서 심리학 학사와 석사를 전공하고 (오스틴) 텍사스 대학교에서 인지심리학 박사를 받았다. 전 중앙심리부검센터장이었으며 현재 아주대학교 교수로 재직 중이다.

감수자 약력

황순찬
서울시 자살예방센터장

임형수
경찰청 검시조사관

권일용
동국대 범죄학과 교수 / 전직 경찰청 프로파일러

하지현
건국대 정신의학과 교수 / 정신과 전문의

전문가를 위한 한국형 심리부검

초판발행	2018년 11월 23일
중판발행	2023년 5월 30일
지은이	서종한·육성필·조윤정·홍현기·김경일
펴낸이	노 현
편 집	배근하
표지디자인	조아라
제 작	고철민·조영환
펴낸곳	㈜ 피와이메이트
	서울특별시 금천구 가산디지털2로 53 한라시그마밸리 210호(가산동)
	등록 2014. 2. 12. 제2018-000080호
전 화	02)733-6771
f a x	02)736-4818
e-mail	pys@pybook.co.kr
homepage	www.pybook.co.kr
I S B N	979-11-89643-03-4 93180

정 가   16,000원

박영스토리는 박영사와 함께하는 브랜드입니다.